ROME

NOUVEAUX SOUVENIRS.

COLLECTION J. VERMOT. — SERIE A 2 FR. LE VOLUME.

ALPHONSE BALLEYDIER.

VEILLÉES MILITAIRES. 1 volume.
VEILLÉES DE FAMILLE. 1 volume.
VEILLÉES MARITIMES. 1 volume.
VEILLÉES DU PEUPLE. 1 volume.
VEILLÉES DE VACANCES. 1 volume.
VEILLÉES DU PRESBYTÈRE. 1 volume.

VICOMTE WALSH.

CONTES ET NOUVELLES. 1re série. 1 v.
CONTES ET NOUVELLES. 2e série. 1 v.
SOUVENIRS HISTORIQUES. 1 volume.
YVON LE BRETON. 2e édit. 1 vol.
GILLES DE BRETAGNE ou le Fratricide. 2 volumes.
LETTRES VENDÉENNES ou Correspondance de trois amis en 1823. 2 vol.
TABLEAU POÉTIQUE des Fêtes chrétiennes. 1 volume.
TABLEAU POÉTIQUE des Sacrements. 2 volumes.
TABLEAU POÉTIQUE de la Foi. 3 vol.

A. DEVOILLE.

LA CHARRUE ET LE COMPTOIR. 2e édition. 1 volume.
LE TOUR DE FRANCE. 1 volume.
MÉMOIRES D'UNE MÈRE DE FAMILLE. 1 volume.
LE CERCLE DE FER. 1 volume.
LE PROSCRIT. 1 volume.
LES PRISONNIERS DE LA TERREUR. 1 volume.
LES TRAVAILLEURS. 2e édition. 1 vol.
MÉMOIRES D'UN CURÉ DE CAMPAGNE. 1 volume.
UN INTÉRIEUR. 2 volumes.
LA PRISONNIÈRE DE LA TOUR. 1 vol.
LE SIÉGE DE PARIS. 1 volume.
L'ETOILE DU MATIN. 1 volume.
LA CLOCHE DE LOUVILLE. 1 volume.
LA CROIX DU SUD. 1 volume.
MÉMOIRES D'UN VIEUX PAYSAN. 1 v.
LA FIANCÉE DE BESANÇON. 2 vol.
LES CROISÉS. 2 volumes.
EVE DE MANDRE. 1 volume.
VENGEANCE ou une Scène au désert. 2 volumes.

A. NETTEMENT.

VIE DE Mme LA MARQUISE DE LA ROCHEJACQUELEIN. 1 volume.

Mme D'ALTENHEIM.
(Gabrielle Soumet.)

LES MARGUERITES DE FRANCE, suivies des Nouvelles filiales. 1 volume.
LES DEUX FRÈRES ou Dieu pardonne. 1 volume.
LES ANGES D'ISRAEL ou les Gloires de la Bible. 1 volume.

A. CORDIER.
(de Tours.)

VEILLÉES AU COIN DU FEU. 1 vol.
LA LYRE DES ENFANTS. Charmant recueil de poésies enfantines. 1 vol.
VEILLÉES FLAMANDES. 2 volumes.
Mme ELISABETH DE FRANCE. 1 vol.

J. LOISEAU DU BISOT.

VEILLÉES AMUSANTES. 1 volume.

POUJOULAT.

LITTÉRATURE CONTEMPORAINE. 1 v.

ALFRED DES ESSARTS.

LE TOUR DU CADRAN. 1 volume.

Mme LA COMTESSE DROHOJOWSKA.

LES FAUX VISAGES. 1 volume.

CHATEAUBRIAND.

LE GÉNIE DU CHRISTIANISME, édition revue. 1 volume.
ITINÉRAIRE DE PARIS A JÉRUSALEM. 1 volume.
LES MARTYRS, LE PARADIS PERDU, et ESSAI SUR LA LITTÉRATURE ANGLAISE. Édition revue. 1 volume.
ETUDES HISTORIQUES. Voyages et Mélanges. 1 volume.

TH. BELAMY.

ROME, IMPRESSIONS ET SOUVENIRS. 2 v

DE L'ESPINOIS.

VIE DU DAUPHIN. 1 volume.

SCHMIDT.

CONTES DU CHANOINE SCHMIDT. 1 vol.

***

LES DEUX MOULINS, suivis des Marais d'Arles. 1 volume.

BORDOT.

LÉGENDES, Récits et Souvenirs. 1 vol.
FLEURS qui parlent et Plantes curieuses. 1 volume.

Besançon, imprimerie d'Outhenin-Chalandre fils.

ROME

NOUVEAUX SOUVENIRS

PAR TH. BELAMY.

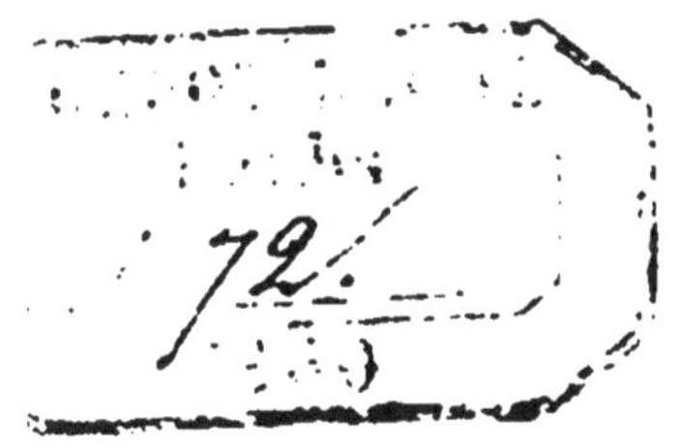

« Quiconque a vu Rome et n'a pas le désir d'y retourner n'est vraiment pas digne d'y avoir été. »
(Edm. LAFOND. Rome. — *Lettres d'un pèlerin.*)

TOME SECOND.

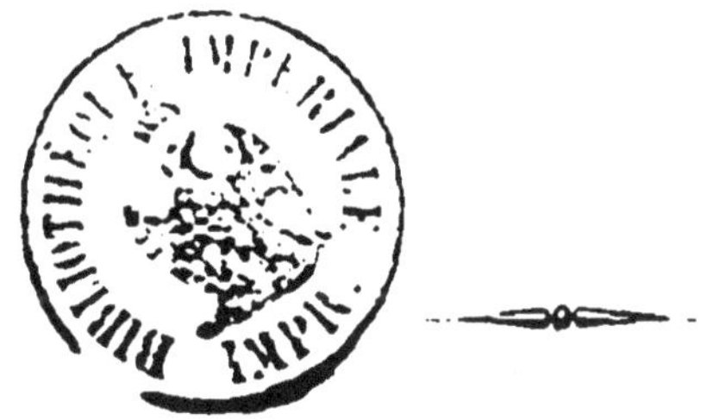

PARIS,
J. VERMOT, LIBRAIRE-ÉDITEUR,
33, QUAI DES AUGUSTINS, 33.
MDCCCLX.

SOUVENIRS DE ROME.

XXVIII.

Sainte-Agnès extrà-muros. — Sainte-Constance. — *La basilique de* Saint-Alexandre. — *Les catacombes.* — *Un avis charitable aux archéologues sacrés.*

Voici une journée heureuse entre toutes, et une succession de joies les plus pures, sans arrière-pensées pénibles, ni contrastes fâcheux. Je vais, tout à la fois combler une des lacunes les plus regrettables de mon premier pèlerinage, en visitant l'une des plus vénérables basiliques de Rome, l'un des cimetières chrétiens les plus précieux par son origine, ses monuments, ses souvenirs et (merveilleuse aubaine pour un narrateur d'*Impressions de voyage !*) parler l'un des tout premiers, (le premier peut-être) (1), d'un monument d'antiquité sacrée qu'aucun *Guide* n'a signalé encore aux touristes, qu'aucun ouvrage spécial n'a recommandé jusqu'ici aux investigations du voyageur chrétien.

Albo dies notanda lapillo !

m'écrierais-je volontiers, avec l'un des poètes de cette contrée, s'il m'était permis de puiser à pareille source l'expression de sentiments que la profane antiquité ne connut jamais.

Plus d'une fois, jadis, mes promenades solitaires hors de l'enceinte des murs de la ville sainte m'avaient conduit ou ramené à la *porta Pia*, c'est-à-dire à l'entrée même de l'antique voie Nomentane, sur laquelle est construite la basilique de Sainte-Agnès. Mais, chaque fois, après avoir jeté un coup-d'œil à travers les grilles fermées de la villa Patrizi, de la villa Massimi, de la villa Torlonia, surtout, l'une des merveilles de ces parages, j'étais rentré dans Rome par la longue rue solitaire, qui conduit au *quadrivium* des Quatre-Fontaines, sans soupçonner le moins du monde que je laissais derrière moi des merveilles, dont la pensée viendrait bien des fois, plus tard, troubler mon sommeil et me préoccuper des regrets les plus douloureux. Le simple récit des événements de cette journée prouvera sans peine qu'il n'y a rien d'exagéré dans l'expression de pareils sentiments.

(1) M. Ch. Lenormant m'a devancé dans un passage de son *Etude sur les catacombes de Rome*, en 1858. (Voir le *Correspondant*, nº du 25 février 1859.)

L'église de Sainte-Agnès *extra-muros*, bâtie dit-on par l'empereur Constantin, à la prière de sa fille Constance, qui avait dû à l'intercession d'Agnès la guérison miraculeuse d'un ulcère déclaré incurable, fut érigée sur le lieu même où le corps de la jeune martyre avait été inhumé par ses parents, dans un de leurs propres domaines. Telle est la pieuse origine d'un sanctuaire, qui passe aujourd'hui pour le plus antique édifice de Rome chrétienne et qui, de l'aveu de tous les archéologues sacrés, peut donner l'idée la plus exacte des *basiliques* (ou palais de justice) des anciens maîtres du monde, sur le plan desquelles furent construits les premiers temples de la nouvelle loi.

J'y remarque tout d'abord une particularité qui contribue puissamment à imprimer un caractère exceptionnel de grandeur et de mystère à cet illustre édifice. L'église, ayant ses fondements sur l'ancien niveau du sol, qui s'est exhaussé considérablement tout autour, dans la suite des siècles, il faut pour pénétrer aujourd'hui dans l'intérieur, descendre une rampe d'escaliers, longue et obscure dont les murs sont revêtus d'inscriptions tumulaires et d'épitaphes des premiers siècles, précieux vestiges d'antiquité recueillis dans le cimetière voisin.

C'est une véritable entrée de catacombes, sauf la commodité de la rampe et la largeur du passage; aussi quelle ravissante surprise et quelle délicieuse émotion, tout à la fois, lorsque au lieu de quelque humble et obscure chapelle, creusée dans le tuf, ou la pouzzolane, on trouve à l'extrémité de cette rampe, une basilique ouverte, d'une élégance pour ainsi dire virginale, et qu'inondent les flots de la plus pure lumière ! L'œil s'arrête, avec un charme indicible, sur les divers détails de cette architecture, déjà quinze fois séculaire; sur ce double portique superposé, dont la base est formée par seize colonnes de marbres tous différents entre eux, mais d'une valeur également incomparable; sur cet autel, enrichi des pierres les plus précieuses, mais dont on oublie facilement la valeur, lorsqu'on sait qu'il renferme un trésor sans prix, la sainte dépouille de la pieuse patronne de ces lieux; sur ce baldaquin, soutenu par quatre merveilleuses colonnes de porphyre; sur cette antique statue, dont le torse, formé d'un morceau d'albâtre oriental, a été complété par l'addition d'une tête, de mains et de pieds, en bronze doré, précieux travail de Franciosini; sur ce candélabre en marbre, à feuilles d'acanthe, élégamment fouillées; sur cette mosaïque de la *tribune*, qui remonte aux jours d'Honorius Ier, dans la première moitié du 7e siècle; enfin sur cette antique épitaphe composée par le pape saint Damase lui-même, pour honorer la mémoire et glorifier les vertus de l'aimable Agnès.

Quel que soit le mérite de cette inscription, doublement vénérable par son objet et son origine, elle a laissé moins de traces, toutefois, dans mes souvenirs, qu'un autre document du même genre qui se rattache également à la mémoire de sainte Agnès. A Rome, où d'après la coutume du pays, les chaises sont à peu près inconnues dans les églises, il est d'usage de placer devant l'autel sur lequel repose le Saint-Sacrement, comme aussi devant toute chapelle qui renferme quelque insigne relique, un large prie-Dieu en bois, sur lequel plusieurs personnes peuvent s'agenouiller à la fois, et auquel est ordinairement attachée par une chaînette de fer quelque dévote prière soigneusement encadrée. Plusieurs de ces oraisons se recommandent non moins par la forme que par la pensée : celle par exemple qui est fixée aux balustres de la *Confession* de Saint-Pierre, celle de Saint-Barthélemy *en l'Ile,* et quelques autres, que j'ai remarquées plus particulièrement, en divers lieux. Mais je n'ai rien rencontré encore, je puis le dire, qui m'ait ému à l'égal de certaine prière à sainte Agnès, que je trouve attachée au prie-Dieu de la basilique Nomentane, et que je regrette vivement aujourd'hui de n'avoir pu copier, ainsi que beaucoup d'autres, soit que la pensée ne m'en soit point venue à temps utile, (ce qui est le cas malheureusement le plus ordinaire) soit que le temps m'ait fait défaut, comme dans l'occasion présente, où j'ai deux compagnons desquels je ne puis songer à m'éloigner un seul instant.

A défaut de ce document, dont j'aurais bien voulu reproduire ici le texte, voici du moins un souvenir du même genre, que je suis heureux d'offrir à mes lecteurs, et qui a pareillement pour sujet les vertus et le triomphe de l'aimable Agnès. Jamais le pieux poète de Calahorra (1)

(1) *Aurelius-Prudentius Clemens* (ou *Prudence*, ainsi qu'on l'appelle communément), né en 348, à Calagurris (aujourd'hui Calahorra) en Espagne, auteur entre autres ouvrages du *Cathemerinon,* ou recueil d'hymnes pieuses pour chaque jour, et dont plusieurs ont pris place dans le bréviaire romain.

ne s'est élevé plus haut, sous le rapport de la richesse de l'expression comme de la noblesse de la pensée :

O virgo felix, o nova gloria,
Cœlestis arcis nobilis incola,
Intende nostris colluvionibus,
Vultum gemello cum diademate,
Cui posse soli Cunctiparens dedit
Castum vel ipsum reddere lupanar.
Purgabor oris propitiabilis
Fulgore, nostrum si jecur impleas;
Nil non pudicum est, quod pia visere
Dignaris, albo vel pede tangere (1).

N'oublions pas ici un touchant souvenir qui se rattache à l'église de Sainte-Agnès, ainsi qu'au couvent adjacent des chanoines réguliers, auxquels est confié le soin de la vénérable basilique. La chrétienté tout entière s'est émue à la nouvelle de l'accident qui, au mois de janvier 1854, menaça en ces lieux les jours de Pie IX et des personnes de son cortége; mais cet événement, qui eût pu devenir si funeste, n'est déjà plus aujourd'hui qu'un lointain souvenir. Les ruines sont désormais complètement réparées, et une pieuse inscription perpétuera dans les âges à venir

(1) O Vierge bienheureuse! ô gloire nouvelle, ô noble habitante du céleste séjour! Inclinez vers nos demeures souillées cette tête ornée de deux diadèmes, qui, par un don de Dieu, a eu le privilège de rendre chaste le repaire abominable où elle est apparue. La lumière qui sort de votre bouche, nous fera sentir sa bienfaisante pureté, si vous remplissez en même temps nos cœurs : car il n'y a rien que de pudique dans tout ce que vous daignez honorer de vos regards, ou toucher seulement de votre pied sacré.

(Traduction de Mgr Gerbet.)

la mémoire d'un accident qui semblerait vraiment n'avoir eu lieu que pour montrer à l'univers chrétien la divine Providence attentive à veiller partout et toujours sur le saint pontife, dont les jours sont si précieux à l'Eglise de Jésus-Christ.

Avant de quitter ces lieux et les pieux objets qui m'occupent, je ne puis résister au désir de consigner ici une pénible pensée, une douloureuse réflexion, qui m'ont poursuivi plus d'une fois déjà dans mes fréquentes visites à l'un et l'autre sanctuaire, destiné à perpétuer dans Rome les combats et le triomphe de l'aimable Agnès.

Tout ce que nous voyons, tout ce que nous entendons, tout ce que nous lisons, surtout, chaque jour, dans nos journaux et nos livres historiques ou littéraires, ne nous montre que trop quel rapide et désastreux chemin nous avons parcouru, depuis bien des années déjà, grâce aux *lumières* de la moderne philosophie, et quelle distance incalculable nous sépare des commencements de la loi nouvelle, comme des mœurs de la famille primitive des chrétiens. Mais il n'est rien de plus tristement significatif, à mon avis, parmi les indices caractéristiques des temps actuels, que le discrédit, le ridicule, disons le mot, *l'ignominie*, qui s'est attachée, depuis la fin du dernier siècle, principalement, à certains noms, jadis l'objet de la profonde vénération, de la tendre piété de nos pères, et le légitime orgueil de tant de générations si robustes dans la foi.

A quel degré d'abaissement intellectuel et moral faut-il que nous soyons descendus, je le demande, nous autres chrétiens, pour que le nom d'Agnès, par exemple, ce nom synonyme de tout ce qu'il y a de plus suave, de plus pur, de plus noble, de plus glorieux pour le sexe émancipé par l'Evangile, soit devenu désormais parmi nous, grâce à de cyniques écrivains de théâtre, grâce à d'immondes chansonniers ou des romanciers sans pudeur, la plus haute expression de la simplicité, voisine de la sottise, de l'imbécillité même, le symbole de la chasteté suspecte, de la pudeur niaise ou hypocrite, de tout ce qu'il y a, en un mot, de plus ridicule et de plus méprisable ici bas?

Ces tristes enseignements n'ont pas manqué de produire leurs fruits et grâce à la légèreté de notre caractère, grâce à cette horreur instinctive du ridicule, surtout, qui est le signe propre de la nation française, le trait caractéristique des mœurs d'à présent, je doute fort qu'il se trouve dans notre pays, même parmi les mères les plus résolument, les plus courageusement chrétiennes, même parmi les plus ferventes pèlerines d'Ars et de la Salette, par exemple, une femme assez forte, assez généreuse, assez intrépide, assez héroïque, assez..... raisonnable et sensée, pour oser donner habituellement, *publiquement surtout*, à sa fille le nom le plus gracieux, le plus pur, le plus glorieux, peut-être, du christianisme, après celui de l'incomparable mère de Jésus-Christ.

La *mode* nous y ramènera peut-être quelque jour, qui sait? Il est permis de tout espérer, en ce genre, dans un pays, où l'exemple courageux d'une souveraine a suffi naguère pour encourager des bisaïeules, de simples aïeules même, à se parer avec orgueil de ces cheveux blancs, qu'elles mettaient jadis tant de soins à dissimuler. Puisse donc l'exemple venir ici encore de très-haut et puissent les femmes qui ont quelque influence sur leur entourage, abordant résolument une réforme également réclamée par le bon sens et la foi chrétienne, abandonner désormais à la nomenclature du roman et du théâtre, ces prétentieuses appellations, exotiques ou indigènes, qui règnent chez nous, à tour de rôle (1), comme la nuance et la coupe des étoffes, et revenir franchement à ces dénominations primitives, qui consacrent les plus pures vertus et les plus glorieux triomphes de leur sexe. Le bon goût n'aura certes, rien à y perdre; le bon sens et l'édification publique ne pourront, en revanche, qu'y gagner beaucoup.

Il est rare, ainsi que je l'ai constaté plus d'une fois déjà, qu'un sanctuaire placé hors des murs de Rome se trouve isolé d'une manière totale, et la basilique de Sainte-Agnès a dans son voisinage immédiat un autre édifice chrétien, dont l'origine se rattache à la sienne par des relations plus intimes encore que la proximité des temps. C'est la rotonde de *Sainte-Constance*, que certains archéologues des derniers siècles, trompés sans doute par quelques festons de vigne, par quelques grappes de raisin, qui se

(1) Après les *Héloïse*, les *Corinne*, les *Jenny*, les *Betsy*, les *Anaïs*, etc., renouvelées des Grecs, des Anglais et de je ne sais qui, nous voici maintenant aux *Berthe*, aux *Angèle*, aux *Marguerite* du moyen-âge, en attendant quelque nouvelle niaiserie qu'il plaira au *devotus femineus sexus* de prendre sous sa haute protection!

voient dans la mosaïque de la voûte, avaient pris trop légèrement (dit Nibby) pour un temple de Bacchus, et qui ne serait autre, d'après Anastase le bibliothécaire, qu'un baptistère érigé par Constantin, à l'imitation de celui de Latran, pour servir spécialement au baptême des deux Constance, sa sœur et sa fille, qui plus tard même y furent enterrées. Alexandre IV ayant converti ce mausolée en église, le mit sous l'invocation de ces pieuses princesses, dont il plaça les corps sous l'autel. L'urne de porphyre qui renfermait leurs restes se voit présentement au musée du Vatican, dans la salle *à croix grecque*, avec une autre urne semblable, trouvée à *Tor Pignattara*, dans le voisinage de Rome, et qui renfermait les cendres de sainte Hélène, mère de Constantin (1).

N'oublions pas cette particularité que la coupole tout-à-fait moderne de ce pieux édifice, repose sur le portique primitif, formé par vingt-quatre colonnes de granit, d'ordre corinthien et composite, associées irrégulièrement entre elles. C'est là (dit Nibby), le premier exemple connu de l'accouplement de colonnes appartenant à un ordre différent.

Maintenant, il ne me reste plus qu'à soumettre humblement à l'autorité compétente certain doute qui me préoccupe, au sujet de l'église dont je viens d'esquisser l'origine et les souvenirs. Comment se fait-il que sainte

(1) M. Ch. Lenormant, dans l'article précité, critique, non sans raison, l'étrange idée qui a fait placer les tombeaux de sainte Hélène et de sainte Constance, de la mère et de la fille de Constantin, au milieu des dieux et des héros du paganisme.

Constance, fille de Constantin, bien et dûment inscrite au catalogue des bienheureux, puisque l'église de Saint-Pierre *in vincoli* s'honore de posséder son chef, puisque l'église de Sainte-Marie *in Campitelli* offre parfois à la vénération du peuple pieux, une partie de sa dépouille mortelle (1), ne se trouve mentionnée cependant par aucun hagiographe, pas même par le martyrologe romain, où les hypercritiques et les *dénicheurs de Saints*, du siècle dernier n'ont jamais été admis pourtant à exercer les droits de haute et basse justice? Je signale uniquement cette omission comme un fait qui me surprend, me préoccupe même par sa singularité et suis prêt à me contenter, à cet égard, des plus simples explications.

Nous nous oublierions volontiers dans ces lieux, mes compagnons et moi, pendant une journée entière; mais le temps nous presse, car il nous reste encore bien des merveilles à explorer en ce jour, sans compter celles que la divine providence nous réserve, en ce moment, de la manière la plus agréable et la plus inespérée.

Le jeudi, seize avril dernier, une cérémonie du plus haut intérêt, au double point de vue de la foi et de l'archéologie sacrée, réunissait à cinq milles de la basilique de Sainte-Agnès, sur la voie Nomentane, une foule composée des plus hauts dignitaires de l'Eglise romaine, et de toutes les sommités sociales de la capitale du monde chrétien. Ce jour là, en effet, Pie IX devait poser solennelle-

(1) Voir l'*Année liturgique à Rome*, par M. Barbier de Montault, pages 185 et 205.

ment la première pierre d'un sanctuaire nouveau, qui va s'élever par ses soins, dans quelques années, sur les débris encore visibles de l'antique église construite, au commencement du 2e siècle, par le pape saint Alexandre 1er, demeurés ensevelis pendant d'innombrables années, et découverts providentiellement, en **1854**, dans un domaine rural appartenant à la Congrégation de la Propagande.

Un double souvenir se rattache à ce lieu déjà si vénérable par sa seule antiquité : le prince des apôtres lui-même habita cette enceinte sacrée, où il régénéra, dans les eaux du baptême, un grand nombre d'infidèles, et le saint pontife, son cinquième successeur, y fut mis à mort avec Evence et Théodule, ses prêtres, inhumés, ainsi que lui-même et une foule d'autres confesseurs, dans une catacombe adjacente au pieux sanctuaire.

L'église, bâtie plus tard, sur l'emplacement de l'oratoire primitif, avait disparu, au commencement du 9e siècle, par suite des guerres qui couvrirent de ruines le sol de Rome, comme aussi par l'abandon dans lequel était tombé le sanctuaire lui-même, depuis l'époque où Paschal Ier, pour mettre les restes des martyrs à l'abri de toute profanation et leur assurer les honneurs d'un culte permanent, avait transporté dans l'intérieur de Rome les corps des plus glorieux confesseurs de la foi. Ce fut alors qu'il déposa, dit-on, dans l'oratoire de Sainte-Agnès, au monastère de Sainte-Praxède, les corps d'Alexandre, d'Evence et de Théodule, ainsi que l'atteste aujourd'hui encore une inscription placée dans l'église consacrée à la fille du sénateur Pudens.

Toutefois, le souvenir de l'église de *Saint-Alexandre*, fidèlement conservé par les actes des martyrs, s'était perpétué dans la mémoire des générations successives et déjà, à deux reprises différentes, dans le cours de ces deux derniers siècles, des recherches avaient été dirigées vers le *cemœterium ad nymphas*, situé dans la propriété de la sainte matrone Severa, l'hôtesse du prince des apôtres. Mais c'est à notre siècle qu'était réservée l'une des découvertes les plus précieuses pour l'archéologie sacrée et pour l'histoire générale du christianisme; aussi chacun partagera, sans aucun doute, les sentiments d'allégresse exprimés par l'auteur d'une notice publiée à Rome, le jour même où la première pierre de la nouvelle basilique était posée solennellement. Je laisse parler ici le docte et pieux archéologue :

« Si l'âme éprouve une joie si vive et une si puissante émotion, à la vue de tout témoignage qui vient expliquer ou confirmer quelque illustre événement, ou bien réveiller le souvenir de quelque citoyen glorieux ou utile à son pays, que devra-t-on penser des objets matériels qui mettent sous nos yeux même les premiers âges de l'Eglise, nous font communiquer avec les bienheureux fidèles de cette époque, en nous unissant presque à ceux qui nous ont assuré la paix, au prix d'une guerre acharnée, et nous ont associés au triomphe qu'ils ont remporté, en sacrifiant leur âme et prodiguant leur sang dans le plus généreux combat ?

» Certes, nulle part, la consolation de l'âme et les douces jouissances du cœur ne sauraient être aussi vives, aussi profondes qu'en présence de monuments aussi sacrés, que dans la contemplation d'antiquités aussi vénérables. Parmi celles-ci, le cimetière du septième mille de la voie Nomentane, lequel a son entrée dans la propriété qui apppartient à la sacrée congrégation de *Propaganda fide*, présente une telle réunion de mérites et de beautés, qu'il resplendit comme une éclatante lumière de religion et de vérité, comme un insigne document de la vie chrétienne, comme un argument de la foi et de l'espérance du fidèle, comme une démonstration actuelle, palpable des rites, des usages, des coutumes, qui, dans le catholicisme, sont dérivés et descendus jusqu'à nous de l'Eglise naissante elle-même.

» Si l'on réfléchit attentivement sur cette découverte fortuite et sur l'époque mémorable de l'événement lui-même, on ne pourra se défendre de cette pensée qui en résulte spontanément, en quelque sorte, que tout cela est arrivé par une spéciale et admirable disposition de la providence d'en haut. En effet, cette découverte a lieu dans un fonds de terre appartenant à une congrégation vouée par son propre institut au soin de propager la vérité chrétienne en tous pays, et le moment est précisément celui-là même où les pasteurs du troupeau de Jésus-Christ disséminé dans le monde entier, se trouvent réunis dans Rome, à la voix du hiérarche suprême, pour assister à la déclaration solennelle qui a enrichi la foi d'un nouveau dogme, en proclamant immaculée la Vierge, mère du Verbe divin. Il résultera de ces circonstances diverses que la récente découverte comblera d'une pieuse allégresse tous ceux qui s'estimeront heureux d'avoir été admis à la contempler, que la nouvelle s'en répandra de suite en tous lieux, qu'on en appréciera promptement l'importance et qu'on en reconnaîtra de même les innombrables avantages, au point de vue de la foi (1). »

C'est une chose merveilleuse, en effet, parmi les merveilles sans nombre de la ville sainte, que l'inépuisable fécondité du sol qui l'entoure, et les inappréciables découvertes qui viennent chaque jour combler de joie les amis de l'art sacré. Voilà qu'une basilique des premiers âges sort à l'improviste des entrailles de la terre, et à peine l'enthousiasme soulevé dans le monde chrétien par cet heureux événement commence-t-il à se calmer un peu, qu'une découverte non moins précieuse a lieu sur un autre point de la campagne romaine (2). Dans quelques années d'ici, les pèlerins de la ville éternelle auront deux sanctuaires de plus à vénérer, et qui sait combien de nouveaux trésors en ce genre un avenir prochain ne réserve pas encore aux pieux visiteurs de la sainte cité ?

Sous l'empire des sentiments divers dont cette pensée remplit notre âme, nous nous dirigeons avec empressement vers le théâtre encore inconnu de la merveille qui nous attire, et bientôt nous commençons à en pressentir

(1) Breve notizia intorno all'oratorio e alla catacomba di San Alessandro al settimo miglio della via Nomentana. (Roma, coi tipi della sacra Congregazione de *Propaganda fide*, 1857.)

(2) La basilique de Saint-Etienne, bâtie par saint Léon-le-Grand sur la voie latine, à trois milles de Rome, et découverte au mois de février 1858. La *Civiltà cattolica*, dans son n° CCI, p. 356, a publié une notice très-détaillée et fort intéressante sur cet objet.

l'approche, en remarquant un mouvement insolite dans ces parages ordinairement infréquentés. Nous rencontrons successivement plusieurs voitures, dans lesquelles il nous semble distinguer quelques hauts personnages ecclésiastiques, puis diverses troupes de jeunes étudiants que nous reconnaissons, à leur costume, pour des élèves du collége de la Propagande. Nous saurons bientôt le motif de leur présence en ces lieux. Enfin, notre véhicule s'arrête devant une enceinte de planches, formée dans un terrain désert, à quelques pas seulement de la route, et après quelques pas de plus, nous nous trouvons en face du vénérable monument.

Voici bien les lieux, tels qu'on nous les a décrits et tels que les représente la *notice* à laquelle je viens d'emprunter quelques lignes. Le sol, creusé en carré long, à la profondeur de cinq ou six mètres, comme sur le *Forum* de Trajan, laisse voir, ainsi que dans celui-ci, les tronçons de colonnes, encore debout, qui dessinent très-nettement les trois nefs, le vestibule et le chevet de la basilique. Grâce au soin tout à la fois religieux et intelligent qui a dirigé les fouilles et le déblaiement, chaque partie se reconnait sans peine et chaque objet se retrouve à la place qu'il occupe depuis seize siècles entiers. Voici les entrées séparées, pour les fidèles des deux sexes; voici les *ambons* que le défaut de largeur de la nef avait fait dresser en face de l'autel, et dont l'emplacement se reconnait à deux niches pratiquées dans le mur de l'oratoire. Voici l'autel unique, élevé sur le sépulcre du saint pontife, et dans la disposition duquel on remarque sans peine une déviation de la ligne droite, circonstance que l'auteur de la *Notice* considère comme une preuve du respect de l'architecte pour l'état primitif du sanctuaire, pour la tombe des deux athlètes de Jésus-Christ, et une garantie non équivoque de l'identité parfaite des lieux. La table de porphyre qui recouvre cet autel, les plaques d'albâtre qui en ornaient les côtés, les *transennæ* de marbre, par lesquelles la vue des fidèles agenouillés pouvait pénétrer jusqu'au tombeau des saints patrons, déposé sous l'autel même, et les colonnettes du *tabernacle* (1), en marbre jaune antique (2) et violet, témoignent de la pieuse munificence qui avait présidé à l'ornementation du sanctuaire vénéré. Voici le *presbyterium*, au centre duquel on retrouve le siége pontifical, en pierre; voici la place du *candélabre*, en marbre, dont on reconnaît encore le piédestal, richement sculpté; voici, dans les dalles qui recouvrent le sol, des pierres sépulcrales, dont la blancheur et la disposition irrégulière ont interrompu les dessins formés par les divers marbres de couleur qui composaient le pavé primitif de la nef. Voici, à gauche, l'étroite entrée d'une catacombe, non encore accessible aux pèlerins, et dans laquelle on retrouve, dit-on, avec les *loculi*, les *areæ*, les *arcosolia*, les fioles de sang, les lampes et tous les indices réputés les plus irrécusables de la présence des martyrs et des saints, etc., etc.

(1) Non point celui qui renferme la sainte Eucharistie, mais le baldaquin qui surmonte et ombrage l'autel.

(2) On appelle marbres *antiques* ceux dont les carrières sont totalement épuisées, ou dont l'espèce a disparu.

Quelles émotions indicibles et quel heureux début pour une journée, à laquelle rien n'eût manqué si, arrivés deux heures plus tôt, nous avions pu assister à l'auguste cérémonie qui s'était accomplie le matin dans ces lieux! Ce jour là même, le cardinal Barnabò, préfet de la Propagande, avait célébré les saints mystères sur l'autel, à peine relevé, de la vénérable basilique et renouvelé, en quelque sorte, dans ces catacombes *à ciel ouvert*, une de ces scènes solennelles dont furent si souvent témoins les cimetières souterrains des premiers confesseurs de Jésus-Christ.

Quelques jours après, la voix publique apprenait à la chrétienté qu'une nouvelle église de *Saint-Alexandre*, ayant pour crypte (ou Confession) le sanctuaire primitif, allait s'élever bientôt sur les bords de l'antique voie Nomentane, aux frais de Pie IX, de l'épiscopat catholique et des pieux fidèles de tous les pays. Quelques mois plus tard, les journaux de Rome racontaient que la femme d'un banquier israélite, l'un des princes de la finance et de l'industrie moderne, avait offert au saint Père une splendide aumône, applicable spécialement à des réparations jugées nécessaires dans l'église de Sainte-Agnès *intra-muros* et à la reconstruction de la basilique de Saint-Alexandre, *in via Nomentana. — Vœ tibi, Corozaïn, et vœ tibi, Bethsaïda!* — Espérons qu'un pareil acte de pieuse munificence, inspiré sans doute par la grâce de Jésus-Christ, ne demeurera point sans récompense, dès ce monde, et qu'un jour, (prochain peut-être), le nouveau sanctuaire, s'enrichira de quelque touchante inscription commémorative, digne de faire pendant à celle de Saint-André *delle fratte*. — *Non erit impossibile apud Deum omne verbum !*

Nous allions rentrer dans Rome, le cœur plein de joie du succès de notre journée, et déjà riches des souvenirs sans prix qu'elle nous avait légués ; mais la mesure n'était pas remplie encore et la divine providence nous avait reservé, pour y mettre le comble, une de ces rencontres dont le récit semble fait à plaisir, dans les livres qui les rapportent, et auxquelles on a parfois peine à croire, lorsqu'on les a soi-même éprouvées. Au moment où nous venions de dépasser de quelques mètres seulement l'église de *Sainte-Agnès*, deux jeunes gens, qui arrivaient du côté de Rome, nous abordent pour nous demander le chemin des Catacombes, et apprenant que nous n'avons pu les visiter, faute d'une autorisation en règle, s'offrent, avec beaucoup de bienveillance, à nous faire participer à celle qu'ils ont obtenue pour eux-mêmes et pour quelques personnes de leur choix.

Quelle fortune inespérée, s'il en fut jamais ! Nous acceptons avec transport cette merveilleuse aubaine, nous rebroussons chemin, sur le pas de nos compagnons de fraiche date, Canadiens l'un et l'autre, à ce qu'ils nous apprennent, et tous ensemble nous allons frapper, vers l'entrée d'une vigne, à la porte du *signor custode* qui doit nous guider à traver les détours des sombres lieux. Celui-ci, simple *contadino*, de la plus chétive apparence, nous surprend bien un tant soit peu, tout d'abord, par son extérieur nullement scientifique et singulièrement différent de celui que nous aurions désiré trouver chez un *cicerone* de ce genre tout-à-fait à part. Mais nous nous rassurons par la pensée que ce personnage a du moins appris son rôle par cœur, qu'il nous débitera imperturbablement sa légende, et que nous rectifierons sans trop de peine les irrégularités de fond ou de forme, les *lapsus linguæ* et autres *spropositi* ou *sbaglj*, qui lui échapperont plus d'une fois, nécessairement, dans le cours de ses doctes explications.

Donc, nous nous mettons en route sur la trace du *Bosio* de village, mais nous ne tardons pas à reconnaître quel étrange magot nous avons pris pour un homme, en entendant les incroyables et incessantes inepties de ce drôle qui, semblable à un perroquet, plus ou moins bien endoctriné par quelque portière, nous accable, en quelques minutes, d'un tel déluge de *balorderie*, que je me trouve chargé de lui intimer, au nom de la caravane entière, de vouloir bien se borner exclusivement à diriger nos pas à travers les rues de la nécropole, et à répondre de son mieux aux questions qui pourront lui être adressées, le cas échéant. Moyennant ce tempérament, notre expédition commence à prendre une tournure un peu plus régulière, un caractère un peu plus *sérieux* surtout, et la gravité de la situation n'est plus guère troublée que dans certain moment où notre *cicerone*, après avoir hasardé (quelque peu gratuitement) deux ou trois conjectures scientifiques à propos de certains objets dont la nature précise ne se révélait pas tout d'abord, termine sa docte dissertation par ces mots naïvement emphatiques: « Voilà, du moins, ce que *nous* ont appris *nos* maîtres dans la science de l'archéologie. »

Oh ! alors, je dois l'avouer, à notre honte, un fou rire, péniblement comprimé par l'auguste aspect de ces lieux si solennels, s'empare de la bande entière, et ce n'est qu'après quelques instants d'une lutte des plus pénibles qu'il nous est donné de reprendre le sérieux nécessaire à la poursuite de nos explorations dans la sombre cité des martyrs et des saints.

Cependant, nous avançons à travers les rues de l'antique nécropole et bientôt les objets les plus intéressants viennent en foule s'offrir à nos regards émerveillés. Il ne s'agit plus simplement ici, en effet, comme à Saint-Sébastien, de *loculi* superposés, entièrement vides et de quelques sombres corridors, parcourus, en quelques minutes, tant les pieux *ciceroni* semblent pressés de congédier les visiteurs. Ici, nous voyons passer successivement sous nos yeux tous ces monuments divers décrits d'une manière si saisissante par les écrivains qui ont fait une étude spéciale des cimetières chrétiens : les cryptes et les *cubicula*, les *areæ*, les *arcosolia*, ou monuments arqués, les autels primitifs, les *presbyteria*, les siéges pontificaux, les fresques symboliques, avec leurs emblèmes, non moins touchants qu'ingénieux, tous ces détails en un mot, qui donnent aux catacombes de la campagne romaine un aspect si mystérieux, si religieusement solennel, et en font une chose à part, hors ligne, parmi les monuments que nous ont légués les premiers âges chrétiens.

Un souvenir m'est resté plus particulièrement présent,

au milieu de ces innombrables merveilles, c'est celui d'une crypte dans laquelle nous constatons des vestiges irrécusables du culte de la sainte Vierge et de la pratique de la pénitence sacramentelle, dès les premiers siècles du christianisme, en remarquant tout d'abord, de chaque côté de la porte d'entrée des siéges taillés dans la pierre et que leur forme, leur position, toutes les raisons les plus matériellement convaincantes, en un mot, démontrent n'avoir pu servir qu'à l'usage de la confession auriculaire; puis au fond de cette même crypte un *arcosolium* ou voûte cintrée, surmontant un tombeau, qui a servi d'autel pour la célébration des saints mystères, et au-dessus duquel nous reconnaissons, avec transport, cette vénérable image de Marie, devenue, depuis quelques années déjà, l'objet de tant de pieux pèlerinages pour les fidèles du monde entier.

La voilà bien, telle que maint récit nous l'a fait connaître, telle que nous la décrit un pieux auteur souvent cité : Elle est assise, au centre de la niche, la tête couronnée du nimbe et ornée d'un voile relevé par devant, tombant sur les épaules et dont les plis viennent reposer sur les bras ; sur son giron repose le divin enfant tourné comme elle, avec les deux mains pareillement étendues, et prêtes à bénir, en face de celui qui contemple ce ravissant tableau.

Je ne saurais dire quel sentiment de bonheur vient inonder le cœur du chrétien, à la vue de cette preuve dix-sept fois séculaire du culte rendu par la primitive Eglise à la Mère du Verbe incarné ! En présence de cet argument irrécusable, qui lui ferme la bouche pour jamais, il ne reste plus à l'hérésie qu'un seul parti à prendre, celui d'adopter les conclusions de ce bon évêque anglican, cité par l'auteur de l'*Esquisse de Rome chrétienne* (1), et qui, pressé de tous côtés par l'évidence, reconnaissait avec un douloureux découragement que « les germes détestables du papisme avaient été semés dans l'Eglise, *dès le temps même des apôtres* (2). » C'est là tout justement, en effet, ce qu'il s'agissait de démontrer et il ne reste qu'à donner acte à la partie adverse de ce pénible et important aveu.

N'oublions pas, avant de quitter cette crypte vénérable entre toutes, deux souvenirs bien émouvants qui s'y rattachent et qui appartiennent à l'histoire de nos jours.

Mgr. Gerbet raconte que, Grégoire XVI, vers la fin de sa vie, voulut, malgré son grand âge, descendre dans les catacombes de Sainte-Agnès. Arrivé dans une de leurs églises, il s'arrêta pour y prier quelques instants, et bénit l'assistance, assis sur un de ces siéges pontificaux en tuf, qui avaient servi aux papes du 2e ou du 3e siècle (3). Quel sublime et incomparable spectacle pour tous ceux qui eurent le bonheur d'en être les témoins !

Quelques années plus tard, une cérémonie non moins solennelle que touchante s'accomplisssait dans cette même crypte, dont je viens d'esquisser sommairement les principales beautés. Mgr. Talbot, prélat anglais de naissance,

(1) II, p. 207.
(2) *Esquisse de Rome chrétienne*, II, p. 207.
(3) II, p. 278.

l'un des camériers de Pie IX, célébrant pour la première fois les saints mystères, y donnait la bénédiction nuptiale à deux de ses compatriotes, en présence de plusieurs Anglais, récemment ramenés à la foi de leurs pères et qui recevaient de sa main la sainte Eucharistie. Notre *cicerone* présent (du moins le disait-il) à cette cérémonie sans exemple encore dans les annales de la Rome souterraine, nous parlait avec enthousiasme de l'effet produit sur lui, comme sur l'assistance, par un acte aussi pathétique et aussi grandiose dans sa simplicité.

Ce serait peut-être ici le lieu de répondre à certain reproche qui m'a été fait par quelques lecteurs de la première partie de ces *Souvenirs*, au sujet du peu de développement que j'ai donné à ce qui concerne les catacombes, ou les premiers cimetières chrétiens. Ma réponse est non moins simple que facile. Ce n'est point une description générale ni détaillée de Rome, que j'ai entreprise, et je n'ai nulle intention de servir de *guide* à quelque futur touriste, pas même à un pèlerin, ce qui conviendrait beaucoup plus à mes inclinations. Ce sont des *souvenirs*, des *impressions*, au jour le jour, que je recueille, que je raconte, ainsi que l'indique mon titre ; il ne faut donc chercher ici autre chose que le récit sans ordre et sans suite bien logique de mes émotions quotidiennes, à propos de tel monument que j'aurai visité, de tel objet qui aura frappé plus ou moins fortuitement ma vue. Quiconque a voyagé sait parfaitement quelle est l'immense variété d'impressions reçues par les différents spectateurs, à propos d'un même objet, quelle variété règne également dans les émotions qu'il produit et dans les appréciations auxquelles il peut donner lieu, suivant le caractère propre et l'impressionabilité personnelle du narrateur.

Ce que je viens de dire s'applique généralement à tous les monuments de Rome ancienne et moderne, sacrée et profane. Quant aux catacombes (ou *cimetières*, pour ne pas désobliger le Révérend Père Marchi), je puis invoquer à ma décharge une raison malheureusement plus concluante, quoique nullement *satisfaisante* pour le lecteur, dans l'acception primitive et rigoureusement propre du mot que je viens de souligner.

Toutes les relations de voyages à Rome publiées jusqu'ici, dans ces dernières années surtout, portent le nom d'auteurs plus ou moins haut placés dans le monde de la science, de la littérature ou des arts, lesquels ont quitté la France, munis de recommandations très-efficaces pour d'illustres personnages romains et devant lesquels, par conséquent, se sont toutes grandes ouvertes une foule de portes qui demeurent inexorablement fermées pour un obscur et vulgaire pèlerin. Tel de ces touristes privilégiés a eu pour introducteur, pour initiateur, le Père Marchi, lui-même, tel autre le chevalier de Rossi (1), ou quelque *cicerone* de pareille valeur, dont la conversation, mais surtout les explications données sur place, en présence des objets eux-mêmes, dans le cours d'une visite longue et détaillée, souvent même de plusieurs visites succes-

(1) Voir, dans le *Correspondant*, tome XI, 2e livraison (25 février 1859), l'excellent article de M. Ch. Lenormant sur *les catacombes de Rome*, en 1858.

sives, équivalent à un cours complet sur la matière et fournissent d'inappréciables matériaux à quiconque est en état de les mettre à profit.

Mais tel n'est point le cas, malheureusement, d'un vulgaire pèlerin, tel que celui qui écrit ces lignes, c'est-à-dire d'un voyageur qui, apportant à Rome un nom profondément obscur, même dans son propre pays, se trouvant dépourvu, du reste, de toutes recommandations, de toutes protections auprès des princes de l'archéologie sacrée, doit s'embarquer dans les immenses nécropoles de la campagne romaine, sans autre préparation que l'étude sommaire de quelques ouvrages spéciaux, sans autre direction que celle de quelque pieux *cicerone*, pressé d'abréger la visite, ou bien d'un *custode* ignare et loquace, d'une espèce de perroquet, dressé à répéter chaque jour à tous venants les mêmes choses, dans le même ordre, dans les mêmes termes, et sans autre *intérêt* que l'appât du salaire convenu, qu'il espère faire doubler à la sortie, dans le cas où l'on sera content de ses services. Si l'on tient compte de toutes ces circonstances défavorables, on comprendra sans peine les lacunes que doit présenter sous ma plume, par exemple, un récit de ce genre et tout en compâtissant sincèrement aux tribulations du narrateur, si peu favorisé par le sort, on l'excusera volontiers de n'être pas plus explicite sur un pareil sujet.

Au moment où je vais terminer ce long chapitre, dans lequel pourtant j'ai dû plus d'une fois me restreindre notablement, voici qu'un hasard providentiel met sous mes yeux un curieux document dont je veux gratifier mes lecteurs, auxquels il aura très-probablement échappé.

Chacun avait cru jusqu'ici, tout bonnement, sur la foi des autorités réputées les plus graves dans la matière (1), que la fiole de sang incrustée ou fixée avec de la chaux, en dehors des tombeaux des catacombes, était l'indice infaillible qu'ils contiennent les corps de quelques martyrs de Jésus-Christ. Mais tout ce monde-là s'était trompé lourdement, ainsi que vient de le lui signifier magistralement un journal de la plus haute compétence, comme chacun sait, en matière de critique et d'érudition sacrées. Voici ce document, dont je tiens à citer le texte, afin de lui conserver toute son authenticité et son autorité surtout.

« *La question du vase de sang.* — Tel est le titre d'une brochure que vient de publier un des plus érudits et des plus zélés de nos jeunes archéologues, M. Edm. Le B.... C'est un titre tragique. Il s'agit, en effet, d'une épouvantable tragédie qui a duré plusieurs siècles; il

(1) Voir, à ce sujet, la lettre de M. Raoul-Rochette, secrétaire perpétuel de l'académie des Beaux-Arts, au Père Secchi, Jésuite. (*Les trois Rome*, IV, pag. 568, note.) La *Revue britannique* (juin 1859) prétend, il est vrai, que l'auteur a, depuis ce temps, rétracté sa lettre et ajoute que le Père Marchi, persévérant imperturbablement dans son opinion à cet égard, doit être *suspect*, « parce que « dans chacune de ses pages, l'ardent désir de découvrir parmi les » souvenirs de la primitive Eglise la confirmation des doctrines ro- » maines *des temps modernes* domine évidemment toute autre con- » sidération. »

Les écrivains anglicans de l'*Edinburgh review* ne seraient-ils pas eux-mêmes *suspects*, à raison de quelques tendances dans le sens diamétralement opposé?

s'agit du sang des martyrs chrétiens. Mais n'a-t-on pas été étrangement abusé sur le nombre ou plutôt sur la personnalité de ces martyrs! C'est la question que s'adresse M. Le B. Dans l'immense ossuaire des catacombes, toutes les tombes ne sont pas, on l'a reconnu depuis longtemps, également vénérables. Il y en a, certainement, qui renferment d'illustres victimes; mais dans le plus grand nombre reposent des morts obscurs. Comment les distinguer?

« Un petit vase de verre ou de terre cuite, contenant un résidu de sang humain, a été remarqué scellé à l'extérieur de quelques tombes. De cette observation on s'est laissé conduire à supposer, en l'absence d'autres preuves, que le signe muet d'un vase de sang indiquait la tombe d'un martyr et cette supposition est devenue presque aussitôt une certitude. Anciennement, on ne discutait rien, on croyait tout. Mais ensuite est venu l'âge du doute. Mabillon, Muratori, Marini, ont douté de la signification donnée au vase de sang.

« Aujourd'hui M. Le B. prouve en de fort bons termes que cette interprétation est tout simplement une vieille erreur, que n'excuse pas même la vraisemblance. Les sépulcres de saint Gervais, de saint Protais, de saint Agricol, de saint Corneille, de saint Hyacinthe et de beaucoup d'autres martyrs, également authentiques, n'offrent pas le vase. Au contraire, le vase accompagne plus d'une inscription presque païenne. Ainsi la piété des fidèles s'est longtemps égarée. Le faux martyr de la fausse archéologie ayant ensuite été placé dans la phalange des saints intercesseurs, que de prières ont été mal adressées ! Mais imitant la réserve de M. Le B., nous nous arrêtons là (1). »

C'est dommage, en vérité, car le guide nous menait bon train et M. E. Le B., l'un des collaborateurs catholiques du *Correspondant*, si je ne me trompe, doit être assurément très-flatté des sympathies, qu'il vient de rencontrer, des encouragements qu'il vient de recevoir dans un journal dont chacun connait la scrupuleuse orthodoxie ! Quoi qu'il en soit, avis à qui de droit. Que les archéologues chrétiens veuillent donc bien se le tenir pour dit une bonne fois, ne s'avisent plus dorénavant de hasarder la moindre conjecture, sans avoir consulté les docteurs approuvés par la démocratie et que les fidèles, sous peine *d'égarer leur dévotion*, veuillent bien se renseigner dans les bureaux du *Siècle*, avant de s'agenouiller devant une relique, devant une image quelconque, eût-elle même quinze cents ans d'existence et de possession incontestée. Il n'y a, bien décidément, d'authentique et de certain en ce genre que les théories, les hypothèses du *Siècle* et les affirmations doctrinales des oracles que ce grand maître de la science ecclésiastique, cet organe infaillible de l'orthodoxie moderne veut bien prendre sous son haut patronage et sa puissante protection !

(1) *Le Siècle*, nº du 5 janvier 1859.

XXIX.

Départ de Pie IX. — La Confession de Saint-Pierre. — *Le trésor de la basilique. — La fontaine de Trevi.* — Pasquino redivivo! — *Le* mois de Marie *à Rome.*

Voici encore une journée féconde en impressions, en émotions diverses, et l'un des plus précieux souvenirs que Rome m'aura laissés de mon double pèlerinage à ses murs vénérés; voici un de ces épisodes que nulle prudence ne saurait prévoir, nulle combinaison préparer, et que la providence daigne ménager parfois à ces *déshérités* dont je parlais tout-à-l'heure, pour compenser des privations forcément subies, pour adoucir des épreuves, multipliées autour d'eux le plus souvent par l'infériorité de leur condition sociale, dans un pays où tant de tribulations et de sacrifices attendent chaque jour un obscur pèlerin.

Ainsi que je l'ai dit, vers la fin du XXVe chapitre, le voyage de Pie IX, définitivement résolu, depuis quelques semaines et diligemment préparé dans ces derniers temps, a été fixé pour le commencement du mois qui vient de s'ouvrir, mais le jour précis n'en est point connu encore, et les personnages les mieux informés d'ordinaire semblent eux-mêmes réduits aux conjectures à cet égard, lorsque tout à coup, dans la journée du 3 mai, le bruit se répand dans Rome que le saint Père se met décidément en route, le lendemain même, dans la matinée, et que, avant de monter en voiture, il doit célébrer une messe votive à l'autel papal de Saint-Pierre du Vatican. Informé moi-même, fortuitement, de cette circonstance, je prends, à six heures du matin, la route de l'illustre basilique, et j'arrive assez à temps pour trouver une place passablement commode, à quelque distance du lieu où va s'accomplir l'auguste cérémonie.

Celle-ci n'offre en elle-même, je dois le dire, aucune circonstance bien digne de remarque. Le saint Père, assisté à l'autel par deux cardinaux, célèbre d'abord une messe basse sur le tombeau des saints Apôtres, puis, après avoir quitté les ornements sacerdotaux, il vient s'agenouiller sur un prie-Dieu, tourné du côté de l'autel, dit de la *Chaire de Saint-Pierre* (1), où commence aussitôt une messe d'action de grâces, célébrée par un des prélats de sa maison.

Immédiatement après, le Pontife se rend à la sacristie de la basilique, pour s'y reposer quelques instants et recevoir les hommages des personnes admises à cette précieuse faveur. Pendant ce temps, la grande nef commence à se peupler de visiteurs, avisés bien tardivement, à ce

(1) Au fond de l'abside, en face de l'autel de la *Confession*.

qu'il paraît, de l'événement du jour et, pendant ce temps aussi, le son lointain des tambours et des musiques guerrières annonce que les troupes romaines et françaises arrivent pour se former en bataille sur l'immense *piazza*, comme aux jours des grandes solennités pontificales. Bientôt il règne une activité plus sensible vers le sommet de la nef : des camériers ecclésiastiques et laïques circulent fréquemment entre la sacristie et l'autel papal, puis, au bout de quelques instants, le saint Père, entouré d'un nombreux cortége de cardinaux, de prélats, de dignitaires civils, militaires, et d'ambassadeurs des puissances catholiques, paraît au haut de la nef principale, qu'il traverse, dans toute sa longueur, au pas ordinaire, en répandant, avec une paternelle affection, les bénédictions sur son passage. Il descend le perron, toujours suivi de son brillant cortége, et va monter en voiture sur la *piazza Rusticucci*, au son de toutes les cloches de la basilique, au milieu des troupes rangées en bataille, sur les trois côtés, et bientôt son équipage, avec l'escorte d'honneur, tournant à gauche, derrière la colonnade, pour se diriger vers la porte *Angelica*, disparaissent aux regards des nombreux spectateurs, devenus immobiles de respect et d'admiration.

Ah ! c'était une belle et noble fête ! Il n'y avait là ni Anglais, ni Américains, ni commis-voyageurs de la littérature parisienne, ni désœuvrés, ni flâneurs, dans aucun genre. Quelques centaines de fidèles se perdaient dans les profondeurs de la basilique et chacun pouvait voir, tout à son aise, sans places réservées, sans tribunes, sans habits noirs, sans tumulte et sans désordre surtout. Voilà, certes, une belle revanche de mes privations de la semaine sainte, et voilà ce que l'on gagne parfois à se trouver à Rome, en d'autre temps que la multitude! Voilà aussi une circonstance exceptionnelle, unique en son genre, le départ du chef de l'Eglise pour un voyage de quatre mois dans ses Etats, car les papes ne voyagent guère, ne font pas surtout d'aussi longues absences, et ce sera peut-être un événement dans l'histoire de notre siècle qu'un déplacement pareil, avec les circonstances de toute nature qui peuvent en résulter.

Puis, quelle singularité précieuse dans les détails! Le prince des pasteurs, descendu au rang des simples prêtres et célébrant, comme le plus petit d'entre eux, une messe ordinaire, dans ce temple où il n'apparaît jamais qu'en Pontife suprême, le front ceint de la tiare aux trois couronnes, et précédé de la triple croix! Le saint Père, traversant à pied, en simple soutane blanche, cette nef immense, où il n'entre jamais que revêtu des splendides ornements de sa dignité suréminente, porté sur un trône que soutiennent des épaules humaines, et foulant aux pieds, en quelque sorte, un océan de têtes qui s'inclinent avec amour sur son passage. Mais, quelle chose admirable que la marche triomphale de ce prêtre, autour duquel se pressent les princes de l'Eglise, les princes de la terre, les généraux d'armée, les ambassadeurs des puissances de l'Europe, tous dans leurs plus magnifiques habits de cérémonie; ce prêtre devant lequel s'inclinent les étendards militaires, ce pacifique pasteur des âmes, devant lequel tous les hommes de guerre sont heureux et fiers de fléchir le genou !

Lorsque la dernière des voitures a disparu derrière l'immense colonnade, je rentre dans la basilique, où m'attendait un autre genre d'émotion que la providence a bien voulu me ménager encore pour rendre plus chers à mon cœur les souvenirs que me laissera cette journée précieuse entre toutes. Un jeune prêtre, mon compatriote, qui se trouve à Rome, déjà depuis quelque temps, et avec lequel je viens de suivre les détails de la grande cérémonie, va célébrer la messe dans la chapelle souterraine, où il m'engage à descendre avec lui.

C'est jouer de bonheur, en vérité, car voilà une des choses que je désirais le plus à Rome et que je n'espérais pas voir se réaliser, même dans ce deuxième pèlerinage. Mais j'allais retirer, en outre, de cet incident, certain genre de profit que je ne soupçonnais pas encore, celui de connaître le véritable emplacement de la *Confession* de saint Pierre, au sujet de laquelle j'avais vécu jusqu'à ce jour dans une complète erreur. J'avais toujours pris, en effet, pour ce mystérieux sanctuaire, la chapelle placée sous l'autel papal et dont les deux portes en bronze, ciselées à jour, s'ouvrent en face de la statue qui représente Pie VI agenouillé, au centre de l'hémicycle formé par la balustrade. Ceci n'est que le premier étage de la *Confession*, dont le rez-de-chaussée consiste dans l'espace qui est laissé vide entre le pavé de l'ancienne basilique et celui de la nouvelle.

« On y descend (dit l'auteur des *Lettres d'un pèlerin*)

de l'intérieur de Saint-Pierre, à gauche de l'autel papal, par un escalier pratiqué dans le pilier où se trouve la statue colossale de sainte Véronique, et dont la porte est ménagée dans le piédestal de cette même statue. On arrive dans un corridor circulaire; une sorte de crypte-hémicycle tourne autour du maître-autel supérieur de la basilique, dont on entrevoit les portes de bronze. Là, immédiatement derrière le tombeau de saint Pierre, s'ouvre une petite chapelle, qui remplace l'antique oratoire de saint Anaclet: sa forme est une croix renversée, en souvenir du martyre de saint Pierre, crucifié la tête en bas. Cette petite croix latine, qui forme toute la chapelle, est délicieuse de forme, longue, mince, étroite, haut voûtée, recouverte de marbres précieux et de dorures de bon goût. Tout y est beau, grave et charmant; elle est ornée de vingt-quatre bas-reliefs dorés, qui retracent la vie de saint Pierre et de saint Paul. Au fond de la chapelle, adossé à la *Confession*, s'élève l'autel en mosaïque, avec une croix, la tête en bas, pour rappeler encore la crucifixion du prince des Apôtres (1). »

Au moment où nous entrons dans la crypte sacrée, un évêque français achève le saint sacrifice et son grand-vicaire va le remplacer à l'autel, de manière qu'en attendant le tour de mon compagnon, je puis entendre une messe entière et me livrer à loisir, par conséquent, aux pensées, aux sentiments qu'inspirent si naturellement ces lieux. Je dois avouer pourtant que, malgré l'obscurité de

(1) Tom. II, p. 296.

la chapelle, uniquement éclairée par la lueur douteuse des cierges, et malgré le silence de ces lieux où n'arrivent même pas les faibles bruits de la basilique, il ne m'est guère possible de songer à la nudité, à la solitude, à la mystérieuse horreur des catacombes, au milieu de toutes les magnificences qui décorent ce petit sanctuaire, chef-d'œuvre de splendeur et de bon goût ; mais, en revanche, ma pensée ne peut se distraire des deux saints Apôtres, dont les antiques portraits, à demi-effacés, « semblent répandre (dit Mgr. Gerbet) sur le jeune éclat des marbres modernes une teinte de piété antique, qui est comme l'ombre des siècles écoulés (1). » Je vois à deux pas de moi, leurs images vénérées ; je touche du doigt les marbres qui recouvrent leurs restes sacrés et je crois vraiment entendre leurs augustes voix s'élever vers moi au milieu du silence et des ténèbres. Oh ! je ne saurais trop le dire : quelles indicibles jouissances du cœur et de l'imagination pour quiconque visite Rome à la lueur de l'incomparable flambeau de la foi !

Des émotions d'un autre genre m'attendaient, à la sortie de la crypte sacrée, dans la sacristie de la basilique, merveille due à la munificence de Pie VI, et qui serait à elle seule un véritable palais. Je laisse aux *Guides* et autres ouvrages techniques la description détaillée de cette royale construction, du vestibule elliptique, des trois bras de la galerie, des marbres précieux, des œuvres d'art qui la décorent etc., et j'arrive à la sacristie, dite *commune*,

(1) *Esquisse de Rome chrétienne*, I, p. 283.

qui, par ses dimensions, sa forme et ses ornements, serait, à elle seule, une magnifique église, partout ailleurs qu'à Rome et dans le voisinage immédiat de Saint-Pierre du Vatican.

Un incident, d'une espèce tout-à-fait nouvelle, se rattache, dans mes souvenirs, à la visite de ce lieu. Pendant que nous attendions, assis à l'écart, le moment où notre introducteur pourrait nous conduire dans la salle voisine, qui renferme le riche trésor de *Saint-Pierre*, nous voyions au milieu de la sacristie même, un cardinal, jeune encore, s'entretenir, de l'air le plus aimable et le plus cordialement gracieux, avec quelques ecclésiastiques d'un ordre inférieur, attachés sans doute au clergé de la basilique, et, comme je le faisais remarquer à M. l'abbé de V., il allait, d'après mon désir, s'informer qui pouvait être ce prince de l'Eglise. C'était le cardinal Ottaiano dei Medici, un membre de cette illustre famille qui a donné tant de papes, de cardinaux, de personnages illustres à l'Eglise et à l'Etat, un pieux et vénérable prélat, dont les journaux devaient nous annoncer, quelques mois plus tard, la mort non moins soudaine qu'imprévue!

A l'occasion de cette rencontre, je soumettais à mon compagnon quelques réflexions sur certain air de dignité quelque peu empruntée parfois, qu'on remarque chez divers prélats, français et autres, lesquels, il faut le dire, changent assez volontiers de manière d'être une fois qu'ils se trouvent à Rome, où, dans le voisinage du pape et du sacré Collége, un évêque, soit indigène soit étranger, ne doit pas s'attendre à produire beaucoup d'effet. L'abbé de V...

pense charitablement que l'air en question provient de la *timidité*, chez le plus grand nombre de ces vénérables personnages, parce que l'on est tout naturellement conduit à la raideur, lorsque *l'on cherche son maintien*. Quoi qu'il en soit de cette ingénieuse conjecture, il est bien certain, du moins, qu'on ne remarque, ni chez le pape, ni chez aucuns des cardinaux romains, cette démarche parfois guindée, cette solennité habituelle dans le geste, et l'expression de la physionomie, qui se rencontrent parfois chez certains membres de l'épiscopat, dans les diverses parties de l'Europe, et en France principalement.

Ce contraste était encore plus sensible à mes yeux, lorsque je venais de voir, quelques instants auparavant, Pie IX traversant la grande nef de Saint-Pierre, avec l'attitude la plus abandonnée, la plus naturelle, au milieu d'un cortége comparable à celui des plus puissants souverains d'ici-bas. En vérité, mes yeux s'humectent des plus douces larmes, chaque fois que je me rappelle cette majestueuse bonhomie du prince des Evêques, cette inimitable simplicité de démarche et d'allures, cet oubli visible de soi-même, au milieu des hommages universels, en un mot cette ravissante figure de bon pasteur, dont rien ne saurait donner la moindre idée. Quelle incalculable distance entre une pareille manière d'être et la majesté quelque peu prétentieuse de certains dignitaires, dans lesquels on serait tenté de voir les *parvenus* de l'épiscopat !

Pendant que je me livre à ces réflexions, notre bienveillant *cicerone* vient nous rejoindre et nous introduit bientôt dans cette partie des bâtiments de *Saint-Pierre*, où sont conservés les plus riches ornements de l'archibasilique patriarcale, ornements moins précieux encore par la splendeur de la matière et l'art exquis de la mise en œuvre, que par les illustres souvenirs qui se rattachent à la plupart d'entre eux. Dans ce nombre, on nous faisait remarquer un crucifix d'or, chef-d'œuvre commun de Michel-Ange et de Benvenuto Cellini; la dalmatique de Léon III et celle de Charlemagne; la tiare donnée à Pie VII par Napoléon Ier, après son sacre à Notre-Dame; le calice dont Pie IX venait de faire usage, pour sa messe, et l'ostensoir qui lui fut offert en 1850, par Mgr. Mathieu, notre vénérable archevêque, au nom du clergé franc-comtois (1). Pie IX en faisait don, quelques jours après, au chapitre de la basilique et je ne me doutais certes guère, lorsque j'oubliai jadis d'aller le voir, à l'archevêché de Besançon, où il demeura exposé plusieurs jours consécutifs, que je le retrouverais, quelques années après, dans la sacristie de Saint-Pierre de Rome, où j'étais destiné, suivant toutes les apparences, à ne pénétrer jamais. Quant au calice dont j'ignore (ou ne me rappelle plus) l'ori-

(1) Cet ostensoir avait été commandé, dit-on, par l'impératrice Marie-Louise, en 1813, pour être offert à Pie VII au nom du roi de Rome. Laissé inachevé entre les mains de l'orfèvre, par suite des événements de l'année 1814, il a été racheté en 1849 au moyen d'une souscription faite par les évêques et le clergé de la province de Besançon, avec le concours de quelques ecclésiastiques notables et même de quelques fidèles, et offert le 16 mai 1850 par Mgr. Mathieu lui-même à Pie IX, qui en faisait don, le 21 du même mois, au chapitre de Saint-Pierre du Vatican.

gine, il doit être d'une valeur inestimable, si j'en juge par les diamants et autres pierres précieuses, dont il est littéralement hérissé, de la base au sommet.

Pasquino redivivo (1) ! — C'est avec ces deux mots que je notais, quelques heures plus tard, l'une de mes impressions de ce jour et le souvenir d'une épigramme que les beaux-esprits de la cité pontificale venaient d'improviser au sujet du voyage de Pie IX dans ses Etats. En voici le texte, recueilli de la bouche même de l'aumônier de Saint-André : « *Chi guarda il gregge? — Il pastor ed i cani. — Eppoi se n'anda il pastore, chi resterà? — I cani* (2). » — Tout cela, comme on peut le voir, est assez peu bienveillant et respectueux. Dieu veuille pourtant que tout se borne à de pareilles escarmouches et que les hostilités ne dépassent point les limites traditionnelles de la *pasquinata ;* nous en serons quittes encore à bon marché !

Le mois de Marie, commencé à Rome, comme partout ailleurs, depuis quatre jours déjà, donne en ce moment un intérêt tout spécial aux divers sanctuaires, qui portent le nom de la Vierge-Mère, et à de simples oratoires, même, que j'eusse négligés, peut-être, en d'autres temps. L'un de ces derniers, pourtant, se recommande à mon attention sérieuse par son origine et les souvenirs singuliers qui s'y rattachent. C'est une de ces innombrables *chiesuole*, que l'on rencontre à chaque pas dans Rome,

(1) Pasquin ressuscité.

(2) Qui garde le troupeau? — Le berger et les chiens. — Or, le berger s'en va, qui restera donc? — Les chiens.

devant lesquelles le vulgaire touriste passe chaque jour cent fois, sans y prendre garde, parce que rien, à l'extérieur, ne sollicite son attention, n'appelle sa visite, et que le *Guide-Richard*, ou tout autre *vade-mecum* de ce genre, ne lui en dit pas un seul mot. C'est la petite église connue jadis dans la langue liturgique sous le titre de Sainte-Marie *in Fornicà*, auquel a succédé celui de Sainte-Marie *in Trivio* et que le peuple appelle aujourd'hui communément Sainte-Marie *de Trevi*. J'ai fait, jadis moi-même, plus d'une fois comme les touristes, mais du moins, je reconnais, j'avoue humblement mes erreurs d'une autre époque, et le repentir me ramène aujourd'hui vers un pieux édifice qui est lui-même l'un des plus insignes monuments du repentir.

Voici, en effet, l'histoire de ce petit sanctuaire, situé sur la place *dei Crociferi*, à gauche d'un autre monument plus généralement connu, dont je vais parler aussi, dans quelques instants. Ecoutons ici l'historien par excellence des édifices religieux de la sainte cité.

« Depuis Constantin (dit l'auteur de *Rome chrétienne*) les successeurs des Césars s'attribuaient une certaine influence sur l'élection des pontifes romains. Cette influence ne fut d'abord qu'indirecte ; mais, sous Justinien, elle devint patente et prétendit même s'exercer comme un droit. On vit alors deux courtisanes, Théodora et Antonina, l'une épouse de l'empereur, l'autre du plus célèbre général de l'empire, essayer de vendre le pontificat, au prix de l'or et au prix de la foi. Comme le pape Sylvère maintenait avec trop de sévérité, à leur avis, la pureté du dogme catholique, elles ordonnèrent à Bélisaire de le déposer, sous prétexte d'intelligence avec les Goths. Bélisaire manda le pontife au palais; là le général et la courtisane flattent, menacent, demandent une adhésion écrite à la croyance des hérétiques, ou bien une abdication. Le digne vieillard demeure inébranlable et se retire à Sainte-Sabine. Deux fois on l'invite à venir au palais, deux fois il y retourne; mais, à la dernière, ceux qui l'accompagnaient ne purent entrer avec lui et on ne le revit plus. Le lendemain, Bélisaire fit procéder à l'élection d'un nouveau pontife et, malgré les hésitations d'un grand nombre de Romains, il parvint à faire élire le diacre Vigile, homme de confiance de Théodora.

» Sylvère fut relégué d'abord à Patare, puis dans l'île de Palmaria, où il mourut de misère et de faim.

» Quant à Bélisaire, il ne tarda pas à se repentir de son crime; il chercha même à l'expier par l'édification d'une église qui fut à jamais l'expression de sa douleur. Cette église se voit encore près de la fontaine de Trevi. Elle est connue sous le nom de Sainte-Marie *in Fornicà*. Une vieille pierre (1) y porte l'inscription suivante :

> Hanc vir patricius Vilisarius, urbis amicus,
> Ob culpæ veniam, condidit ecclesiam.
> Hanc idcirco, pedem sacram qui ponis in ædem,
> Ut miseretur eum, sæpe precare Deum. (2).

De semblables détails pourront sembler très-superflus

(1) Placée à droite de la porte, au dehors.

(1) Bélisaire, patricien, ami de la Ville, a construit cette église

à certaine classe de lecteurs qui cherche surtout des anecdotes et des historiettes, plus ou moins *piquantes*, dans un livre tel que celui-ci. Mais, comme le dit très-bien Mgr. Gerbet, à propos du sanctuaire même qui m'occupe en ce moment : « Il ne faut pas oublier que Rome, par ses édifices même, est une ville éminemment dogmatique et qu'on ne la comprend que d'une manière très-incomplète, si on ne l'étudie pas sous cette face (1). »

N'oublions pas cette circonstance assez singulière que Vigile, devenu pape légitime, par la mort de Sylvère, se constitua le défenseur le plus inébranlable de l'orthodoxie et ne craignit pas d'excommunier l'impératrice qui l'avait fait élire. — *Hæc est mutatio dexteræ Excelsi!* Combien de changements non moins merveilleux ne lit-on pas dans les annales de l'Eglise, à toutes les époques de son histoire !

Comment faire, maintenant, pour ne pas encourir la note de mauvais goût, en parlant avec éloges de la célèbre fontaine qui assourdit le voisinage du fracas de ses eaux? *Eppur si muove!* Quoi qu'en disent les puristes et les rigoristes de l'art, je pense, avec un auteur cité plus haut : « que

pour expier sa faute. Qui que vous soyez, qui mettez le pied dans cette sainte demeure, priez souvent Dieu pour qu'il lui fasse miséricorde.

L'église de Sainte-Marie *in Trivio*, possédée successivement par diverses congrégations religieuses, appartient aujourd'hui aux prêtres de la congrégation du *Précieux sang*, fondée par le vénérable Gaspard *del Buffalo*. (Voir au chapitre XXXIII.)

(1) *Esquisse de Rome chrétienne*, I, p. 385.

ces mille torrents, coulant avec bruit parmi les chevaux marins et les Tritons, ces blanches statues que domine celle de l'Océan, dans sa vaste niche, captivent tellement l'imagination par l'heureuse combinaison de l'ensemble, qu'on a peine à se rendre compte du mauvais goût qui règne dans cette vaste composition (1). »

Je pense, en outre, pour mon compte personnel, que tout voyageur, sérieux ou frivole, placé à l'improviste, en face de la fontaine de Trevi, ne pourra se défendre d'un vif saisissement de plaisir, *d'admiration même*, à la vue de tous ces merveilleux objets, et que si la réflexion vient l'éclairer plus tard sur les imperfections réelles de cette œuvre colossale, il regrettera bien certainement les naïves illusions qui le séduisirent jadis, au premier aspect.

C'est là, il faut le dire en passant, une des magnificences toutes spéciales de la Rome moderne, que l'abondance, la fraîcheur de ses eaux, et il n'est peut-être pas de capitale, en Europe, où le luxe des fontaines ait été porté aussi loin que dans cette incomparable cité. On en trouve en tous lieux : non-seulement sur les places publiques, dans les jardins et les *villas*, mais encore sous le vestibule des temples, parfois même sur leur faîte (2), dans les cloîtres des monastères et jusque dans les salles même des musées et des galeries de peinture où elles concourent à l'ornement comme à la salubrité de ces divers lieux. Si l'on ajoute que ces eaux, amenées ou ramenées souvent,

(1) E. de la Gournerie. — *Rome chrétienne*, II, p. 354.

(2) Sur la plate-forme de Saint-Pierre, par exemple.

à grands frais, par les papes Paul V, Innocent X, Sixte-Quint, Clément XII, etc., sont d'une pureté, d'une saveur tellement exquises qu'une foule d'étrangers, même opulents, s'en contentent pour unique boisson, dans les repas qu'ils font à Rome, on comprendra sans peine qu'il n'y a rien d'exagéré dans l'opinion que j'exprimais tout à l'heure à ce sujet.

Chemin faisant, dans le cours de cette même journée et des suivantes, mon attention était fréquemment distraite, au milieu de mes observations en tout genre, par un spectacle non moins nouveau que singulier. A l'angle de presque toutes les rues, et même sur plusieurs points des passages moins fréquentés, je remarque des petites filles, de cinq à dix ans, au plus, très-gravement assises à côté d'une table, transformée en reposoir, sur laquelle s'élève une image encadrée, le plus souvent une statuette, de la sainte Vierge, couronnée de fleurs et entourée de divers ornements, avec une petite lampe, continuellement allumée, que la pieuse charité des passants est chargée d'entretenir.

Signor, qualche bajocco, per l'oglio della Madonna (1) ! Telle est l'apostrophe dont je m'entends saluer, à chaque instant, et, si je ne satisfais immédiatement à la requête, je vois la *ragazzina* se lever vivement, m'appréhender par le bras, ou par les basques de mon habit, jusqu'à paiement du tribut exigé, sans préjudice de celle qui me guette, cent pas plus loin, et ainsi de suite, sur

(1) Monsieur, un sou pour la lampe de la Vierge, s'il vous plaît.

toute la longueur de la rue. Heureux enfants que ceux que préoccupent de semblables soins ! Heureux peuple que celui qui conserve encore de pareilles mœurs ! Mais laissons faire les modernes émancipateurs de la pensée humaine et bientôt toutes ces niaiseries, toutes ces *superstitions d'un autre âge* (comme ils disent), tous ces vestiges des temps d'*ignorance* et de *barbarie*, seront désormais passés à l'état de souvenirs et remplacés par le *progrès* du siècle actuel, avec ses merveilleux, ses incomparables bienfaits !

XXX.

Sainte-Marie-Majeure. — Saint Pie V et la capella Sistina. — *Encore les* custodi. — Studio *di Overbeck. — Saint-Jean-de-Latran et la chapelle* Corsini.

« *Sainte-Marie-Majeure, basilique; l'air d'un salon* (1). » C'est en ces termes que l'auteur, déjà souvent cité, d'un livre qui fut en grande vogue parmi les libres penseurs, vers le commencement de ce siècle, analyse sommairement les beautés de la sublime basilique Libérienne, et c'est tout ce qu'a vu, dans l'un des plus beaux temples du monde catholique, cet écrivain d'un si grand cœur et d'un si noble esprit! Singulier *salon*, il faut en convenir, que celui où l'on trouve, par exemple, des peintures telles que les mosaïques de la frise et de l'abside surtout, les plus admirables pages symboliques dont s'enorgueillisse aucun des plus antiques sanctuaires de la ville éternelle, sans parler de vingt chefs-d'œuvre, du

(1) Stendhal. — *Promenades dans Rome*, II, p. 147.

goût le plus pur et le plus élevé! Quoi qu'il en soit, bénissons Dieu, une fois encore, de n'être qu'un vulgaire *bourgeois*, un de ces pauvres hères honnis, conspués, comme on l'a vu plus haut (1), par l'*aristocratique* auteur de la *Question romaine*, et qui doivent à la foi de leur enfance des illusions assez puissantes pour les aider à supporter de pareils mépris!

Maintes visites à Sainte-Marie-Majeure m'ont fait découvrir dans la merveilleuse basilique autre chose que des peintures de salon, des dorures de boudoir, et, aujourd'hui même encore, c'est une pensée d'un tout autre genre qui conduit de bonne heure mes pas vers son illustre enceinte, en dépit de la plus épouvantable série d'averses qui aient jamais inondé les rues de Rome, ou menacé la campagne voisine d'un nouveau cataclysme diluvien.

5 *mai.* — *Saint* Pie V, *pape.* — *Fête à Sainte-Marie-Majeure.* Ces simples mots, que je trouve aujourd'hui dans le *Diario romano*, me donnent un merveilleux courage pour affronter la tempête, car il s'agit d'aller vénérer, dans le plus magnifique sanctuaire de Rome, la dépouille sacrée de l'un des plus grands, des plus saints pontifes qui aient gouverné l'Eglise de Dieu et du dernier des successeurs de Pierre qui ait été élevé aux honneurs des autels. Il y a là un double attrait auquel je ne saurais absolument résister, malgré la fureur des éléments contraires; aussi je m'embarque résolument, pour ces régions si distantes de ma demeure, et je me dirige, en suivant

(1) Tome I, p. 178.

dans toute sa longueur l'une des branches du célèbre *quadrivium* des Quatre-Fontaines, vers les sommités lointaines du mont Esquilin.

Chemin faisant, ma pensée se porte naturellement sur le saint pontife, dont je vais vénérer la dépouille mortelle, et je récapitule tout ce que mes souvenirs peuvent me fournir au sujet de ce Michel Ghislieri, né fils de pauvres cultivateurs, et d'abord humble moine de saint Dominique, puis s'élevant successivement par sa science et sa piété profondes, à l'épiscopat, au cardinalat, aux sublimes fonctions de pasteur de l'Eglise universelle, et méritant, par ses héroïques vertus, d'être le 76e pape inscrit au canon des saints. Combien de titres à la vénération, à l'admiration de tous ! et pourtant quel nom fut jamais plus impopulaire que celui de cet illustre pontife devenu, grâce au jansénisme et au philosophisme, son digne auxiliaire, une espèce d'ogre, un buveur de sang, un épouvantail pour une foule de bonnes âmes, qui ne connurent jamais un seul de ses actes, qui ne lurent jamais une ligne de ses écrits.

Ce pontife, « dont les lumières n'égalèrent malheureusement pas les vertus, » s'il faut en croire les mielleux compilateurs de *l'Art de vérifier les dates*, anathématise dans une bulle célèbre la piraterie, le pillage des bâtiments naufragés, les excès de pouvoir des souverains qui pressurent leurs peuples par des impôts non motivés, les spoliateurs et les meurtriers des pèlerins, les traîtres sacriléges qui fournissent des armes et des munitions de guerre aux ennemis du christianisme, etc. « Cet homme *cruel*, que son caractère *sanguinaire* a fait saint (suivant Stendhal), » prohibe les combats de taureaux et autres jeux qui pouvaient amener l'effusion du sang humain ; ce *fanatique* s'épuise en fatigues et en dépenses, pour organiser la croisade qui anéantira la puissance Ottomane dans les eaux de Lépante, et sait inspirer une terreur si grande aux ennemis du nom chrétien, que le sultan Sélim ordonnera des réjouissances publiques, pendant trois jours, à Constantinople, à la nouvelle de sa mort; ce *despote* permet de poursuivre les cardinaux pour dettes, supprime l'ordre des *humiliés* (1), réforme l'ordre de Citeaux, déchu depuis quelque temps de sa ferveur première et se rend redoutable aux fauteurs et aux propagateurs de toutes les espèces d'abus.

Avec tout cela, on devient un héros dans l'histoire et un saint dans l'Eglise, mais on a le malheur de déplaire au jansénisme, au philosophisme, au rationalisme, au panthéisme et de léguer aux âges suivants un nom exécré par certaines gens à l'égal de celui de Néron lui-même. Heureusement le suffrage de l'Eglise et la vénération du

(1) Fondé, au 12e siècle, par quelques gentilshommes milanais qui, échappés des prisons où ils gémissaient, depuis longtemps, en Allemagne, avaient renoncé au monde, pour vivre en commun, sous la règle de saint Benoît. La ferveur s'y était maintenue, pendant plusieurs siècles, mais ensuite le relâchement avait fini par s'y introduire. Saint Charles Borromée ayant reformé ces abus, quelques-uns des supérieurs apostèrent un assassin pour le tuer. Le saint prélat reçut un soir, pendant qu'il faisait la prière avec ses gens, un coup d'arquebuse, dont il guérit miraculeusement. Pie V supprima l'ordre, en 1571.

peuple chrétien peuvent, à la rigueur, compenser de semblables désagréments !

La fête de ce jour me fournit l'occasion d'examiner plus attentivement diverses parties de la basilique Libérienne, entre autres la chapelle du Saint-Sacrement, ou chapelle Sixtine (du nom de Sixte V) qui pourrait être à elle seule une église (ainsi que l'observe très-judicieusement Robello), car elle a sa coupole, ses chapelles, sa sacristie, son autel-majeur et même sa *Confession*. La chapelle Borghèse, qui lui fait face, l'écrase sans doute par son redoutable voisinage, comme œuvre d'art, en même temps qu'elle absorbe l'attention du pèlerin par la précieuse image qui fait la gloire incomparable de son autel. Et pourtant la chapelle Sixtine de Sainte-Marie-Majeure peut compter bien certainement au nombre des plus riches sanctuaires de Rome, par la splendeur de ses marbres, de ses bas-reliefs, de ses peintures et des monuments divers qui la décorent.

Toutefois, il faut le dire, le désir de revoir toutes ces magnificences n'est point le principal attrait qui m'amène aujourd'hui dans ces lieux. Je les ai contemplées plusieurs fois déjà, je les contemplerai plus d'une fois encore, mais mon attention est réclamée en ce jour tout entière par des objets d'un ordre tout différent. Je sais qu'en face du tombeau magnifique élevé à Sixte V par Fontana se trouve le mausolée, non moins splendide, qui consacre la mémoire du saint pontife, dont je récapitulais naguère les travaux et les vertus. Mais ce ne sont ni les statues de Léonard de Sarzane, ni les bas-reliefs de Nicolas Cordier, ni les peintures de Pozzo, de Nogari, de Nebbia, etc., qui m'attirent aujourd'hui, pas même une œuvre d'art plus précieuse encore, la magnifique urne de marbre vert, dans laquelle repose la dépouille du pontife vénéré. *Omnis gloria ejus ab intus!* Le précieux cénotaphe a ouvert ses flancs pour laisser paraître au dehors le trésor qu'il renferme, et une foule pieusement agenouillée se presse autour de la frêle barrière qui le protège, pour contempler de plus près le singulier spectacle offert en ce jour à ses yeux.

C'est quelque chose de solennel et de saisissant au plus haut degré que la vue de ce vénérable pontife, à la longue barbe blanche, à la haute stature, entièrement revêtu des ornements de sa dignité suprême et tel qu'il était, sans doute, aux jours des grandes solennités de l'Eglise romaine. Il ne s'agit point ici, néanmoins, comme pour sainte Catherine de Gènes, pour le bienheureux Crispin de Viterbe et quelques autres serviteurs de Dieu, d'un corps préservé, par un miracle permanent, de la corruption, de la putréfaction du tombeau. La forme humaine que j'ai sous les yeux se compose des ossements desséchés du saint pontife, réunis ensemble et dissimulés par un artifice tellement ingénieux, que la première vue ne saurait ni le trahir ni le faire même soupçonner. Après quelques instants, seulement, d'une observation plus attentive, je commence à m'apercevoir que la tête, par exemple, n'est autre chose que le crâne entièrement décharné, dénudé et revêtu de cette teinte étrange, innommée, qu'un long séjour dans le sein de la terre imprime aux ossements humains.

Seulement, on le conçoit sans peine, l'art a dû venir ici plus d'une fois en aide à la nature pour donner à cette forme quelque apparence de vitalité. Un enduit de cire, habilement appliqué, remplace les paupières et les joues absentes ; la longue barbe blanche artificielle déguise le vide des os maxillaires ; les phalanges décharnées des mains et des pieds sont dissimulées par les gants, par la chaussure, et le reste du squelette disparaît entièrement sous les amples vêtements pontificaux, parmi lesquels je remarque le magnifique rochet en dentelle offert par Napoléon à Pie VII, à l'occasion du sacre impérial, et dont le pieux pontife s'est empressé de faire hommage à son saint prédécesseur.

J'ai parlé ailleurs de la chapelle du Saint-Sacrement, placée au centre de la rotonde, mais j'ignorais alors qu'elle se recommandât à mon attention par d'autres beautés que le magnifique tabernacle soutenu en l'air, au dessus de l'autel majeur, par quatre anges en bronze, chefs-d'œuvre de Riccio. Aujourd'hui, je remarque au-dessous de cet autel une *Confession*, ou chapelle souterraine, à laquelle conduit un escalier de marbre, pratiqué au centre de la balustrade semi-circulaire, qui règne derrière l'autel-majeur, et j'apprendrai, quelques semaines plus tard, que ce petit sanctuaire, qui existait jadis dans une autre partie de la basilique, est la chapelle de la *Nativité*, dans laquelle on conserve, avec d'autres précieux souvenirs, du foin de l'étable de Bethléem, ainsi que des bandelettes et des langes qui servirent à envelopper le corps nouveau-né du Verbe fait chair. (On sait que la sainte Crèche est déposée dans la cinquième chapelle, à droite, en entrant.) Ces inappréciables souvenirs sont offerts à la vénération des fidèles, dans l'après-midi du jour de Pâques, seulement.

J'avais toutes chances, néanmoins, pour obtenir, aujourd'hui même, de pareils renseignements, et cela, de la source la plus authentique, puisque un *custode* local était venu m'offrir spontanément ses services, quelques instants après mon entrée dans la chapelle. Mais, ô merveilleuse intelligence de cette caste privilégiée! le digne sacristain, qui m'aura pris pour un pur et simple *touriste*, pour un anglais, peut-être (sans doute parce qu'il m'a vu fléchir le genou devant la châsse du saint pontife, dont on célèbre aujourd'hui la fête)! me conduit avec beaucoup d'empressement voir un *saint Jérôme*, de Ribera, au fond de la petite chapelle obscure que l'on trouve à gauche, en entrant dans le sanctuaire, puis, la *sainte Lucie*, de Pasinati, dans la chapelle en face, et me laisse pieusement sortir de la basilique, sans m'avoir soufflé mot des trésors que renferme la *Confession!*

Il y a pourtant des gens qui m'ont reproché d'avoir un peu trop mal mené ces pauvres *custodi*, dans la première partie de ces véridiques souvenirs! à ceux-là, je n'ai qu'une seule chose à répondre : que les incrédules *aillent y voir*, et j'ose parier avec eux qu'ils m'accuseront, au retour, d'être demeuré encore beaucoup au-dessous de la réalité!

Mais, pendant que j'inventorie les merveilles en tout

genre de la basilique Libérienne, les nuages se sont entièrement dissipés et le plus radieux soleil illumine splendidement les hauteurs de l'Esquilin. Je profite de cette éclaircie pour aller visiter la basilique voisine et constater *de visu* les changements de toute nature qui ont pu s'y opérer, depuis neuf années entières. Cet itinéraire me plaît surtout, parce qu'il va me conduire, une fois encore, dans les poétiques régions qui séparent l'un et l'autre sanctuaire, sur cette route, ou plutôt ce boulevard extérieur, si propice aux promenades solitaires du philosophe, aux rêveries de l'artiste, comme aux méditations du pèlerin lui-même, ce délicieux pêle-mêle de vergers, de maisonnettes et de jardins fleuris, dont les heureux habitants excitent de plus en plus mon envie. Je ne suis point le seul de cet avis, à ce qu'il parait, car plusieurs ouvriers de l'intelligence ont planté leur tente dans ces régions où furent jadis les jardins de Mécène, les habitations de Virgile, d'Horace, de Properce, et l'une des gloires de l'art catholique moderne, l'illustre Overbeck y a fixé sa résidence, depuis bien des années déjà.

Combien de fois j'ai passé devant cette petite porte, percée dans un mur de jardin, surmontée d'un numéro dont le souvenir m'est demeuré longtemps présent à la mémoire, et devant cette courte inscription, barbouillée à côté de la ficelle qui remplace la chaîne, ou le cordon de la sonnette, et dont la vue seule produit un si vif tressaillement de bonheur chez les amis de l'art vraiment religieux : « STUDIO DI OVERBECK. » Combien de grandes idées, de nobles sentiments s'associent à ces trois simples mots, et quels magnifiques souvenirs se rattachent au nom du grand artiste qui continue, depuis cinquante ans bientôt, à Rome, les grandes traditions créées, il y a plusieurs siècles, par les maîtres et les modèles impérissables de l'art vraiment chrétien !

STUDIO *di Overbeck*. A propos du mot que je viens de souligner avec intention, je ne puis résister au désir de protester, en passant, contre l'indigne et odieux baragouinage, introduit dans la langue de l'art moderne par les artistes eux-mêmes et par les écrivains spécialistes, qui s'attribuent la mission de tailler et trancher sur les questions d'art dans les revues et les journaux, spéciaux ou non, de notre belle patrie.

Il faut convenir que la langue française, jadis susceptible jusqu'à la pruderie, jusqu'à la bégueulerie, dit-on, s'est singulièrement *apprivoisée*, de nos jours, entre les mains de certaines gens, et ce qu'il y a de curieux, c'est que la phraséologie de l'art s'est de plus en plus trivialisée, à mesure que le jargon des métiers et des professions les plus bourgeoises suivait une marche directement contraire. Ainsi, par exemple, chacun sait qu'il n'y a plus, en France, depuis longtemps déjà, ni perruquiers, ni cordonniers, (pas plus que de procureurs ou d'apothicaires), que les *boutiques* des coiffeurs et des bottiers, qui les avaient remplacés, ont elles-mêmes cédé la place à des *magasins* de chaussure, à des *salons* (quelques-uns disent même : *études*) de coiffure, et l'on m'a cité dans ma ville natale (ô tempora ! ô mores !) un industriel de ce dernier genre, qui qualifie solennellement de *clercs* ceux que son père eût appelé tout bonnement ses *garçons*, ou ses *apprentis !*

Or, tandis que le *métier* recherche ainsi les termes prétentieux jusqu'à l'emphase, voici que *l'art* semble viser à l'excès contraire, en ravalant sa phraséologie jusqu'au niveau de la plus abjecte trivialité. *Verbi gratia* : le *pinceau* de Raphaël et de Titien n'est plus aujourd'hui que la *brosse* d'un décroteur, ou d'un palefrenier, entre les mains de ceux qui daignent encore les prendre et les avouer pour modèles. On ne *peint* plus un *tableau*, désormais, fi donc ! on *brosse* une *toile*, comme le cocher, de Scarron, faisait du carrosse que vous savez ; ou *empâte* une toile, comme un pâtissier fait d'une bécasse ou d'un lièvre ; un artiste envoie *des toiles* à l'exposition, ni plus ni moins qu'un fabricant de Creton, de Courtrai, ou de Vimoutiers, et, pour tout dire en un mot : les dieux de l'art moderne, en France, ont établi leur olympe dans un *atelier*, à l'instar des charpentiers, des cordonniers et des forgerons !

Quel indigne et odieux baragouinage, encore une fois ! Mais, consolons-nous ; les parisiens sont le peuple le plus spirituel du monde et les artistes sont les dieux de la terre ; voilà du moins ce que les journaux de Paris nous apprennent, tous les matins, et il faut bien le croire sur la foi d'aussi graves autorités.

Cependant, j'arrive à Saint-Jean-de-Latran et bientôt je franchis le seuil vénérable de celle qui se dit, à juste titre, *la mère et la maitresse de toutes les églises de Rome et du monde entier*. Dès l'abord, mon œil est vivement frappé par un objet déjà connu, mais dont la forme ne répond pas au souvenir que j'en avais conservé jusqu'à ce jour, je veux dire le baldaquin qui surmonte l'autel pontifical, et dont la partie supérieure, affectant la forme d'un tabernacle, renferme les chefs vénérés des apôtres Pierre et Paul. Ce ne peut être, pensé-je, le baldaquin que j'ai vu jadis, ou bien il a reçu des embellissements qui le rendent tout-à-fait méconnaissable à mes yeux. Un *custode*, que j'interroge sur ce point, ne sait trop que me répondre ; un autre m'affirme positivement que je me trompe et que c'est toujours le même ; enfin, un ecclésiastique, que je rencontre providentiellement, au milieu de la grande nef, me tire de peine et me confirme dans l'opinion que la pieuse munificence de Pie IX a récemment doté le sanctuaire d'une merveille de plus (1).

Il serait inexact de prendre Saint-Jean-de-Latran pour une œuvre monumentale, au point de vue de l'architecture, et les gens du métier signalent dans le plan, comme dans les détails de cette basilique, une foule d'imperfections et d'irrégularités qu'il serait entièrement superflu de nier, depuis les lourds piliers dans lesquels Borromini eut l'étrange idée de renfermer, deux à deux, les colonnes provenant de la basilique primitive, jusqu'aux niches pratiquées dans ces mêmes piliers, pour y loger douze statues colossales, dont les moins mauvaises, de l'aveu de

(1) Le Saint-Père a fait de même réparer magnifiquement, à ses frais, le pavé de la nef *Clémentine*, qui forme le transept de la basilique.

tous les critiques, sont celles de saint Pierre et de saint Paul, par mon compatriote Etienne Monnot.

Mais ici, comme dans la basilique Vaticane elle-même, et comme dans une foule de sanctuaires de Rome, on oublie volontiers certaines imperfections de détail, pour s'impressionner uniquement de l'ensemble des objets.

Il est de fait que ces cinq nefs, avec les deux colonnes de granit, qui en soutiennent l'arc triomphal : le tabernacle gothique de la *Confession ;* les mosaïques de l'abside : le *soffitto,* dessiné par Michel-Ange, lui-même : la magnifique nef transversale, avec ses grandes fresques, représentant plusieurs faits importants de la vie de Constantin et de Saint-Sylvestre ; la chapelle du Saint-Sacrement, avec ses quatre colonnes cannelées, en bronze doré, dépouilles opimes du temple de Jupiter Capitolin, fondues jadis avec le métal des *rostres* des vaisseaux égyptiens, pris à la bataille d'Actium ; le riche *ciborium* (1) de l'autel, avec les quatre statues qui l'environnent ; puis, à l'extrémité opposée, les deux colonnes de marbre jaune antique, qui ornent la porte du milieu, etc.; tous ces objets saisissent par leur ensemble vraiment grandiose, et l'effet produit par la réunion de tant de beautés diverses, laisse à peine à l'œil, même le plus exercé, le temps de saisir, d'apprécier tout d'abord ce qui peut être moins parfait, ou moins régulier, dans les détails de l'exécution.

J'ai parlé ailleurs de l'usage où sont, à Rome, certaines

(1) Ou tabernacle, dans le sens où ce mot est ordinairement pris en français.

familles pontificales ou patriciennes d'adopter dans quelque basilique, ou église paroissiale, une chapelle particulière qu'elles entretiennent, réparent, embellissent à leurs frais, et qui devient le lieu de sépulture commune de leurs diverses générations successives. J'ai déjà signalé, dans ce genre, les chapelles *Cibo* (1) et *Chigi* (2), à Sainte-Marie-du-Peuple; *Strozzi*, à Saint-André *della valle; Albani* (3), à Saint-Sébastien *extrà-muros; Gaetani*, à Sainte-Pudentienne; *Olgiati*, à Sainte-Praxède, etc., sans préjudice de celles que je rencontrerai, plus d'une fois encore. Saint-Jean-de-Latran m'offre deux monuments des plus somptueux, en ce genre, dans les chapelles Torlonia et Corsini.

La première, située dans la nef droite, et de toutes la dernière en date, peut-être aussi la dernière sous le rapport du mérite, n'est guère, suivant l'expression de Robello, qu'une montagne de marbre blanc de Carrare, qui à coûté près de trois millions de francs, c'est-à-dire une profusion d'œuvres médiocres, vulgaires même, parmi lesquelles se détache, comme une heureuse exception, la *Descente de croix*, de Tenerani, directeur actuel de l'académie de Saint Luc et l'un des plus célèbres artistes vivants de l'Italie.

Erigé par le pape Clément XII (4) en l'honneur de saint André Corsini, la gloire incomparable de son illustre famille, l'autre sanctuaire est, sans aucun doute, le plus

(1) Famille d'Innocent VIII. — (2) Famille d'Alexandre VII. — (3) Famille de Clément XI. — (4) Laurent Corsini.

somptueux et le plus riche de Rome, après la chapelle Borghèse, de Sainte-Marie-Majeure, qui défie, en ce genre, toute espèce de comparaison. Ici, la matière le dispute à l'art lui-même, et l'on ne sait vraiment ce qu'on doit admirer le plus, ou des marbres qui décorent l'autel, ou de ceux qui forment un pavé si élégamment dessiné, ou des colonnes, des bas-reliefs et des tombeaux qui concourent à l'ornement dec et admirable lieu.

Essayons pourtant de procéder par ordre et signalons : le *Saint André Corsini*, en mosaïque, d'après l'original du Guide, que l'on admire au palais Barberini ; les deux statues de l'*Innocence* et de la *Pénitence*, par Pincellotti ; le bas-relief qui représente saint André, protégeant l'armée florentine à la bataille d'Anghieri ; le tombeau de Clément XII, formé d'une urne de porphyre, qui était demeurée longtemps ensevelie sous un amas d'immondices, dans le vestibule de *Sainte-Marie-des-Martyrs* (le Panthéon) et que certains antiquaires prétendent même avoir renfermé les cendres de Marcus Agrippa ; vis-à-vis, le tombeau du cardinal Neri Corsini, neveu de Clément XII, et *les quatres vertus cardinales*, personnifiées dans autant de statues qui garnissent les niches du pourtour ; enfin, pour ne rien oublier, dans aucun genre, les stucs dorés de la coupole et la grille en bronze presque entièrement dorée, dans toute sa hauteur, qui sépare la chapelle de la nef.

Mais, ce que je remarque de plus curieux, cette fois, à Saint-Jean-de-Latran, c'est une merveille sans analogue dans mes souvenirs, un phénomène qui m'était connu de nom seulement, jusqu'à ce jour, et que je désespérais de rencontrer jamais, à Rome, non plus qu'ailleurs, c'est..... un *custode* intelligent, montrant ce qu'on désire voir, dans le moment même où l'on désire le voir, un custode *servant à quelque chose*, pour tout dire en un mot; aussi je me fais un impérieux devoir de léguer à mes arrière-neveux un aussi précieux souvenir, en souhaitant une aussi bonne chance aux futurs visiteurs de la sainte cité.

Au moment où je considérais, à travers la grille fermée, les beautés en tout genre de la chapelle Corsini, un personnage à costume à peu près ecclésiastique s'approche de moi d'un air gracieux, m'ouvre la porte avec l'empressement le plus aimable, et après m'avoir *montré*..... tout ce qui me crevait les yeux, après m'avoir *expliqué* de son mieux tout ce que Nibby, Robello *e tutti quanti* m'avaient appris de vieille date, me propose, comme je le désirais précisément, de descendre dans la chapelle souterraine, où sont rangés les tombeaux de l'illustre famille Corsini.

Déjà je venais de remarquer, dans l'un des coins de la chapelle supérieure, un monument funéraire qui m'avait vivement impressionné, je veux dire l'épitaphe de l'un des fils du prince actuel, adolescent de grandes espérances, enlevé récemment dans la fleur de l'âge, et le *custode* m'avait montré même la chaise sur laquelle sa mère infortunée vient, dit-il, s'agenouiller chaque jour, pour répandre dans le sein du consolateur par excellence, ses pleurs et ses prières. Je me trouvais donc déjà dans la disposition d'esprit nécessaire pour visiter le dernier séjour des ancêtres du jeune prince, lors même qu'un souvenir tout particulier ne fût pas venu donner encore à cette démarche un nouvel intérêt.

J'allais voir, en effet, la tombe d'un personnage que j'avais aperçu plus d'une fois lui-même, neuf ans plus tôt, dans toute la verdeur d'une vieillesse artistement dissimulée, vigoureusement portée en apparence, jouissant de tous les honneurs que peuvent procurer un grand nom, une fortune colossale et joignant à tous ces avantages le don plus rare encore, dans sa position surtout, d'une immense popularité.

Umbra! nihil! — comme disent si éloquemment, dans leur substantielle concision, les deux tombes célèbres de Sainte-Marie *in Campitelli*. Aujourd'hui, le prince Geronimo Corsini, disparu pour jamais des lieux qui furent le théâtre de sa longue et splendide existence, a désormais échangé sa royale résidence de la *Lungara* (1) contre un modeste asile de briques et de pierre, dans le caveau funéraire de sa noble famille, à Saint-Jean-de-Latran. La mort, longtemps retardée par tous les artifices de l'hygiène, a fini par saisir sa proie; toutes ses grandeurs ont disparu, sans laisser la moindre trace, et l'histoire entière du malheureux vieillard se résume désormais dans le souvenir des actes de faiblesse qui vinrent ternir si fâcheusement les derniers jours de sa longue et brillante carrière.

Du moins, le repentir sera venu visiter son lit de dou-

(1) Voyez Rome. — *Impressions et souvenirs*, II, p. 220.

leurs et le pardon du Pontife-Roi, généreusement octroyé, avec sa bénédiction suprême, aura versé des consolations dans l'âme d'un sujet quelque temps égaré. Si cet exemple pouvait tourner au profit de la génération qui l'a reçu !... Mais, hélas ! nous vivons dans un siècle où les leçons et les enseignements de la veille ne servent guère qu'à rendre plus fréquentes, plus inévitables, plus déplorables encore les erreurs et les chutes du lendemain.

N'oublions pas de mentionner ici une œuvre d'art, tout-à-fait exceptionnelle, qui embellit la dernière demeure de la famille Corsini : je veux dire la célèbre *Pietà*, ou déposition de croix, placée sur un autel, au centre de l'espace autour duquel sont rangés les tombeaux. J'ignore si ce groupe est réellement une *sublime merveille* de Rome, ainsi que le qualifie l'enthousiaste Robello ; tout ce que je sais, c'est qu'il est d'un effet profondément pathétique et saisissant au plus haut degré.

Mais ce que je trouve *merveilleux*, en revanche, dans toute l'extension du terme, c'est que l'on ne connaisse pas aujourd'hui encore (ou que l'on ne connaisse déjà plus) le véritable auteur de cette œuvre, que les uns disent être d'Antonio Montauti, tandis que d'autres l'attribuent à l'infatigable ciseau de Bernini. Or il ne s'agit pas ici, notez-le bien, d'un objet vingt fois séculaire, tel que les *Dioscures* du Capitole, par exemple, ou les chevaux du Quirinal, mais d'une œuvre contemporaine, en quelque sorte, puisqu'elle remonterait à 150 ou 200 ans au plus, et déjà pourtant l'on ne saurait en désigner l'auteur d'une manière positive et certaine.

Vanitas vanitatum et omnia vanitas ! — Vanité, inanité du génie et de la gloire, comme de la grandeur, de la fortune et de toutes les choses de ce monde ! Une pareille leçon ne saurait être plus solennellement, plus utilement donnée, que dans le caveau funéraire de l'illustre et opulente famille Corsini !

XXXI.

La Fasciola. — *Saint-Sixte-le-Vieux.* — *Saint-Césaire* in Palatio. — *Saint-Jean* in oleo. — *La catacombe de Saint-Sébastien.* — Columbaria.

Ainsi que je l'ai dit dès le principe, et qu'on a pu le constater plus d'une fois déjà, dans le cours de ce livre, il n'est pas de méthode plus sûre et tout à la fois de source plus abondante de jouissances, pour le voyageur chrétien dans Rome, que de s'attacher à suivre exactement les indications de la liturgie locale, en prenant pour point de départ de ses excursions de chaque matinée le sanctuaire où doit être célébrée la fête du jour. De cette manière, en effet, l'attrait de l'inconnu, de l'imprévu, subsiste jusqu'au dernier moment du pèlerinage, l'intérêt ne languit jamais un seul instant, et la plus grande variété se trouve introduite, sans effort ni calcul, dans le programme des excursions quotidiennes, puisque l'itinéraire, variant nécessairement chaque jour, transporte fréquemment le pieux voyageur à une distance considérable des lieux qu'il parcourait la veille. Tant il est vrai, comme l'a dit le grand Apôtre, que *la piété sait être utile à tout* (1).

En voici la preuve, une fois de plus, dans les événements de ce jour, 6 mai 1857. Hier, les souvenirs du 228e successeur de saint Pierre me conduisaient sur le plateau le plus élevé de l'Esquilin; aujourd'hui, la fête du disciple chéri de Jésus-Christ m'appelle sur la voie Appienne, dans ces régions pleines de silence et de mystère, qui s'étendent entre le Palatin, le Cælius et l'Aventin. Déjà depuis longtemps la *Reine des voies* a reçu ma première visite et je croyais n'avoir laissé inexploré aucun des monuments importants qu'elle présente, depuis le sanctuaire des saints Nérée et Achillée jusqu'à la forteresse qui fut le tombeau de Cécilia Metella. Mais c'est là une erreur dont m'a désabusé bientôt une étude plus attentive de l'histoire des monuments de Rome chrétienne et, ici encore, j'aurai à réparer plus d'une omission, dont la pensée m'a préoccupé souvent de la manière la plus pénible, depuis mon premier passage en ces lieux.

Aujourd'hui donc, mercredi 6 mai, par un magnifique soleil qui me fait oublier bientôt le déluge de la veille, je me mets en route, avec les compagnons de mes récentes explorations sur la voie Nomentane, pour visiter le sanctuaire bâti sur le lieu même du martyre de l'Apôtre bien-aimé et les monuments, de tout genre, éche-

(1) I *ad Tim.*, IV, vers. 8.

lonnés sur la voie qui perpetue le nom du censeur Appius Claudius.

J'ai parlé ailleurs des thermes de Caracalla et de l'antique sanctuaire qui conserve, dans leur voisinage, le souvenir des illustres serviteurs de Flavia Domitilla. Ces lieux n'ont subi aucun changement sensible, depuis ma visite précédente, et la touchante prière de l'immortel Baronius a été visiblement prise au sérieux par chacun de ses illustres successeurs. Aussi, la petite église des saints Nérée et Achillée, véritable perle d'antiquité religieuse, offre-t-elle un attrait tout spécial aux amis de l'art sacré primitif, et plus d'une fois encore j'y reviendrai rêver dans la solitude aux siècles qui ne sont plus.

De même que les églises voisines dont je vais parler bientôt, et comme tous les sanctuaires de moindre importance, disséminés hors de l'enceinte de Rome, l'église qui m'occupe en ce moment est confiée à la garde spéciale d'un frère *tertiaire* de saint François, chargé de l'ouvrir, de la fermer, aux heures prescrites, comme aussi d'y entretenir la propreté, et qui, pour veiller plus assidûment à l'acomplissement de son pieux ministère, est logé dans une cellule contigüe au sanctuaire même. Le *custode* officiel qui nous a introduits dans l'enceinte sacrée, sachant que nous sommes Français et nous prenant dès-lors pour des citoyens de Paris (car tout Français est nécessairement un Parisien, dans Rome), nous charge d'exposer au vénérable successeur de Baronius (1), une requête de

(1) C'est Mgr. Morlot, archevêque de Paris, qui est le titulaire actuel des saints Nérée et Achillée.

sa part, tendant à obtenir *qualche limosina,* pour le gardien du sanctuaire, dont les *rendite* sont bien minimes, assurément.

Je m'empresse de consigner ici l'expression de ce vœu, pour l'acquit de ma promesse; mais j'ai tout sujet de trembler pour le succès de la supplique du *povero frate,* si elle n'a d'autre chance que la lecture de ce livre, pour arriver jamais sous les yeux de l'illustre prélat!

Il y a toujours quelque chose de nouveau à dire sur chacun des sanctuaires de Rome, chaque fois qu'on en parle; aussi je profiterai de l'occasion qui se présente aujourd'hui, pour réparer une omission dont je me suis rendu coupable, une première fois, envers celui qui m'occupe, en ce moment. L'église des saints Nérée et Achillée porte, dans la langue liturgique, le surnom de *Fasciola,* qui se rattache à une circonstance du plus haut intérêt aux yeux de la foi. Suivant plusieurs archéologues sacrés, en effet, cette dénomination aurait été attachée à cette place, à l'époque même du martyre de saint Pierre, qui aurait passé par là, dans le long circuit qu'on lui fit faire, pour le conduire au sommet du mont Janicule, théâtre de son supplice. Comme ses jambes étaient meurtries par les fers qu'il avait portés dans son cachot, les bandes (*fasciæ*) qui couvraient ses plaies, étant tombées en cet endroit, les chrétiens l'auraient désigné dès lors, par vénération, sous le nom de *Fasciola,* qui serait devenu plus tard celui de l'église elle-même (1).

(1) Mgr. Gerbet. — *Esquisse de Rome chrétienne,* II, p. 287.

Le but principal de notre pèlerinage de ce jour est à quelques pas d'ici, seulement, et pourtant nous avons encore deux antiques sanctuaires à visiter, avant d'atteindre la limite extrême de cette pérégrination. Vis-à-vis de la *Fasciola*, et séparée de celle-ci par la simple largeur de la voie, se trouve l'antique église dédiée à saint Sixte II, pape et martyr, et vulgairement connue sous le vocable de Saint-Sixte-*le-Vieux*, depuis que s'est élevé sur le Quirinal un autre sanctuaire, qui consacre les noms réunis du 23e successeur de saint Pierre et du chef de la grande famille des Frères-Prêcheurs (1).

L'église de *Saint-Sixte*, construite, dit-on, sur l'emplacement d'un ancien temple des Muses, ne sollicite l'attention du touriste par aucun monument de l'art antique ou moderne : c'est tout au plus si son nom figure pour mémoire dans les *Guides* les plus détaillés, et les *ciceroni* les plus loquaces prennent grand soin de n'en parler jamais. Il y a là, en revanche, une ample moisson de souvenirs pour le voyageur catholique, et ce n'est pas sans un sentiment profond de vénération religieuse qu'il se rappelle les pieuses traditions qui se rattachent à ces lieux aujourd'hui déserts et abandonnés.

C'est dans le couvent adjacent à *Saint-Sixte*, en effet, que saint Dominique réunit ses premiers disciples et vit son ordre prendre dès lors ce rapide accroissement, qui n'a subi aucun rallentissement jusqu'à nos jours. C'est là qu'il opéra ses plus éclatants miracles et *Saint-Sixte*, placé

(1) L'église des saints Dominique et Sixte. (Voyez chapitre xxv.)

sur la route que suivaient les triomphateurs romains, pour monter au Capitole, fut témoin pendant une année (dit le Père Lacordaire) de scènes plus merveilleuses que les spectacles auxquels les généraux de Rome avaient accoutumé la voie appienne (1).

C'est ici que saint Dominique ressuscita l'architecte du couvent, enseveli sous la ruine d'une voûte de l'édifice ; c'est ici qu'à sa prière la communauté naissante vit se renouveler, plus d'une fois, le miracle de la multiplication des pains ; c'est ici qu'il rendit la vie au fils d'une pauvre femme, qui avait quitté son enfant malade, pour aller entendre prêcher à *Saint-Marc* le nouvel apôtre, et au jeune Napoléon, neveu du cardinal Etienne de Fossa-Nuova, qui s'était horriblement brisé le corps, dans une chute de cheval. Un autel commémoratif est élevé sur l'emplacement même où fut opéré ce dernier prodige.

Longtemps abandonné et tombant presque de vétusté, le couvent de *san-Sisto* était devenu, dans ces dernières années, le siége d'une manufacture de l'Etat, et je me souviens d'avoir vu sur ses murs, en 1848, une enseigne (*Fabbrica di carta di bollo*) (2) qui indiquait de loin aux pèlerins surpris cette étrange métamorphose. Aujourd'hui cet état de choses a cessé, fort heureusement ; les Frères-Prêcheurs travaillent à restaurer le berceau de leur ordre et l'un d'eux, le Père Besson, dominicain français, héritier du génie, comme de la piété de Fra-Angelico, a

(1) *Vie de saint Dominique*, ch. XI.

(2) Fabrique de papier timbré.

couvert les murs de l'antique monastère de fresques destinées à perpétuer la mémoire des vertus et des miracles du saint patriarche qui le compte au nombre de ses plus dignes enfants.

Quelle moisson de précieux souvenirs à recueillir, à chaque pas, hors de Rome, comme dans son enceinte! Et l'on trouvera singulier qu'un pèlerin, racontant plus tard ses impressions, abrége des descriptions qu'il voudrait rendre interminables, concentre des récits qu'il aimerait à développer sans mesure! Un inconvénient pareil est inévitable, sous peine de multiplier les chapitres sur chaque objet, et alors le lecteur aurait à réclamer à juste titre contre un excès commis dans le sens opposé.

En voici la preuve sans réplique, dans le titre seul de ce chapitre, et dans le programme de mon pèlerinage de ce jour. Son but principal est de visiter les lieux témoins des sanglants combats du disciple bien-aimé, et de vénérer les souvenirs de ses glorieux triomphes. Or, avant d'arriver à mon but, j'ai déjà dû m'arrêter dans deux sanctuaires, intéressants au plus haut degré, dont chacun mériterait un volume d'étude spéciale, et voici qu'un troisième, très-proche voisin des deux autres, vient réclamer aussi quelques moments de mon attention. C'est l'antique église de Saint-Césaire *in Palatio*, située à quelques pas seulement de la *Fasciola*, du même côté de la route, et vers laquelle m'attirent les plus illustres souvenirs. C'est là, en effet, que le diacre saint Césaire ensevelit sainte Domitille, et qu'eut lieu, en 687, l'élection du pape saint Serge Ier. Cette église, dont l'origine remonte au deuxième siècle, a subi nécessairement plusieurs restaurations partielles, à différentes époques, et c'est à Clément VIII qu'elle doit, en dernier lieu, son état définitif.

Voilà bien des motifs, assurément, pour éveiller ma curiosité, sans compter des stimulants d'un autre genre, tels que les quatre colonnes de brocatelle, de la *Confession*, précieux débris de quelque monument païen du voisinage : tels que l'*ambon*, richement incrusté, et les mosaïques de l'abside, exécutées d'après les cartons du chevalier d'Arpino, etc. Malheureusement, nous ne pourrons juger par nous-mêmes de toutes ces beautés ; l'église de *Saint-Césaire* est du nombre de celles qui ne s'ouvrent que rarement au public, soit le jour de la fête patronale, soit pour la station du carême, pour les *quarante heures*, ou dans toute autre occasion semblable. C'est dire assez qu'il faut se trouver à Rome, ces jours-là précisément, sous peine de ne les voir jamais, et Dieu sait combien de sanctuaires, précieux à un titre quelconque, échapperont ainsi, malheureusement, à mes ardentes investigations !

Directement en face de *Saint-Césaire* se trouve l'entrée d'un chemin, qui s'enfonce obliquement dans les terres et nous conduit, dans peu d'instants, au but réel de notre pèlerinage de ce jour, c'est-à-dire aux deux églises qui perpétuent, dans le voisinage de la *porte Latine*, (aujourd'hui murée, depuis la première occupation française) les souvenirs des combats et de la gloire du disciple bien-aimé. Il y a là, en effet, deux sanctuaires, voisins l'un de l'autre : l'église bâtie au huitième siècle par le pape Adrien Ier, puis en 1190 par Clément III, et la rotonde qui, sous le vocable de Saint-Jean *in oleo,* avait été construite bien antérieurement, sur le lieu même où le saint apôtre, d'abord battu de verges et rasé par ignominie, fut jeté dans une chaudière d'huile bouillante, devenue pour lui un bain vivifiant, d'où il sortit, comme un athlète, prêt à voler à de nouveaux combats.

Nous commençons par visiter la première, où nous appelle tout d'abord l'office du jour, chanté solennellement par le chapitre de Saint-Jean-de-Latran; mais celle-ci ne nous présente qu'un attrait secondaire et nous avons hâte de la quitter, aussitôt après la grand'messe, pour visiter le sanctuaire voisin, dans lequel se concentre pour nous tout l'intérêt qui se rattache à ces lieux. C'est là, en effet, que nous voyons, derrière l'unique autel, des restes de l'instrument du martyre, très-facilement reconnaissables au milieu des fleurs et des ornements dont on les a revêtus, à l'occasion de la fête du jour. Une antique inscription, placée à l'intérieur, nous apprend que l'on conserve en ce lieu des souvenirs matériels du saint apôtre :

. . . . . Oleum, dolium, cruor atque capilli.

et nous lisons au-dessus de la porte d'entrée, à l'extérieur, quelques lignes en prose destinées à perpétuer la mémoire des restaurations faites à ce sanctuaire par un prélat français, Benoît Adam, de Bourgogne, auditeur de rote pour la France, au seizième siècle. J'ignore si c'est à ces réparations que veut faire allusion l'auteur de *Rome chrétienne,* en disant que la chapelle dont il s'agit a été renouvelée, au dix-septième siècle, *avec une richesse toute italienne* (1). Comme il est inadmissible qu'il n'ait point vu la chose dont il parle, il faut convenir que le pieux et savant auteur pousse ici jusqu'à l'héroïsme les indulgentes appréciations de la charité!

Après avoir payé le tribut de nos hommages et de nos vœux à l'apôtre de la dilection, nous dirigeons nos pas vers l'église de *Saint-Sébastien*, non sans avoir fait une halte au petit sanctuaire du *Domine quò vadis?* dont j'ai raconté ailleurs l'origine, également touchante et merveilleuse. Cette fois, je rapporterai de la basilique des impressions un peu différentes de celles du 22 mars 1848 (de fâcheuse mémoire) (2). Cette fois, nous sommes seuls, sans aucun mélange d'Anglais, ou de *nervous women*, et le bon Père franciscain, notre *cicerone*, favorablement disposé, sans doute, par la vue d'une société qui compte sur trois membres, un prêtre et un religieux de son ordre, s'empresse de nous montrer, avec toutes les explications nécessaires, les parties les plus importantes des lieux confiés à ses soins.

Il faut convenir pourtant que, après le cimetière de Sainte-Agnès, que nous visitions, il y a trois jours seulement, les catacombes de Saint-Sébastien, les plus explorées, les plus connues de toutes, perdent singulièrement de leur intérêt, tout au moins sous le rapport de l'imprévu. Néanmoins, c'est avec une émotion toujours bien

(1) I, page 22.
(1) Voir Rome. — *Impressions et souvenirs*, I, pag. 195.

vive que je revois ces lieux, à peine effleurés dans une première et trop courte visite : le tombeau primitif de sainte Cécile, mais surtout ce souterrain qui fut le palais et la cathédrale des papes, pendant les persécutions des deuxième et troisième siècles, et dans lequel notre guide nous fait remarquer : l'emplacement occupé par la chaire de marbre que saint Etienne Ier occupait, lorsqu'il fut décapité par les soldats de Valérien : le banc semi-circulaire, ou *presbyterium*, inhérent aux murs et qui entourait ce siége de chaque côté : enfin l'autel placé au centre de la crypte, et sous lequel on aperçoit le puits (*Platonia*) dans lequel furent déposés, pendant quelque temps, les corps entiers de saint Pierre et de saint Paul (1).

Suffisamment dédommagés, par l'importance des objets, de ce qui peut nous manquer sous le rapport de leur nombre, nous bénissons le ciel de cette heureuse journée, et nous voyons avec moins de regrets notre guide nous ramener, après quelques instants (du moins il nous semble ainsi) à l'entrée de la porte qui communique avec la basilique, en nous déclarant qu'il n'est point permis de s'avancer plus loin, sans une permission toute spéciale, obtenue par écrit.

Cette vieille excuse (il faut le dire en passant) ne saurait plus désormais tromper personne. Voici, par exemple, dans quels termes l'apprécie un célèbre archéologue de nos jours que je citais quelques pages plus haut :

« Malgré mon désir de visiter les catacombes, toutes

(1) Voir Rome. — *Impressions et souvenirs*, I, page 123.

mes tentatives d'alors furent infructueuses. A *Sainte-Agnès*, à *Saint-Laurent* hors les murs, on me fit regarder à travers une grille, dans un trou sombre, et l'on me dit que c'était là que s'étendaient les sépultures des premiers chrétiens. A *Saint-Sébastien*, ce fut pis encore, s'il est possible. Jamais je ne pus trouver un gardien qui consentît à me conduire dans le petit nombre de galeries et de chambres, dont l'accès n'était pas interdit, à cette époque. Il aurait fallu des *protections*, une permission *particulière*. Les jeunes gens artistes ou autres, qui voyagent en Italie, sans se recommander d'autre chose que de leur bonne volonté (1), connaissent par expérience les déboires qu'on y éprouve, à chaque instant (2). »

Il est assez singulier que l'un des cimetières chrétiens les plus vénérés se trouve dans le voisinage immédiat des tombeaux païens les plus célèbres, et cette circonstance donne lieu tout naturellement aux rapprochements les plus saisissants et les moins prévus. J'ai parlé ailleurs des tombeaux des Scipions, sur lesquels je ne reviendrai pas aujourd'hui ; mais, par compensation, j'ai à parler, cette fois, d'un genre de monuments moins héroïque, qui m'était demeuré tout-à-fait inconnu, lors de ma première

(1) L'auteur aurait pu ajouter : de leur esprit de foi et de leur vénération pour les choses saintes. Du reste, ce que M. Ch. Lenormant raconte, en 1859, je l'éprouvais moi-même identiquement dix ans plus tôt, et je l'esquissais en quelques lignes, avec infiniment moins de talent et d'autorité, sans doute, plusieurs mois avant lui. (Voir Rome. — *Impressions et souvenirs*, I, page 197.)

(2) Le *Correspondant*, n° du 25 février 1859, p. 340.)

visite aux régions que je viens de parcourir ; je veux dire le célèbre *columbarium* de la famille Volusia.

Commençons par rappeler ici que les romains désignaient, sous ce nom, certaines constructions dont les murs intérieurs étaient percés, du haut en bas, de petites niches ovales, en forme de colombiers, ou nids de pigeons, dans lesquels on plaçait des vases qui contenaient les cendres et les débris des ossements des cadavres qu'on venait de brûler. La plupart de ces *columbaria* étaient la propriété d'une seule famille, ou bien on les destinait aux serfs et aux affranchis (1).

Celui que nous visitons aujourd'hui ne saurait visiblement appartenir à aucune de ces deux dernières catégories et c'est dans un autre ordre de faits qu'il faudrait chercher son origine. Quoi qu'il en soit, c'est un spectacle vraiment curieux et peu connu, à ce qu'il paraît, que la visite de ces catacombes du paganisme, car je n'en trouve aucune mention, même nominale, dans les récits de voyages publiés depuis un certain nombre d'années (sauf *Les Trois Rome*, peut-être) et pourtant un sujet pareil est digne, au plus haut degré, de l'attention du voyageur intelligent. Le *columbarium* de la famille Volusia ne dépasse que d'un ou deux mètres le niveau du sol actuel; aussi ne peut-on se défendre d'une étrange sensation, lorsque après avoir franchi la porte étroite et surbaissée de cet asile funéraire, on se trouve au sommet d'un étroit escalier de pierre, appuyé, dans toute sa longueur, contre

(1) Robello. — *Curiosités de Rome*, page 222.

un mur de vingt-cinq ou trente mètres de haut, qu'il suit diagonalement, jusqu'au fond de l'abîme.

Ce *columbarium* renferme, nous dit-on, plus de 1500 niches, garnies de leurs *ollæ* (urnes), avec leurs *opercula* (couvercles) en terre cuite, rangés méthodiquement comme les bocaux d'une pharmacie. Nous pouvons examiner seulement celles qui se trouvent le plus à notre portée et prendre connaissance d'inscriptions, dont quelques-unes, peut-être, ne sont pas dépourvues d'intérêt, pour l'archéologie profane, mais qui n'ont, je l'avoue à regret, laissé aucune trace dans mes souvenirs. Je dois ajouter, pour mon excuse, que notre récente visite aux catacombes me rend tout-à-fait indifférents ces monuments, où nulle pensée d'immortalité ne vient dilater le cœur, où nul pressentiment des glorieuses destinées de l'âme dans un meilleur monde ne vient consoler, encourager, relever l'homme à ses propres yeux.

C'est dans un pareil contraste, surtout, que les deux Rome se trouvent en présence, avec leur caractère propre et distinctif, et que l'on peut apprécier sans peine l'incalculable distance qui sépare la ville de Romulus de la cité de saint Pierre, la foi chrétienne de la crédulité, de la superstition des idolâtres, mais surtout les vides théories, les fallacieuses rêveries du paganisme des doctrines vivifiantes de l'Evangile et des infaillibles promesses faites à l'Eglise de Jésus-Christ (1) !

(1) Qui credit in me, *etiamsi mortuus fuerit, vivet,* et omnis qui vivit et credit in me *non morietur in æternum* (Joan., XI, 25-26.)

XXXII.

San-Stanislao dei Polacchi. — *Le souterrain de Sainte-Marie* in via latâ. — *Une rectification.* — *Le duc Grazioli.* — *Frascati et les chemins de fer dans les Etats pontificaux.*

Voici une de ces journées à bâtons rompus, comme il s'en rencontre plus d'une, à Rome, dans la vie du pèlerin lui-même, peu *fantaisiste* pourtant, de sa nature, et scrupuleux observateur, pour l'ordinaire, du programme qu'il s'est tracé pour ses pieuses excursions. La fête de saint Stanislas, évêque de Pologne (1) m'a conduit de bonne heure, en ce jour, à la chapelle qui porte son nom, dans la rue *delle botteghe oscure*, aux environs de la place Trajane, et à laquelle était annexé jadis un hôpital, fondé par l'illustre cardinal Hosius, dont j'ai remarqué la tombe dans la grande basilique des Transtévérins.

Après avoir joint mes prières à celles des membres de

(1) Martyrisé à Cracovie, l'an 1079, sous l'impie Boleslas.

l'émigration polonaise, qui ont choisi Rome pour leur seconde patrie, le comte L..., entre autres, ce digne président de la *Conférence des étrangers*, j'étais entré dans le *Corso*, où j'errais un peu à l'aventure, lorsqu'en passant devant la grille de Sainte-Marie *in viâ latâ*, la vue d'un prêtre français qui rentre en ce moment dans le vestibule, par un escalier souterrain, vient me rappeler soudainement l'une des innombrables omissions de mon premier voyage, tout en me suggérant l'idée de la réparer, sans perdre un seul instant.

Ici, en effet, comme dans maint sanctuaire de Rome, je me suis trouvé jadis victime des fâcheuses traditions créées par les innombrables visiteurs qui m'avaient précédé dans ces lieux. Pour être juste envers tout le monde (même envers les *custodi*), je dois dire que les neuf dixièmes, au moins, des *forestieri* qui visitent les églises, n'y cherchent guère autre chose que des tableaux, des statues, des fresques, des mosaïques, ou des tombeaux célèbres, s'inquiétant fort peu des monuments de la foi chrétienne; aussi les gardiens de ces saints lieux, devinant sans peine le tempérament de leurs hôtes, ou redoutant peut-être quelque méprise fâcheuse, s'abstiennent systématiquement de leur parler de certains objets, dont la simple mention provoquerait tout au moins un dédaigneux sourire. Il résulte de là que tout pèlerin qui arrive dans un sanctuaire quelconque, sans une connaissance anticipée des monuments sacrés qu'il renferme, court le risque de ne rencontrer qui que ce soit pour le mettre sur la voie, par des indications utiles, ou bien que, dans l'appréhension de quelque refus plus ou moins désagréable, il n'ose adresser la parole à aucun de ceux qui pourraient facilement l'éclairer sur ce sujet.

Instruit, depuis longtemps déjà, par une fâcheuse expérience, et encouragé, du reste, par le succès de quelques tentatives récentes, je suis bien déterminé, cette fois, à ne négliger aucune source d'informations, et à risquer en tous lieux l'aventure, afin de n'avoir désormais plus rien à me reprocher. J'aborde donc résolument le *custode* que vient de congédier l'ecclésiastique et je lui demande humblement la permission de descendre, sous sa conduite, dans les lieux que celui-ci achève de visiter.

Empruntons ici les propres paroles d'un pieux et savant auteur, pour mieux faire comprendre l'objet de mes regrets et la joie que je dois éprouver, en comblant, à l'improviste, une lacune aussi essentielle dans mes souvenirs.

« Une vive émotion me saisit en mettant le pied sur ce nouveau théâtre d'une pieuse curiosité ; et comment aurais-je pu m'en défendre ? Je foulais la terre que le grand Apôtre lui-même avait foulée ! j'allais descendre sous les voûtes qui retentirent de sa voix ! j'allais visiter un lieu qui avait vu Paul, le fier prisonnier de Jésus-Christ ; Luc son inséparable compagnon ; Onésime, Onésiphore de Lycaonie, les députés de Philippes, et bien d'autres encore, dont les noms vénérables brillent d'un éclat si doux, dans les annales de la primitive Eglise. Au-dessus de la porte d'un escalier souterrain, on lit ces paroles : *Cum venissemus Romam, permissum est Paulo manere sibimet, cum custodiente se milite* (1). La porte s'ouvrit et nous descendîmes dans la prison.

» C'est bien ici, sous ces voûtes sombres, noircies par le temps et formées, comme toutes les substructions romaines, de gros quartiers de travertin, que le grand Apôtre fut déposé, en arrivant d'Asie, lors de son premier voyage à Rome. C'est ici qu'il séjourna, attaché par une chaîne au bras d'un soldat, pendant deux années entières.

» Ici, Epaphrodite, évêque des Philippiens, vint lui apporter, au nom de ses chers néophytes, une somme d'argent; ici, Onésime, le pauvre esclave qui s'était enfui, venait le prier de lui obtenir sa grâce, et Paul lui donnait cette lettre si touchante, où il conjure par ses chaînes Philémon, le maître d'Onésime, de le recevoir comme son propre fils. Ici, il écrivait aux Philippiens, pour les remercier de leur charité; aux Ephésiens, en leur envoyant le tabellaire Tychicus, qu'il chargeait de leur donner en détail de ses nouvelles; sa seconde épître à son cher Timothée, dans laquelle il prononçait cette parole, digne de sa grande âme : *Je suis en prison, mais la parole de Dieu n'est pas enchaînée*. Puis, avec une parfaite liberté d'esprit, le prisonnier de Néron descendait dans le détail de toutes les affaires de l'Eglise et priait son disciple de lui envoyer son manteau et ses papiers.

» Ici, saint Luc écrivait sous les yeux de Paul les *Actes*

(1) Lorsque nous fûmes venus à Rome, il fut permis à Paul de demeurer libre avec le soldat qui le gardait. »

(*Actes des Apôtres*, XXVIII, 16.)

des Apôtres; saint Pierre, on n'en saurait douter, vint lui rendre de fréquentes visites et Dieu sait quelles paroles furent échangées, quels projets furent conçus dans cette prison!... Nous ne vîmes qu'un modeste autel et, dans un angle, près du soupirail, une colonne de granit, entourée d'une chaîne antique, scellée à sa base. Avec cette chaîne, à cette même colonne, la tradition affirme que, avant sa conversion, Martial le geôlier attachait Paul, son captif, et ses autres prisonniers. Une main ingénieuse y a gravé ces mots de Paul lui-même : *Verbum Dei non est alligatum.* A l'autre extrémité de la prison est une source, dont l'eau limpide reste toujours au même niveau. L'Apôtre la fit miraculeusement jaillir pour baptiser son gardien Martial et d'autres catéchumènes. Est-il étonnant qu'un lieu si vénérable n'ait pas encore cessé d'être entouré de la pieuse sollicitude des fidèles (1)? »

Il est impossible de rien ajouter à de semblables paroles et l'on ne saurait mieux exprimer les sentiments qui se pressent dans l'âme, à la vue des lieux et des objets que je visite. Ici, seulement, comme je l'ai fait ailleurs, à l'occasion de la prison Mamertine, je ne puis trop admirer le sens profond, le tact exquis, dont Rome fait preuve dans la conservation des monuments qui se rattachent aux premiers âges de la loi nouvelle. Sans aucun doute, c'est un louable et noble sentiment que celui qui porte à prodiguer les embellissements de toute sorte aux lieux où s'accomplissent des faits importants et mémorables dans

(1) Mgr. Gaume. — *Les trois Rome,* II, p. 125 et suiv.

les annales chrétiennes ; aussi je comprends sans peine le pieux empressement avec lequel de généreux bienfaiteurs ont souvent prodigué leurs richesses pour accroître la splendeur du lieu saint. Tout cela contribue sans doute à glorifier Dieu, et par les sentiments de foi qu'il exprime, et par ceux qu'il peut développer ou faire naître dans l'âme des spectateurs de semblables objets.

Pour moi, je ne saurais trop bénir l'auteur de tous les dons de n'avoir nul besoin d'un stimulant de ce genre, et toutes les magnificences accumulées sur la tombe du pêcheur de Galilée, par exemple, toutes les merveilles de la basilique célèbre de la voie d'Ostie, n'ont jamais produit, ne produiront jamais en moi rien qui approche de ce que j'ai ressenti dans le sombre cachot qui renferma les saints apôtres, au pied du Capitole, de ce que je viens d'éprouver encore dans le lieu qui vit les travaux et les souffrances du grand Docteur des nations. Peut-on concevoir, en effet, rien de plus saisissant que l'aspect de ces sombres lieux, que je retrouve aujourd'hui, *tels qu'ils étaient, il y a dix-huit cents ans déjà!* que la vue de cette colonne, de cette chaîne qui lia *réellement* les membres de l'Apôtre et qui conserve encore sa rouille *dix-huit fois séculaire;* de ces murs humides et noirs, qui entendirent les pieux entretiens, les fervents soupirs des généreux captifs de Jésus-Christ? Et quels bronzes, quels marbres, quelles dorures, quels chefs-d'œuvre de la peinture, de la sculpture, ou de la statuaire, pourraient jamais éveiller dans l'âme du chrétien de telles pensées, de pareilles émotions, de semblables sentiments?

Ne quittons point ce sujet, sans faire amende honorable à qui de droit, pour un *lapsus calami*, pour une grave incorrection qui m'est échappée, malheureusement, la première fois que j'ai eu l'occasion de mentionner, sur la foi d'autrui, le souterrain de Sainte-Marie *in vià latà*.

Vous l'avez, en lisant, messieurs, échappé belle!...

Et voilà que je me suis réveillé moi-même, certain jour, atteint et convaincu d'hérésie (matérielle, tout au moins), par le fait de deux ou trois misérables mots dont je n'avais nullement calculé la portée. J'ai dit, en effet, quelque part, à propos du cachot du grand Apôtre, que saint Pierre vint y visiter son collègue *dans le suprême pontificat*.— *Che sbaglio!* — Je voulais dire : *dans l'apostolat*, tout simplement, et j'avais perdu de vue, en ce moment, *Il primato di San Pietro*, que je reconnais, que j'admets, sans hésiter, avec toutes les vérités qu'admet explicitement et implicitement la sainte Eglise catholique, apostolique et romaine. Je me hâte donc de désavouer l'intention que pourrait faire supposer en moi ce malencontreux passage, et j'ose espérer que la promptitude, la sincérité surtout de ma soumission désarmeront le légitime courroux du très-pieux et très-docte Père Modena (1).

Le jour même où je visitais l'antique diaconie de Sainte-Marie *in vià latà*, ses murs étaient témoins d'un spec-

(1) Rome. — *Impressions et souvenirs*, I, p. 252.

(1) Préfet actuel de la Congrégation de l'*Index*.

tacle, qui n'est ni rare, ni exceptionnel, à Rome non plus qu'ailleurs, mais qui a marqué sa trace dans mes souvenirs à cause des utiles enseignements qu'il portait avec lui, dans le cas présent. Je veux parler des splendides funérailles d'un personnage dont le nom se trouvait, ce jour-là, dans toutes les bouches, car il fut connu de tous dans Rome, et dont la vie entière peut se résumer par ces trois mots : *Charité, Travail, Probité.*

Grazioli était un simple boulanger, dans une petite localité du Piémont. Il vint chercher fortune à Rome, cheminant à petites journées, le sac sur le dos, le bâton à la main. Arrivé à la porte de la ville, il n'avait plus qu'un *paolo* (10 sous) dans sa poche, lorsqu'une pauvre femme s'approche et lui demande l'aumône. Elle paraissait bien malheureuse et se plaignait de n'avoir pas mangé de la journée. Le jeune homme, qui avait faim lui-même, lui donne cependant ses 10 sous, sans se rien réserver. « Dieu, dit-il, me les rendra bien, s'il me bénit. »

Il entre, se place dans une des boulangeries de Rome, à titre de garçon et s'y conduit si bien qu'au bout de quelques années il avait fait quelques économies. Il les fit fructifier, en louant de grandes terres sur lesquelles il mit des troupeaux. Bref, par les moyens les plus légitimes, sans qu'un seul mot se fût élevé sur son compte, et grâce à cette bénédiction divine qu'il avait invoquée, le garçon boulanger Grazioli, devenu le duc Grazioli, en récompense de services rendus à l'Etat, dans des temps difficiles, mourait, il y a 48 heures, laissant à son fils unique un capital d'un million d'écus romains.

Hélas, hélas ! de pareils exemples portent leurs fruits à Rome, comme partout ailleurs, c'est-à-dire qu'ils édifient le petit nombre et fournissent matière aux commentaires du *malignum vulgus*, qui tolère impatiemment en tous pays, l'élévation, même la mieux méritée, de ses inférieurs ou de ses égaux. J'en avais la preuve aujourd'hui même, en entendant le *signor* T... mon hôte, un madré Sicilien, s'il en fut oncques, me dire d'un ton narquois, avec accentuation marquée des mots que je souligne : « Eppoi, signor; avete pur veduto quest'oggi le *solenni esequie* del duca Grazioli, *un già panattiere* (1) ! » — La pauvre humanité est décidément la même en tous lieux !

Au moment où je sortais de la vénérable diaconie, me dirigeant vers la *piazza Colonna*, pour regagner de là mon domicile, les omnibus du chemin de fer de Frascati, se dirigeant avec grand bruit vers la *piazza di monte Citorio*, me rappellent que j'ai une visite à faire à l'ancien Tusculum, tant pour y jouir une fois encore des beautés de la nature et de l'art, que pour apprécier le mode actuel de transport dans ces poétiques régions.

En effet, j'ai encore présents à la mémoire tous les détails de mon premier voyage dans ces lieux : je vois, comme si j'y étais, en ce moment, le véhicule que j'avais pris sur la *piazza Capranica*, et les grotesques figures de mes compagnons de l'un et l'autre sexe ; je me rappelle

(1) Eh bien, monsieur, vous avez donc vu aujourd'hui les *obsèques solennelles* du duc Grazioli, *ancien boulanger !*

surtout les quatre mortelles heures de traversée, et je suis curieux de vérifier les modifications de toute nature qu'a nécessairement introduites dans une expédition de ce genre l'adoption du système de locomotion qui est tout à la fois la création la plus curieuse de notre époque, en même temps que l'expression la plus exacte des mœurs et des aspirations du siècle présent.

Consummatum est ! — Voilà donc le règne des chemins de fer décidément inauguré dans les Etats de l'Eglise et voilà le premier pas fait dans cette voie d'améliotions matérielles que la sagesse de certains docteurs modernes avait dogmatiquement déclaré ne devoir se réaliser jamais ; car il est bien convenu parmi eux que les papes, s'inspirant de *la froide immobilité* du dogme, sont ennemis, par système, de toute idée nouvelle, et que le pire des *hérétiques*, à leurs yeux, c'est le perfectionnement, c'est LE PROGRÈS (1).

Voilà donc un *rail-way* qui se dirige de Rome vers la frontière de Naples, en attendant ceux qui vont bientôt rejoindre Cività-Vecchia, Ancône, etc., et pourtant le Vatican, que je sache, n'a point ressenti encore cette commotion formidable (2) que lui avait pronostiquée l'un des prophètes les plus accrédités..... dans les *circulating libraries* de son pays et les cabinets de lecture du nôtre.

(1) *Improvement*, the most dangerous and *heretical* atonisher of all. — Dickens (*Pictures from Italy*, p. 148.)

(2) The must have been a *slight sensation as of earthquake*, surely, in the Vatican, when the first Italian rail-road was thrown open. (Ibid.)

Le vieux mont des Oracles (1) est devenu philosophe, à ce qu'il paraît, et il ne s'effarouche plus si facilement du bruit!

Je voudrais bien pouvoir l'imiter, sous ce rapport; mais on ne modifie pas sa nature à volonté. J'assiste, je crois, à l'agonie de Rome, ou du peu qui a survécu de la Rome des siècles derniers, et je bénis Dieu d'avoir pu la voir une fois encore, avant l'invasion que méditent contre elle les *civilisés* du 19e siècle, mille fois plus redoutables pour son repos et sa gloire même que les hordes barbares de Genséric et d'Attila. Encore quelques années, on ira de Marseille ou de Turin à Rome, en chemin de fer, et je me demande, avec une sérieuse inquiétude, ce que deviendra l'aspect de la ville sainte, avec cette population flottante de commis-voyageurs, qui va l'encombrer, avec la physionomie, surtout, que vont lui imprimer les créations industrielles, car il est bien certain que l'industrie va s'implanter à Rome, une fois que la cité se trouvera reliée aux grands centres européens.

Il y aura pour le pays, peut-être, quelques avantages matériels, sous le rapport de l'écoulement des produits, de l'occupation des bras inutiles et de la diminution, sinon même de l'extinction totale de la mendicité. Mais, combien tout cela sera payé chèrement par la dépravation religieuse et morale que les étrangers amèneront nécessairement à leur suite, ici comme partout ailleurs! Puis,

(1) *Vaticanus*, de *vaticinium* (oracle), suivant quelques archéologues.

quelle dépoétisation complète de la ville éternelle par les créations et le remue-ménage de l'industrie ! Voyez-vous les cheminées d'usines à vapeur s'entremêlant aux dômes, aux obélisques, aux tours anciennes et modernes, aux *campanili* de toutes les formes, et à ces monuments de tous les siècles, dont le pêle-mêle harmonieux donne un aspect si poétique et si grandiose à la ville de Rome, de quelque côté qu'on en saisisse l'ensemble !

L'un de ces jours derniers, en me rendant à Saint-Georges *in Velabro*, n'ai-je pas aperçu dans les environs, et tout près de la vénérable église de *Sainte-Anastasie*, la cheminée d'un gazomètre, construit depuis ma dernière visite à ces lieux ! J'ai cru voir, de nouveau, les Goths et les Vandales aux portes de Rome ! et que sera-ce donc, grand Dieu ! quand les modernes barbares seront devenus les seigneurs et maîtres de la sainte cité ?

Ces craintes ne paraîtront point exagérées, quand on se rappelle ce que écrivait, il y a quelque vingt ou trente années déjà, l'un des observateurs les plus clairvoyants du siècle qui commençait alors :

« Une cause bien plus préjudiciable à la religion et aux mœurs nationales que le long séjour des troupes françaises, c'est cette succession continuelle d'une multitude de voyageurs protestants, anglais ou allemands, qui depuis 1815 ont inondé l'Italie. Ces protestants, sans aucune reconnaissance pour l'accueil hospitalier que leur fait l'Italie, trop amie peut-être des étrangers, n'ont jamais cessé de dénigrer notre nation et de publier à l'étranger des relations de voyages, où sont entassés les plus évidents mensonges, les plus impudentes calomnies, et aujourd'hui ils poussent si loin l'ingratitude et la témérité qu'ils cherchent à propager en Italie les maximes du libéralisme moderne, à inspirer aux peuples le mépris, la haine du catholicisme et de l'autorité légitime, à répandre même des traductions italiennes d'ouvrages hétérodoxes, nourrissant peut-être l'étrange et fol espoir d'introduire le protestantisme au sein de la belle Italie et de Rome même, de cette ville où, comme le dit le grand saint Cyprien, *la perfidie ne peut avoir accès.*

» Les entrepreneurs et les actionnaires de spectacles, les hommes qui se nourrissent de la graisse de la terre, les financiers surtout peuvent se réjouir des écus que ces étrangers versent dans le public ; mais le sage, l'homme d'état, politique et religieux, qui pense aux graves atteintes portées à la religion et aux mœurs, ne peut qu'en gémir et répéter en lui-même les paroles de l'apôtre Pierre à Simon le magicien : Que ton argent reste avec toi, pour ta perdition (1) ! »

On concevrait difficilement, je crois, quelque chose de plus puéril que l'enthousiasme des modernes romains pour les *nouveautés* du siècle, dans tous les genres imaginables, et je ne doute aucunement, pour ma part, que leur principal grief contre le gouvernement pontifical, l'irritant le plus actif de cette soif de *sécularisation* qui les dévore, ne soit la lenteur de ce gouvernement à s'en-

(1) Œuvres complètes du cardinal B. Pacca. (Traduction Queyras, p. 53.)

gager dans la voie des institutions parisiennes ou autres, depuis l'organisation municipale jusqu'au *macadam*, inclusivement. « Comment donc! toutes les villes sont éclairées au gaz et nous n'avons point de gaz ici! Comment donc! il y a des chemins de fer partout et Rome seule n'en a pas encore! A quoi nous serviront-ils? Nous ne le savons que trop; mais, enfin, il nous en faut, puisqu'il y en a en tout pays. Vive le progrès! A bas les moines et le gouvernement clérical! Nous allons devenir la fable et la risée des nations. »

Telles sont, aujourd'hui, les grandes idées de celui qui fut jadis le *Peuple-Roi!* Le vaniteux et vulgaire bourgeois, qui a remplacé les anciens maîtres du monde, ne s'inquiète guère de l'importance réelle ou des conséquences possibles d'une innovation quelconque; ce qu'il lui faut, c'est d'avoir, lui aussi, quelque chose de pareil à ce qu'il aperçoit chez le voisin! Tout cela est fort grotesque assurément; mais il n'y a pas encore trop sujet d'en rire, car tout cela est le pronostic certain de bouleversements dont nous aurons probablement avant peu le triste spectacle (1).

Le trajet de Rome à Frascati, qui exigeait jadis quatre heures entières, s'accomplit maintenant en trente-cinq minutes, au plus, par la *ferrovia*, et c'est à peine si, dans ce court espace de temps, j'ai le loisir d'examiner un peu en détail le personnel qui remplit aujourd'hui les

(1) Ceci s'écrivait à la fin de 1858. Les événements de Bologne et de Pérouse, en juin 1859, ne sont venus que trop tôt justifier ces tristes prévisions!

compartiments du train guidé par la locomotive le *San-Paolo*. Je constate pourtant, au premier coup-d'œil, la présence d'une société, tout à la fois nombreuse et choisie; je remarque de brillants uniformes, d'élégantes toilettes en très-grand nombre, et je me demande quelle circonstance exceptionnelle peut réunir en ce jour très-ordinaire, une pareille caravane sur la voie qui conduit à l'antique Tusculum. J'ai bientôt le mot de cette énigme, en apprenant que tout ce beau monde se rend à une fête donnée à la haute société romaine, dans les bâtiments de la gare de Frascati, par les russes de la suite de l'Impératrice-mère, en reconnaissance de l'accueil qu'ils ont reçu à Rome, pendant leur séjour.

En effet, les bâtiments de l'administration sont pavoisés aux couleurs moscovites et pontificales ; une grande animation semble régner dans les vastes salles intérieures, et plusieurs orchestres militaires, disposés circulairement dans un vaste jardin du voisinage, font entendre, sans interruption, les différentes parties d'un programme qui résume tous les genres connus. Pendant ce temps, un nombreux public de curieux circule aux abords du théâtre de la fête; des groupes d'élégants promeneurs se disséminent dans les magnifiques *villas* du voisinage et c'est au milieu d'une foule visiblement électrisée par le plaisir que je contemple, cette fois, les beautés de l'art et de la nature qu'offrent au visiteur émerveillé les splendides résidences champêtres des familles *Torlonia* et *Aldobrandini*.

C'est quelque chose de vraiment inimaginable, je ne

saurais me lasser de le redire, que l'opulence de l'aristocratie romaine et la splendeur de ces habitations, prétendues champêtres, dont plus d'une compteraient, au sein même d'une grande ville, pour de magnifiques palais. Quelle plantureuse végétation ! quelles royales allées d'arbres plusieurs fois séculaires ! quelle abondance d'eaux artistement distribuées, pour l'utilité, comme pour l'agrément ! quelles voûtes de verdure, impénétrables au soleil, même le plus ardent de ces climats ! quelle harmonieuse variété, quelles ingénieuses combinaisons de toutes les ressources de la nature et de l'art !

Et tout cela n'est rien encore, j'ose le dire, auprès des perspectives immenses qui s'ouvrent parfois devant ces féeriques manoirs, auprès de ces horizons sans limites, qui semblent se dilater jusqu'aux extrémités du monde connu. Puis, ces lointains vaporeux, ces jeux imprévus, fantastiques parfois, de la lumière et des ombres sur la plaine, sur les ruines qui l'accidentent par intervalles et jusques sur la mer elle-même, que l'on voit miroiter dans un magique lointain. On dirait avoir sous les yeux, la réalisation, la *solidification* d'un rêve d'artiste enthousiaste des grands spectacles de la nature, et pour que rien ne manque au charme d'une semblable réunion de merveilles, en tout genre, la salubrité de l'air qu'on y respire fait de ces régions aimées du ciel l'abri le plus sûr, pour les étrangers comme pour les indigènes eux-mêmes, que les rigueurs d'un climat tropical contraignent de fuir l'enceinte de Rome, pendant les ardentes chaleurs de l'été.

Quel dommage, vraiment, qu'il faille quitter un jour toutes ces magnificences! Il semblerait que Horace avait en vue ce résultat non moins amer que inévitable, lorsqu'il faisait entendre aux sensualistes, (pardon, lecteur) aux *viveurs* de son époque, ces prosaïques et fâcheuses vérités :

Linquenda domus et tellus. . . . .
. . . Neque harum quas colis arborum
Præter invisas cupressos,
Ulla brevem dominum sequetur (1)!

. . . .

En attendant le départ du train qui doit me ramener à Rome, je me suis isolé de la foule, depuis quelques instants déjà, et solitairement assis sur le parapet, qui borde le tournant de la route, à l'entrée de la *villa Conti*, je porte au loin mes regards sur la grande cité dont les linéaments indécis commencent à se confondre avec l'horizon lui-même, dans la brume flottante d'ume magnifique soirée de printemps. Seule, parmi tous les monuments de la grande métropole, l'incomparable coupole Vaticane dessine sensiblement ses formes à travers les ombres du crépuscule, et ce spectacle me plongeant insensiblement dans une rêverie mystérieuse, je crois entrevoir dans un lointain fantastique le pêcheur de Galilée, pauvre, inconnu de tous, harassé de privations et de fatigues, s'avançant lentement, à travers la campagne romaine, vers

(1) *Carminum*, II, 14.

les murs orgueilleux de cette métropole du monde, qu'il vient conquérir, au nom de Jésus-Christ; je crois assister à cet étrange dialogue rapporté (je n'oserai jamais dire : *imaginé*) par un Père de l'Eglise, et dans lequel le sublime insensé, animé de cette assurance que lui donnent des lumières surnaturelles, fortifiées par les promesses de son Divin maître lui-même, expose à un auditeur stupéfait le plan de la guerre qu'il vient déclarer, dans la première place forte de l'idolâtrie, aux fausses divinités du vieux monde, sur les ruines desquelles il va bientôt planter en vainqueur l'étendard méprisé de la croix (1).

Pieux apologue, ou récit réel, ces faits appartiennent désormais au domaine de l'histoire, et la *folie* de l'aventurier galiléen a confondu la prudence des sages si vantés du paganisme. La croix de Jésus-Christ a remplacé la statue de Jupiter sur le faîte du Capitole : le bâton de voyage de l'apôtre est devenu, aux mains de ses successeurs, la triple croix qui gouverne le monde; la plus splendide basilique de l'univers ombrage la tombe du pêcheur ignorant et méprisé, aux lieux même qu'occupèrent jadis les somptueux jardins de son persécuteur, et la ville impérissable des pontifes de la loi nouvelle s'élève, triomphante et radieuse, sur les ruines de cette seconde Babylone qui fut, pendant dix siècles entiers, la terreur du monde, la reine et la dominatrice orgueilleuse des cités !

(1) Voir l'*Esquisse de Rome chrétienne*, I, p. 14 et suiv.

XXXIII.

Saint-Michel in borgo. — *San Spirito* in Sassia. —*Saint-Sauveur* in Campo. — *Saint-Laurent* in Damaso *et la* Cancellaria.

Les *forestieri* (les Français surtout) qui pouvaient, comme moi, se trouver à Rome, le 8 mai de cette année, durent dresser l'oreille, avec un certain sentiment de surprise, inquiète peut-être, en entendant, au lever du soleil, une salve d'artillerie, exécutée au château Saint-Ange, et se demander quel événement imprévu, ou quelle commémoraison d'un fait acquis à l'histoire pouvait motiver, en ce jour, une semblable démonstration. C'est ce que j'eusse fait comme eux, sans aucun doute, si, la veille au soir, en préparant mon itinéraire du lendemain, je n'eusse trouvé dans le *Diario romano* l'indication suivante : *8 di maggio ; apparizione di San Michele, Arcangelo ; dal forte S. Angelo si spara, al far del giorno* (1). Dûment rassuré d'avance contre toute surprise fâcheuse et en même temps renseigné sur le sens précis d'une manifestation de ce genre, je me mets en route, sans plus tarder, et commence à me diriger vers le lieu de la fête de ce jour.

Déclarons tout d'abord que ma démarche n'a d'autre objet qu'un but pieux, car il y a peu de chose pour la curiosité dans la visite du sanctuaire qui m'attire. Mais l'archange saint Michel est l'un des patrons vénérés de la ville sainte, l'un des augustes protecteurs du siége pontifical, comme il fut, avant l'origine des temps, le vaillant champion de la cause de Dieu lui-même contre les anges rebelles; aussi l'Eglise romaine, qui lui a décerné un culte spécial, a-t-elle multiplié les sanctuaires et les fêtes en son honneur. Son image brille au sommet du château Saint-Ange, comme elle resplendit sur les drapeaux des légions pontificales, et plusieurs oratoires plus ou moins importants ont été consacrés sous son invocation : d'abord Saint-Michel *in borgo*, vers lequel je me dirige aujourd'hui même; Saint-Ange *in Pescheria*, que je visiterai dans quelques jours; Saint-Ange *inter nubes*, érigé par Boniface IV au sommet de mausolée d'Adrien, pour perpétuer le souvenir de la célèbre vision de saint Grégoire (2); enfin Saint-Ange *ai corridori di castello*,

(1) 8 mai. — Apparition de l'archange saint Michel. Au fort Saint-Ange, on tire le canon au lever du soleil. — (Chaque salve tirée à l'aurore, en signe de joie, se compose de quatorze coups pour toutes les fêtes indistinctement.)

(2) Lors de la *grande litanie*, par laquelle saint Grégoire, en 595,

chapelle consacrée en 1585, par Sixte V, dans le long corridor couvert, bâti sur arcades, en forme d'aqueduc, par Alexandre VI, pour mettre le fort Saint-Ange en communication directe avec le Vatican. Clément VII devait en profiter le premier, pour chercher dans le môle d'Adrien un refuge assuré contre les hordes dévastatrices et sacriléges commandées par l'infâme connétable de Bourbon.

La fête que l'Eglise romaine célèbre en ce jour est celle qui consacre la mémoire de l'apparition de l'archange saint Michel à l'évêque de Siponto sur le mort Gargan dans le royaume de Naples, où ce prélat bâtit depuis une église, devenue fameuse par le concours des fidèles et des pèlerins. Quoique cette fête ne soit point de précepte, même dans Rome, elle est pourtant célébrée avec un certain appareil, puisque l'artillerie a grondé, comme aux grandes solennités, et les bannières pontificales flottent sur le môle d'Adrien. Mais il n'y a là aucun déploiement des pompes ecclésiastiques, réservées pour les fêtes du premier ordre, et les bénéficiers de Saint-Pierre assistent seuls à la grand'messe du jour; aussi je trouve à peu près déserte la petite église bâtie, dit-on, par Charlemagne lui-même, dans le voisinage de la colonnade de Saint-

s'efforça de conjurer le courroux du ciel qui décimait la population de Rome, ce pieux pontife vit tout-à-coup au-dessus du môle d'Adrien, ainsi qu'il le constate lui-même, un ange qui remettait son épée dans le fourreau. A partir de ce moment, la contagion perdit de son intensité.

(E. de la Gournerie. — *Rome chrétienne*, I, pag. 182.)

Pierre, et sauf une ou deux bonnes femmes de la *Lungara;* qui viennent bientôt me tenir compagnie, je passe à peu près dans la solitude le temps pendant lequel se prolonge l'office divin.

Cette circonstance ne paralyse point ma dévotion, tout au contraire, car c'est ainsi que j'aime à trouver les sanctuaires, dans toutes mes visites, et rien ne vient me distraire des pensées qui m'ont conduit en ce lieu, si ce n'est une messe brève *alla Palestrina*, exécutée par trois seules voix d'homme avec un effet vraiment surprenant, vu l'exiguïté de pareils moyens. Je ne doute aucunement que cette composition, ainsi interprétée, eût encore produit un remarquable effet dans un vaisseau double et triple de celui de Saint-Michel *in borgo*.

Un coup-d'œil jeté, après la messe, dans les trois nefs de la petite église, me fait apercevoir diverses inscriptions, antiques ou modernes, parmi lesquelles je remarque l'épitaphe de Raphaël Mengs, que ses compatriotes ont surnommé le Raphaël de l'Allemagne et qui, né en Bohême, vers 1728, mourut en 1779 à Rome, où il avait passé presque toute sa vie, ainsi que Winckelmann et plusieurs autres artistes éminents de divers pays. On compte au nombre de ses travaux les plus importants : la fresque du *cabinet des papyrus*, au Vatican, représentant *l'Histoire qui écrit ses annales, appuyée sur le dos du Temps;* celle de la *villa* Albani, où il a dessiné sur la voûte de la grande galerie le Mont-Parnasse, avec Apollon, les neuf Muses et Mnémosyne, leur mère; enfin celle de *san-Eusebio*, dans laquelle on voit le saint pontife transporté par les anges dans le royaume des cieux (1)

Mais voici, dans le voisinage de *Saint-Michel* un monument qui présente une tout autre importance, au double point de vue du christianisme et de l'art, et l'une des plus insignes merveilles de cette Rome que les touristes (proprement dits) et les *free-thinkers* ne connurent jamais. C'est l'illustre hôpital, que Ina, roi des Saxons occidentaux, fonda, au commencement du 8e siècle, pour recevoir les pèlerins qui affluaient, chaque année, de la grande Bretagne, au tombeau des saints apôtres, et pour l'entretien duquel il affecta une taxe d'un sou par an, prélevée sur chaque maison de son royaume. C'est ce tribut, payé à Rome, chaque année, le 29 juin, jour même de la fête du prince des apôtres, qui fut longtemps connu sous la noble et touchante désignation de *Denier de saint Pierre*.

Mille et mille fois heureux les temps auxquels il fut donné de voir de telles institutions, de pareilles mœurs, de semblables merveilles de la foi, et de la piété des peuples et des souverains ! Mais nous avons vraiment bien autre chose à faire, nous autres civilisés, en ce siècle de philanthropie et de progrès universel, qu'à nous occuper de pèlerins, de pèlerinages, d'hôpitaux et d'hospices ; et les chemins de fer, donc ! et les grands travaux statistiques et les *missions* scientifiques ou littéraires, et la subvention de l'opéra !

(1) L'église de Saint-Michel *in borgo* a été détruite par un incendie le 16 février 1860.

L'hospice du roi Ina, ruiné à diverses époques, ainsi que l'église attenante, fut reconstruit par Innocent III, vers l'an 1198, sous le titre de *San-Spirito*, auquel on ajouta le vocable *in Sassia* (in Saxia) pour conserver le souvenir de son fondateur primitif. Les travaux de construction terminés (dit Nibby), le même pontife confia la direction de l'hospice au comte Guy de Montpellier, qui avait déjà fondé en France un ordre hospitalier, sous le nom du Saint-Esprit, pour le soulagement de toutes les infirmités humaines. Agrandi successivement par Innocent IV, par Sixte IV, Innocent VIII, Paul III, Benoît XIV et en dernier lieu par Pie VI, l'hospice de *San-Spirito* a été longtemps et est peut-être encore (dit l'auteur de *Rome chrétienne*) le plus vaste, le plus beau, le mieux ordonné des établissements de ce genre qui existent en Europe.

Malheureusement, il faut le dire, la pieuse munificence des souverains pontifes ne saurait suppléer à tout, ne saurait tout faire, et l'on sent qu'il manque là quelque chose d'essentiel, de vivifiant, que rien au monde ne peut remplacer d'une manière équivalente : la main des saintes femmes vouées par un institut spécial au soulagement des membres souffrants de Jésus-Christ. Chose vraiment singulière et que je livre aux sérieuses méditations de ces enthousiastes *quand même*, dont je parlerai plus d'une fois encore : la catholique Italie, cette terre classique de la foi, de la piété et de toutes les vertus chrétiennes, s'il faut en croire certains panégyristes du siècle présent, n'a pu produire encore spontanément une plante qui germe partout en pleine terre sur le sol de la France Voltairienne et libérale : une sœur de saint Vincent-de Paul ! Tout au moins, n'a-t-on pu appliquer indistinctement jusqu'à ce jour au service des malades de l'un et l'autre sexe, dans les hospices de l'Italie, les sujets des diverses congrégations hospitalières du sexe féminin !

Cette infériorité relative n'a point échappé aux esprits les plus élevés de l'Italie elle-même, qui n'ont jamais partagé ces étroites opinions, ces appréciations exagérées d'un zèle qui dépasse quelquefois de sages limites et savent rendre, en toute circonstance, une justice impartiale à qui de droit. Ecoutons, à ce sujet, les remarquables paroles d'un illustre prélat, dont on ne saurait nier l'orthodoxie, ni suspecter les prédilections :

« Il me semble que le Seigneur, enfin apaisé, destine aujourd'hui la France à être l'instrument de ses divines miséricordes. C'est elle, en effet, qui a conçu et exécuté la première, le magnifique projet d'une *association pour la propagation de la foi,* destinée à seconder l'admirable institution de la *Propagande* de Rome. C'est la France qui a replanté, sur les côtes d'Afrique, l'étendard triomphant de la croix et donné naissance à une nouvelle église africaine ; c'est la France, enfin, qui, sous les auspices et la direction du Saint-Siége, travaille à dissiper les ténèbres de l'idolâtrie parmi les sauvages de l'Océanie et à soutenir dans la Cochinchine et le Tong-King la religion persécutée de Jésus-Christ, avec un admirable zèle apostolique, des fatigues incalculables et le sang glorieux des missionnaires martyrs qui sont sortis de son sein (1). »

L'accomplissement d'un message de pieuse reconnaissance, dont je suis chargé par un ecclésiastique de ma ville natale, me conduisait, quelques instants plus tard, dans l'un de ces innombrables petits sanctuaires, dont abonde la ville de Rome, et qui ne sont guère connus, même par leur nom, que des seuls pèlerins. La petite église de Saint-Sauveur *in Campo*, bâtie par Urbain VIII, dans le voisinage de la *Trinità dei pellegrini*, serait profondément oubliée au sein du quartier misérable où elle s'élève, si son nom ne se rattachait à ceux de deux illustres serviteurs de Dieu : Philippe de Néri qui, encore laïque, jeta, dans ce sanctuaire même, en 1548, les fondements de la Confrérie de la Trinité des pèlerins, et le vénérable Gaspard del Buffalo, fondateur de la Congrégation du *Précieux Sang*, à laquelle appartient aussi l'église de Sainte-Marie *in Trivio*, dont j'ai raconté l'histoire au chapitre XXIX.

J'ai reçu la mission d'aller vénérer, dans son principal sanctuaire, les restes sacrés du pieux apôtre, en action de grâces d'une faveur obtenue par son intercession ; mais j'ai le regret d'apprendre que son corps repose à Albano et que la maison annexée à l'église de Saint-Sauveur *in Campo* n'a guère conservé d'autres monuments relatifs à sa personne que le souvenir de sa présence, avec quelques objets qui furent à son usage particulier. J'insiste néan-

(1) Œuvres complètes du cardinal B. Pacca. (Traduction Queyras, II, p. 448.)

moins pour les visiter, afin de remplir mon mandat, autant que possible; mais le sacristain, à qui je m'adresse pour cet objet, accueille d'abord, en rechignant, ma requête, puis finit par me promettre, non sans peine, qu'après toutes les messes du jour célébrées, il daignera me conduire aux lieux que je suis venu vénérer.

Tranquillisé par cette assurance, je rentre dans l'église, pour attendre le moment indiqué, je prends en patience les tribulations qu'inflige à mon oreille un organiste des plus baroques, puis, la dernière messe terminée, et tous les cierges dûment éteints, je rentre à la sacristie pour recueillir l'effet de la promesse qui m'a fait supporter mes maux avec résignation. Mais point : *il signor custode* a changé d'avis, à ce qu'il paraît, dans l'intervalle. Je le vois me tourner le dos, avec une intention peu équivoque, chaque fois que je fais mine de l'approcher, et, quoique nous soyons seuls ensemble dans un espace de quelques pieds carrés, il n'a pas plus l'air de m'apercevoir que si j'étais, en ce moment, dans la catacombe de Sainte-Agnès!

Après une demi-heure d'attente inutile, je renonce à la partie, de guerre lasse, et je me retire, en priant le vénérable serviteur de Dieu d'avoir pour agréable, à défaut du fait qu'il ne m'a pas été donné d'accomplir, les hommages que j'avais du moins l'intention de rendre à sa mémoire.

Il m'est pénible d'ajouter qu'une pareille manière d'agir n'est nullement exceptionnelle, dans les sanctuaires de Rome. Plus d'une fois déjà j'ai eu l'occasion de constater, non-seulement l'indifférence quelque peu dédaigneuse des gens de sacristie à l'égard des pèlerins, mais encore j'ai cru saisir parfois, sur la physionomie de quelques-uns d'entr'eux, l'expression d'une sorte de satisfaction malveillante à vous fermer au nez la grille d'une chapelle, tout juste au moment où vous allez en franchir le seuil, ou bien à vous dire qu'il est trop tard pour aujourd'hui, qu'il faudra revenir le lendemain, le dimanche suivant, le jour de la fête, etc., en un mot, à vous renvoyer, n'importe pour quel motif, complètement frustré dans votre pieuse attente.

Il va sans dire que ceci n'arrive jamais que dans les lieux où tout calcul de spéculation deviendrait un abus voisin du sacrilège ; quant aux *custodi* qui sont sûrs de recevoir et certains d'empocher, *tutà conscientià*, le salaire de leurs bons offices, je me plais à leur rendre cette justice que l'on est sûr de rencontrer chez eux, en tous lieux, en toutes circonstances, le plus joyeux et le plus aimable empressement.

Les impressions que je viens de rapporter de Saint-Sauveur *in Campo* ne s'harmonisent que trop avec certains objets qui vont bientôt s'offrir à ma vue, dans le cours de la pérégrination que je poursuis en ce moment. *La Cancellaria!* quels souvenirs à jamais exécrables se rattachent désormais à ce chef-d'œuvre de Bramante, dont la majestueuse façade et surtout la cour magnifique, avec son double portique superposé, avec ses quarante-quatre colonnes doriques, en granit, provenant de l'*hécatonstyle* de Pompée, avec ses travertins ravis au Colisée, ainsi qu'à l'arc de Gordien, font de ce vaste et grandiose monument l'une des plus imposantes constructions de la Rome pontificale. Mais, hélas ! lorsque j'admirais, neuf ans plus tôt, toutes ces merveilles, je ne soupçonnais guère, malgré les tristes signes du temps, l'horrible catastrophe qui devait, quelques mois après, imprimer à ces lieux le stigmate d'une éternelle infamie, et me faire envisager désormais avec horreur l'escalier qui conduit au premier étage de ce magnifique palais (1) !

. . . .

Je viens de voir le théâtre du crime, allons maintenant visiter celui de l'expiation. En sortant de la *Cancellaria*, on trouve, quelques pas plus loin, sur la gauche, à l'extrémité de la façade même du palais, une porte devant laquelle on passerait cent fois, sans y prendre garde, si l'on ne savait qu'elle donne accès à l'un des sanctuaires de Rome les plus anciens et les plus intéressants par leurs souvenirs. C'est l'église construite, en 380, par le pape saint Damase, en l'honneur de saint Laurent, reconstruite en 1495, par le cardinal Riario, neveu de Sixte IV, qui la mit sous le patronage réuni de l'illustre diacre et du saint pontife, et renouvelée entièrement à l'intérieur, en 1820, sur les dessins de l'architecte français Valadier.

A l'exception des marbres et des stucs dorés de son maître-autel, construit par Bernini, du tableau de Zuccari, représentant les deux saints titulaires, et de la statue de

(1) C'est sur les marches de cet escalier que le ministre Rossi fut assassiné le 15 novembre 1848, au moment où il se rendait dans la grande salle de la *Cancellaria* pour l'ouverture de la chambre législative.

saint Charles Borromée par Stefano Maderno, l'auteur de la *sainte Cécile* du Trastevere, la basilique de saint Laurent *in Damaso* ne présente rien de bien attrayant, peut-être, à l'attention du vulgaire touriste, mais, en revanche, combien d'objets intéressants pour le cœur et la foi du pèlerin! D'abord, dans la *capella del coro*, un crucifix que l'on croit pieusement avoir parlé à sainte Brigitte, (*piamente si crede*, comme dit le prudent Nibby); ensuite l'antique image de Marie (style grec) que l'on voit au fond de la nef gauche; puis la statue assise, en marbre, de saint Hippolyte, évêque de Porto au 3e siècle, trouvée, au 16e, dans des fouilles pratiquées près de la basilique de saint Laurent *hors les murs*.

« Saint Hippolyte, dit l'auteur de *Rome chrétienne*, avait composé un cycle pascal, qui était demeuré célèbre. Ce cycle, longtemps perdu, fut découvert en 1551, avec la statue du Saint, dans les ruines d'un oratoire qui avait été construit sur sa sépulture. Il était gravé en caractères grecs, sur la chaire pontificale, dans laquelle le vénérable évêque était représenté assis. La période de ce cycle était de seize ans, et commençait à la première année du règne d'Alexandre-Sévère. D'un côté, il déterminait les quatorzièmes lunes de mars; de l'autre, les dimanches de Pâques. Répété sept fois, il embrassait, dans ses calculs, un espace de cent douze ans. La statue de saint Hippolyte, avec son cycle, curieux monument de la primitive Eglise, se voit aujourd'hui à la bibliothèque du Vatican (1). »

(1) I, pag. 67, 8.

Elle *se voit* aussi à Saint-Laurent *in Damaso,* ainsi que chacun peut s'en convaincre, et les archéologues sacrés m'obligeraient beaucoup de me fournir quelques renseignements sur ce double emploi, ou cette co-existence, que je n'ai vu encore expliquer, ni même signaler jusqu'à ce jour, par aucun d'entre eux.

Mais voici un souvenir non moins durable, quoiqu'il ne soit conservé, je crois, par aucun monument matériel, quoique le marbre et le bronze n'en aient pas perpétué la tradition parmi les générations successives : c'est celui des premières prédications de saint François-Xavier, qui annonça, dit-on, la divine parole, dans cette église, avant le départ du futur apôtre des Indes pour sa lointaine mission. Quel souvenir et quel prix ne donne-t-il pas, indépendamment de tout objet d'art, aux murs vénérés de la vieille basilique de Saint-Laurent *in Damaso !*

Terminons par les monuments funèbres, qui ornent quelques-unes de ses chapelles. — En voici plusieurs de différentes époques et de différents styles : celui du célèbre *humaniste* Jacques Sadolet, secrétaire de Léon X, évêque de Carpentras et nonce de Paul III à la cour de François Ier; celui d'Annibal Caro, le traducteur élégant et fidèle de l'Enéide ; celui de Caprara, général de l'armée pontificale, sous Pie VI, et ceux que deux sculpteurs contemporains, Gnaccarini et Tenerani, ont élevés, devant la chapelle du chœur, à deux personnages de la famille des Massimi (1).

(1) Cette famille prétend descendre en ligne directe de *Fabius Maximus cunctator.*

Mais l'intérêt qui se rattache à ces souvenirs funèbres est complètement absorbé par celui qu'éveille tout d'abord l'aspect d'un monument du même genre, le dernier de tous, sous le rapport de la magnificence, comme aussi dans l'ordre des temps. Rien ne saurait égaler le saisissement produit par la rencontre, inattendue surtout, de ce grand cippe de marbre blanc, sur lequel on lit ces simples et touchantes paroles :

CAUSAM OPTIMAM MIHI TUENDAM ASSUMPSI
MISEREBITUR DEUS !
Quieti et cineribus
PEREGRINI ROSSI com. domo Carraria
qui ab internis negotiis PII IX, P. M.
Impiorum consilio meditata cæde occubuit.
XVII kal. dec. MDCCCXLVIII
ætat. ann. LXI, m. IIII, d. XII.

Quel glorieux souvenir pour le noble martyr de la plus juste, de la plus sainte des causes ! Quel stigmate d'éternelle infamie sur le front des ennemis de Pie IX, qui ne sont autres que les ennemis de l'Eglise et ceux de Dieu lui-même ! — IMPIORUM consilio. — C'est bien là le mot propre, s'il en fut jamais, car l'impiété, la haine de Dieu, plus ou moins mal déguisée, se trouve au fond de tous les attentats commis ou médités, à toutes les époques, contre la souveraineté temporelle du successeur de Pierre et l'on a vu de tout temps aussi quels fruits de perdition pouvait produire une pareille racine.

Puisse un semblable anathème dessiller les yeux de ces

enthousiastes inconsidérés, qu'une soif insatiable de changements, qu'une ardeur irréfléchie pour toute sorte de nouveautés entraînent, à leur insu, sous les prétextes les plus spécieux, dans les rangs des ennemis réels de Dieu et de son Eglise ! Un pareil vœu n'est point superflu, de telles craintes ne sont point chimériques, hélas ! dans les circonstances actuelles, et ces lignes ne verront peut-être pas le jour, avant que des faits à jamais déplorables aient donné gain de cause complet à de funestes et trop faciles prévisions !

XXXIV.

Les Trasteverini. — *Saint-Ange* in Pescheria. — *Le portique d'Octavie. — Le théâtre de Marcellus. — Le* Ponte rotto *et quelques monuments du voisinage.*

Il est dans Rome une région qui me plaît, entre toutes, au point de vue de l'aspect général des lieux, des monuments sacrés qu'elle renferme et surtout des contrastes saisissants que l'on y remarque, à chaque pas, pour ainsi dire, entre les hommes qui l'habitent et les objets qui les environnent ; c'est le quartier qui s'étend sur la rive droite du Tibre, entre le *Ponte Sisto* et la *Porta Portese*, région qu'on nomme le *Trastevere*, dans la langue vulgaire des modernes Romains.

« Le *Trastevere!* (dit l'auteur d'un ouvrage spécial, publié il y a quelques années) ce nom, depuis un temps infini, ne cesse d'occuper les voyageurs. Les uns n'y voient qu'un quartier désert, pauvre et triste, une ville à part dans la ville ; d'autres se plaignent de la *sauvagerie* et de la *férocité* de ses habitants. Celui-ci croit remarquer en eux les mœurs et les coutumes des temps antiques, la fierté hautaine et dédaigneuse qu'on retrouve dans les Romains de la république ; celui-là assure qu'ils se vantent d'avoir du sang d'Enée dans leurs veines et qu'ils ne s'allient jamais aux habitants des autres quartiers, pour ne point compromettre la dignité de leur illustre origine. Enfin, tous s'accordent à les supposer paresseux et rongés par la misère. Tout cela a été écrit et imprimé plusieurs fois, et tout cela, mon Dieu ! n'est que contes de vieilles !

« Les *Trasteverini*, peuple ou bourgeois, ressemblent aux Romains des autres quartiers de la ville. Tous ont cette mine grave et sérieuse qu'on se plaît à prendre pour l'expression de la fierté et qui n'est autre chose que l'expression du type gréco-sabin, qui domine généralement à Rome et dans sa campagne. Si vous rencontrez des mines moins sérieuses, vous pouvez être sûr qu'il y a eu là mélange de race étrangère, ce qui est fort rare parmi le peuple. Parcourez le *Trastevere*, un jour de travail, ou un jour de fête, et vous remarquerez moins de misère dans ce quartier que dans n'importe quel autre ; tous les habitants sont bien couverts, la plupart très bien portants. Loin d'être un endroit désert, le *Trastevere* a ses principales rues fort peuplées, surtout d'ouvriers. Il y a toutes sortes de fabriques ; toute la population travaille à tisser des toiles, des cotonnades, des soieries, des draps ordinaires pour le peuple, ou à fabriquer des poteries. C'est dans ce quartier que sont la grande manufacture de tabac et ces immenses fabriques de bougies et de cierges, dont la consommation est si grande dans les 360 églises de Rome. Ajoutez à cela le mouvement de vie que lui donne le port de *Ripa grande*, et vous pourrez mieux juger le *Trastevere* que ne font ceux qui écrivent leurs impressions de voyage sans bouger de leur chambre (1). »

On ne saurait, en vérité, mettre un plus grand sens au service d'une meilleure cause; mais il faut que l'auteur en prenne bien son parti. Les écrivains qui étudient les mœurs de Rome au *Caffè nuovo*, ou à la *Trattoria del lepre;* ceux même (ceux-là surtout) qui parcourent l'Italie...... dans les feuilletons du *Moniteur* (2), du *Journal des Débats*, ou de tout autre papier public, feront toujours autorité sur la matière, comme le théâtre Hugo, le théâtre Dumas, par exemple, en fait d'histoire, et il demeure bien établi pour la clientèle des journaux et des cabinets de lecture que le *Trastevere* de Rome, par exemple, nonobstant toute réclamation contraire, est un vaste réceptacle de fainéants, de gueux, de malfaiteurs en tout genre; une population fanatisée par les moines et toujours prête à jouer du stylet, au profit de ses haines personnelles ou des passions du premier venu, moyennant salaire compétent.

Ainsi donc, passons condamnation sur cet article et

(1) Robello. — *Curiosités de Rome*, page 275.

(2) Voir entre autres les contes transtéverins de M. About, dans l'*Italie contemporaine*, publication supprimée d'après les réclamations du gouvernement pontifical, et qui n'est pourtant pas le plus *mauvais* ouvrage de l'auteur, à beaucoup près.

donnons gain de cause définitif aux grands *réformateurs*, de cabinets de lecture, de cercles et de cafés. Néanmoins, comme tous ces voleurs et ces brigands du *Trastevere* ne m'épouvantent pas beaucoup, allons une fois encore les affronter dans leur repaire, et étudier audacieusement les lieux qui sont le théâtre permanent de leurs crimes et de leurs atrocités.

Cependant, avant de passer le Tibre, promenons un instant mes regards sur plusieurs monuments, curieux à divers titres, qui s'échelonnent entre le Capitole et le *Ponte Rotto*. Voici d'abord, à quelques pas de Sainte-Marie *in Campitelli*, le portique célèbre construit par Auguste, en l'honneur d'Octavie, sa sœur, mère du jeune Marcellus et le seul édifice, peut-être, de la Rome ancienne, dont on puisse aujourd'hui se former une juste idée, grâce aux fragments du fameux plan de Rome, trouvés jadis dans le temple de Romulus et qui sont incrustés actuellement dans les murs de l'escalier du Capitole. Ce portique (dit Nibby), s'il faut en croire les récits de Pline et de Pausanias, renfermait des monuments inappréciables de l'art grec et on le croit sans peine, quand on sait, par exemple, que le fameux *Cupidon*, de Praxitèle, périt là, dans un incendie qui éclata sous le règne de Titus, et que c'est là pareillement que fut trouvée, au 17e siècle, la célèbre statue, admirée de l'univers entier, à la *Tribune* de Florence, sous le nom de *la Vénus de Médicis !*

On ne soupçonnerait certes guère aujourd'hui toutes ces magnificences et on serait tenté tout au contraire de suspecter la véracité des graves historiens qui nous ont conservé ces détails, en voyant les quatre colonnes, les trois pilastres et la corniche délabrée qui les surmonte, restés seuls debout jusqu'à ce jour, et à travers lesquels apparaît, au fond de l'étroite et sale place du marché au poisson, l'antique et vénérable église diaconale de Saint-Ange *in Pescheria.*

Bâtie par le pape Boniface II, en mémoire de la célèbre apparition de saint Michel, dont je parlais au précédent chapitre, cette église remonte à l'an 439, et elle se glorifie de posséder diverses reliques des plus vénérables, entre autres les corps de sainte Symphorose et de ses sept fils (1), ainsi que l'atteste une antique et curieuse inscription, qui se lit encore dans un des coins de la basilique. Au moment où je pénètre dans le sanctuaire, je m'aperçois avec surprise qu'il a revêtu ses plus splendides ornements de fêtes; la nef est illuminée d'une manière brillante, et un auditoire féminin choisi, sinon bien nombreux, écoute avec un religieux recueillement les paroles d'édification et de salut qui tombent des lèvres d'un évêque à cheveux blancs, assis devant le maître-autel, comme jadis les Sylvestre et les Grégoire, lorsqu'ils adressaient leurs sublimes homélies, au peuple chrétien; le chant des litanies précède la bénédiction, que suit un *Te Deum,* exécuté avec une précipitation regrettable (s'il faut le dire) et l'auditoire qui s'écoule, quelques instants après, me laisse tout-à-fait libre d'explorer les trois nefs, sans avoir à craindre de troubler le recueillement des assistants.

(1) Martyrisés à Tivoli, l'an 138.

Je m'approche alors du *custode*, qui commençait à éteindre les innombrables cierges, et je lui demande quelle fête, inconnue du *Diario Romano*, peut motiver aujourd'hui une pareille solennité, dans la diaconie de Saint-Ange *in Pescheria*. Sa réponse me crée un embarras de plus, car il m'apprend que c'est la fête de saint Vincent de Paul, célébrée par une société de dames charitables, et que l'orateur que je viens d'entendre est *il già vescovo*, comme il dit (autrement l'ancien évêque) de Terni. Or, comme la fête de l'immortel fondateur des Filles de la Charité est solennisée en tous lieux, le 19 juillet de chaque année, et comme c'est aujourd'hui le 9 mai, seulement, je ne saurais trop m'expliquer cette anticipation notable, sur laquelle le *signor custode*, lui-même, suivant les immuables statuts de sa confrérie, ne peut du reste, cela va sans dire, me donner aucune espèce de renseignement.

En attendant la solution d'un doute que j'emporterai plus que probablement dans la tombe, poursuivons ma route vers les régions transtevérines; mais arrêtons-nous d'abord devant cette vaste construction circulaire, que je trouve, après quelques pas faits dans la *via della catena di Pescaria*, et dont l'étrange aspect, mélange incohérent de grandeur antique et de mesquinerie, disons le mot : de lésine, de saleté moderne, lui imprime une physionomie tout-à-fait insolite au milieu des monuments de la grande cité.

C'est le célèbre théâtre, commencé, dit-on, par César et terminé par Octave-Auguste, qui le dédia sous le nom de Marcellus, fils de sa sœur Octavie. Le style de cet édifice, qui pouvait contenir jusquà 30,000 spectateurs, était si parfait, dit Nibby, que les architectes modernes l'ont adopté spécialement pour étudier l'emploi des ordres ionique et dorique, comme aussi pour déterminer les proportions à donner à chacun de ces deux ordres, lorsqu'ils doivent être superposés. L'extérieur, à ce que l'on croit, était décoré des trois ordres d'architecture réunis; mais il ne reste aucun vestige de la partie supérieure, et les deux ordres inférieurs n'ont laissé de trace que dans la partie qui regarde la place *Montanara*, sur laquelle je me trouve en ce moment.

Singulière destinée que celle de ce colossal édifice! Pendant le moyen âge il est transformé en forteresse par les Pierleoni, lors de leurs rivalités avec les Frangipani, à l'époque des grandes luttes entre le sacerdoce et l'empire; puis les Savelli s'en emparent et font construire sur l'un de ses côtés intérieurs, le grand palais qui est actuellement encore la résidence habituelle de la noble famille Orsini; quant aux arcades du rez-de-chaussée, elles seront converties plus tard en d'ignobles boutiques, en des ateliers de cloutiers et de forgerons, toujours existants en la présente année 1857, et dont l'aspect dépasse vraiment, en crasse et en misère, tout ce que l'imagination saurait concevoir ou rêver de plus hideux.

Puis, afin que rien ne manque décidément à la *dépoétisation* de ces lieux, la place qui s'étend devant la partie la mieux conservée du théâtre de Marcellus deviendra, le dimanche surtout, un centre de réunion pour les *montanari*, ou cultivateurs des environs de Rome, auxquels elle devra son appellation moderne, et dont j'ai mille maux de pénétrer la masse compacte, pour continuer ma route vers les régions qui sont le but extrême de mes pérégrinations de ce jour.

Mais il me reste encore plus d'un monument à visiter, avant d'arriver au *Ponte Rotto*, qui doit me livrer passage au cœur même du *Trastevere*. Voici tout d'abord un édifice, curieux, à plus d'un titre, quoique l'un des moins connus par les touristes, sans contredit : c'est l'antique église cardinalice et stationnale de Saint-Nicolas *in carcere*, dont l'origine remonte au 9e siècle, et qui doit son nom (dit l'auteur de *Rome chrétienne*) soit à une ancienne prison pour dettes, dont elle occuperait aujourd'hui l'emplacement, soit au voisinage de la célèbre prison des décemvirs, transformée par la république en un temple de *la Pitié*.

Tout le monde connait le récit de Pline, à ce sujet : « Une pauvre jeune femme du peuple avait obtenu l'autorisation de visiter sa mère, condamnée à mourir de faim dans cette prison. Le geôlier veillait avec grand soin à ce qu'elle n'apportât aucune nourriture ; mais un jour il la surprit, nourrissant sa mère de son lait, et cette merveille fut cause qu'on accorda le salut de la mère à la piété de la fille. La nourriture leur fut, de plus, assurée à toutes les deux pour le reste de leur vie et un temple fut consacré à la *Piété*, sur l'emplacement même de la prison, au lieu qu'occupe aujourd'hui le théâtre de Marcellus (1). »

(1) *Rome chrétienne*, I, page 163.

« Le nom de saint Nicolas, le patron, *le libérateur des prisonniers,* ainsi que l'appelle saint Jean Damascène, ne se lierait il pas admirablement à ce souvenir ? » ajoute le savant auteur, que sa mémoire semblerait avoir trahi quelque peu, dans le récit de cette pieuse anecdote, car chacun a cru jusqu'ici que la fille avait nourri son vieux père ; telle est, du moins, la tradition que la peinture a propagée, dans l'exécution de ce sujet, si souvent traité, de *la Charité romaine*, que l'on rencontre à peu près, je crois, dans toutes les collections de tableaux.

Quoi qu'il en soit, il paraîtrait certain que l'église de *Saint-Nicolas* n'est point édifiée, comme on l'a cru, sur les ruines du temple de *la Piété*, lequel a fait place au théâtre de Marcellus, mais bien sur celles de trois temples contigus entre eux, dont quelques vestiges sont encore visibles dans son intérieur : le temple de l'*Espérance*, construit par Calatinus, l'an 500 de Rome, à l'occasion de la guerre qu'il faisait alors aux Carthaginois ; celui de la *Piété* (ou *Pitié*) par Manilius Acilius Glabrio, l'an 559, pour sa victoire des Thermopyles sur Antiochus, et celui que Cneus Cornelius Cethegus (1) éleva ensuite à *Junon Matuta*, par suite d'un vœu qu'il avait fait, pour obtenir

(1) Et non pas *Cetego*, comme dit l'auteur des *Curiosités de Rome*, qui dépare trop souvent son excellent ouvrage par des disparates de ce genre, en donnant, sans la moindre utilité, la désinence italienne à des noms qui peuvent parfaitement se dire et s'écrire en français ; par exemple, saint *Lino*, saint *Anacleto*, saint *Sisto*, sainte *Paola*, sainte *Prisca*, etc., etc., au lieu de saint Lin, saint Anaclet, saint Sixte, sainte Paule, sainte Prisque, etc.

la victoire dans un combat qu'il allait livrer aux Cénomanes et aux Insubriens.

Au moment où je cherche à pénétrer dans son enceinte, Saint-Nicolas *in carcere* reçoit des réparations importantes, et va subir à l'intérieur une complète rénovation. Puisse le balai des barbouilleurs ne pas déshonorer là, comme dans tant d'autres sanctuaires, l'ouvrage des siècles écoulés, et ne pas créer des contrastes par trop fâcheux entre les mesquines productions de l'art moderne et les travaux merveilleux de la vénérable antiquité !

N'oublions pas ici un singulier rapprochement que me fournit l'histoire de ces lieux : c'est que le temple de la *Pitié* (ou *Piété*) se trouvait dans le voisinage de la fameuse *colonne lactaire*, au pied de laquelle on exposait, pour les faire allaiter, aux dépens du public, les enfants nés d'unions illégitimes. Singulière perturbation du sens moral, étrange confusion d'idées et de sentiments, créée par le paganisme chez un peuple qui, dans le même temps et sur les mêmes lieux où il honore la piété filiale, encourage et sanctionne publiquement la violation du précepte le plus impérieux, de la loi la plus fondamentale et la plus sacrée du cœur humain !

Continuons cependant mes investigations à travers les sanctuaires que l'on rencontre à chaque pas, dans ces quartiers. — Voici d'abord l'église de *Sainte-Galle*, qui s'appelait primitivement Sainte-Marie *in Porticu*, à cause du voisinage des portiques du *Forum olitorium*, ou marché aux légumes, et prit plus tard le nom de sainte Galle, fille du consul Symmaque, lorsqu'on eut transporté dans l'église de Sainte-Marie *in Campitelli* l'image miraculeuse de la Vierge, qui avait été donnée par les anges à sa pieuse fondatrice, au témoignage de saint Grégoire-le-Grand. Galla, sœur de Rusticienne, deuxième épouse de Boëce, recevait tous les jours, dit-on, douze pauvres à sa table et consacra tous ses biens à la fondation d'une église et d'un hôpital, construit par elle, dans sa maison même, puis considérablement augmenté et doté, dans ces derniers temps, par l'illustre et pieuse famille Odescalchi.

Voici, dans la rue *della Consolazione*, la petite église dédiée à saint Homebon, le patron des tailleurs, et autrefois connue sous le nom de Saint-Sauveur *in Porticu;* puis l'église de Sainte-Marie *della Consolazione*, bâtie, vers le milieu du 15e siècle, par le peuple romain, en reconnaissance d'une foule de grâces obtenues, dit Nibby, d'une pieuse image de Marie, qui était peinte sur un mur, au-dessous du Capitole, et que l'on vénère (sans la voir, suivant l'usage) au-dessus du maître-autel de *la Consolazione*. La façade, que Martin Longhi avait laissée inachevée, fut terminée, en 1827 seulement, par notre compatriote Valadier, au moyen d'un legs pieux institué par le cardinal Consalvi.

Il y a, dans les chapelles de droite et de gauche, quelques bons tableaux, de différents maîtres, et même un bas-relief de Raphaël de Montelupo, l'élève favori de Michel-Ange. Mais je trouve, en sortant de l'église, quelque chose qui m'intéresse beaucoup plus, à un autre point de vue : ce sont les hôpitaux de Sainte Marie *des Grâces* et de Sainte-Marie *in Porticu*, destinés à recevoir les blessés et malades par suite de fractures, luxations et autres causes accidentelles, qui sont plus particulièrement du ressort de la chirurgie : le premier est destiné aux hommes, le second reçoit les femmes seulement.

Voici encore deux églises, dont l'une intéresse plus particulièrement la curiosité et la foi d'un pèlerin français : celle de *Saint-Eloi* (1), primitivement dédiée aux saints Jacques et Martin, et cédée, en 1550, à la corporation (ou, comme dit Nibby, à *l'université*) des forgerons, à laquelle sont venus s'agréger, postérieurement, divers métiers du même genre, tels que cloutiers, chaudronniers, etc. Il y a là quelques bons tableaux, entre autres celui du maître-autel, dans lequel Sermoneta a représenté la sainte Vierge, avec saint Eloi, saint Jacques et saint Martin. Mais *San-Eligio* possède quelque chose de plus précieux dans le chef du saint archevêque, lui-même, insigne relique, à laquelle il faut ajouter une caisse ornée d'émaux du 13e siècle, dans laquelle fut apportée, dit-on, de Palestine à Rome, la *Sainte-Face* de Notre-Seigneur, conservée à l'église de Saint-Sylvestre *in capite*.

L'autre église a reçu le titre de *San Giovanni decollato* et la tête du saint Précurseur, sculptée en relief, au-dessus de la porte d'entrée, ne permet aucune méprise sur le vocable de ce pieux édifice. Consacré primitivement sous le titre de Sainte-Marie *de la Fosse*, il fut cédé par Innocent VIII, en 1487, à la confrérie florentine *de la Miséri-*

(1) Il y a à Rome une autre église de *Saint-Eloi*, dite *degli orefici* (des orfèvres) près de la *via Giulia*.

corde, qui le reconstruisit entièrement à ses frais. Cette pieuse et charitable association, dont tous les membres doivent être Florentins, ou du moins Toscans d'origine, a pour but d'assister spirituellement les condamnés à mort et de les disposer à franchir, dans la paix du Seigneur, le redoutable passage du temps à l'éternité.

« Le jour qui précède l'exécution (dit un docte et courageux écrivain de nos jours), on affiche des avis, dans toute la ville, pour inviter les citoyens à prier Dieu pour le condamné. Quatre frères sont chargés de l'encourager et l'assistent, depuis le moment où on lui lit sa sentence, jusqu'au dernier soupir. Quand sonne l'heure fatale, toute la compagnie va à la prison, précédée du crucifix ; le coupable sort et monte sur le char lugubre ; le prêtre et les consolateurs y montent avec lui et l'embrassent affectueusement.

« Arrivés au lieu du supplice, le patient descend dans une chambre tendue de noir, appelée *conforteria* (chambre de consolation), et reçoit l'absolution du prêtre ; puis il monte sur l'échafaud, toujours soutenu par ses consolateurs. Ceux-ci lui font prononcer les saints noms de Jésus et de Marie, le fer tombe et la justice s'accomplit. Tous les confrères prennent le cadavre, le déposent dans le cercueil, le portent à leur église, récitent quelques prières et lui donnent une sépulture décente. Ils couronnent cette œuvre de charité par un acte d'humilité et s'avouent eux-mêmes coupables, en récitant le *Confiteor* (1). »

(1) *Rome et Londres*, par l'abbé Margotti, page 450.

Les spectacles de ce genre sont peu communs à Rome, je crois, malgré la *férocité* des Transtevérins et malgré les *rigueurs* du gouvernement pontifical. Pas une seule fois, du moins, pendant l'un et l'autre de mes deux voyages, mes paisibles excursions n'ont été troublées par la vue, pas même par l'annonce préalable de quelqu'un de ces actes de suprême rigueur de la justice humaine. C'est là un genre d'émotions qui manque essentiellement à mes souvenirs, mais que l'amour du *pittoresque* et de la *couleur locale* ne me fera regretter bien certainement jamais.

Lorsque j'ai parlé dernièrement de ma visite à *Sainte-Marie-Egyptienne* (l'ancien *Temple de la Fortune virile*), je n'ai rien dit d'une construction assez singulière, qui se trouve dans son voisinage, doublement singulière, même, d'abord par l'amalgame qu'elle présente de fragments appartenant à toutes les époques de l'art, puis par cette circonstance que le vulgaire illettré veut y voir, on ne sait pourquoi, la maison de Ponce-Pilate, tandis que les savants y voient, de leur côté, qui, celle de Nicolas Crescentius, personnage illustre au 10e siècle, qui, celle de *Colà* (ou Nicolas) di Rienzo, le célèbre tribun de Rome, au 14e, tombé victime de la populace, après avoir été quelque temps son chef et son idole.

Non nostrum inter *eos* tantas componere lites!

Du reste, ceci m'importe peu, je l'avoue ; ce qui m'importe beaucoup plus, en revanche, ainsi qu'aux vrais amis de Rome, c'est que notre époque ne voie pas se renouveler de semblables souvenirs. Un vœu de ce genre, n'est certes point superflu, dans les circonstances présentes et surtout dans l'état actuel des esprits !

Me voici, maintenant, sur le bord du Tibre, en face d'un monument qui a perdu le droit de conserver le nom qu'il portait depuis 250 années, sans interruption, et sous lequel on le désignera néanmoins longtemps encore, bien que ce nom pittoresque ne puisse plus lui convenir dorénavant. Je veux parler du célèbre pont *Palatin*, le premier, dit-on, qui ait été construit en pierre par les Romains, et le seul, avec le pont Sublicius, qui ait existé à Rome, pendant les six premiers siècles de son histoire.

Commencé (dit Nibby) par le censeur Marcus Fulvius Nobilior et terminé par les censeurs Publius Scipion l'Africain et Lucius Mummius, il reçut le nom de Palatin, à cause de son voisinage de la montagne de ce nom. Reconstruit par l'empereur Probus, vers l'an 280 de l'ère chrétienne, il est de nouveau renversé par l'inondation survenue en 1230, sous le pontificat de Grégoire IX, qui le relève de ses ruines. Jules III le renouvelle, en 1552 ; mais, cinq ans après, les eaux du Tibre le détruisent encore, en grande partie, et les réparations faites par Grégoire XIII sont minées encore par l'inondation de 1598, la plus désastreuse dont Rome ait conservé le souvenir. Cet événement avait lieu, le 24 décembre, quelques instants seulement après le passage du célèbre cardinal Pierre Aldobrandini, neveu de Clément VIII, qui allait porter des secours aux habitants séquestrés par les eaux.

Ces dévastations successives semblent avoir découragé

tout-à-fait les souverains pontifes, car, à dater de cette catastrophe, le pont Palatin n'a jamais reçu aucune réparation et il a conservé, jusqu'à ces dernières années, le nom populaire de *Ponte rotto* (pont brisé) qui semblait, en effet, lui convenir seul et qu'il justifiait encore en 1848, lors de mon premier passage en ces lieux. Il était réservé à Pie IX de reprendre et de conduire à une fin désormais durable, ces travaux tant de fois renouvelés et tant de fois anéantis. Aujourd'hui, un pont suspendu, terminé en 1853, je crois, réunit de ce côté les deux rives du Tibre, et moyennant la modique rétribution d'un *bajocco*, le pèlerin, qui se dirige du Capitole ou du Forum vers le *Trastevere*, peut abréger notablement sa course, en évitant de remonter jusqu'au pont *Quattro capi*.

Il est trop tard pour m'engager aujourd'hui dans le grand *suburbium* romain. Cependant, avant de regagner le centre de la ville, traversons le *ponte Palatino* (car il a repris son nom primitif) pour aller jouir du merveilleux coup d'œil que présente en cet endroit l'une des rives du Tibre, et dont Nibby nous fait ainsi la description :

« En descendant sur la rive (droite) du Tibre, on jouit d'une magnifique perspective qui, en même temps qu'elle embrasse quelques monuments célèbres de l'antiquité, rappelle plusieurs faits classiques à nos souvenirs. De là, en effet, on découvre la partie de l'Aventin où se trouvait la grotte de Cacus ; les restes du pont Sublicius ; l'emplacement du camp de Porsenna, puis de Scévola (*prata Mutia*), la partie endiguée du fleuve et l'embouchure de la

Cloaca maxima, construite par les rois, en tuf et en travertin. On aperçoit aussi le pont Palatin, l'île d'Esculape, le pont Fabricius (ou *Quattro capi*), le pont de Gratien (*ponte ferrato*), le Janicule, et il semble vraiment avoir sous les yeux la scène des principales époques de l'histoire romaine, depuis les temps des rois jusqu'au déclin de l'empire d'Occident (1). »

Je reviendrai bientôt, dans ces solitaires et poétiques régions, reprendre mes explorations un moment interrompues.

(1) *Itinerario di Roma e delle sue vicinanze*, p. 484.

XXXV.

Saint-Bonaventure *sur le Palatin.* — *Le palais Farnèse.* — San-Girolamo della carità. — Santa-Maria in Monserrato. — *Le collége anglais.*

Me voici, dès le grand matin, sur un terrain bien éloigné de celui qui fut le théâtre de mes excursions de la veille ; mais, comme il s'agit, cette fois, de combler des lacunes importantes dans mes observations primitives, à chaque instant un souvenir fortuit, une illumination soudaine viennent appeler mes pas vers certaines régions, où j'ai quelque découverte à faire, plus souvent quelque oubli fâcheux, quelque omission plus ou moins volontaire et regrettable à réparer.

Saint-Bonaventure sur le Palatin ; voilà encore un de ces noms qui s'associent dans ma mémoire à de bien vifs regrets, à de bien pures, à de bien grandes jouissances, comme plus d'un nom du même genre, qui s'est déjà rencontré, qui doit se rencontrer encore sous ma plume, dans le cours de ces récits. Singulière et funeste chance, en vérité ! Combien de fois, jadis, en allant du *Forum* au Colisée, ou ailleurs, et en longeant la *Voie sacrée*, dans la même disposition d'esprit que certain poète, jadis habitué de ces parages, combien de fois n'avais-je pas promené un regard distrait sur les hauteurs du Palatin, sur les ruines tant anciennes que modernes, et les édifices clairsemés qui le couronnent d'une manière si pittoresque, sans soupçonner qu'il existait là, au centre même des souvenirs de l'antiquité profane, des objets dignes du plus haut intérêt aux yeux de l'artiste et du chrétien !

Mieux renseigné, cette fois, mieux préparé surtout, je veux ne rien négliger de ce qui se rattache, d'une manière quelconque, à mon programme, et aucune parcelle du don de Dieu ne pourra, bien certainement, plus m'échapper désormais.

Prenons aujourd'hui cette ruelle solitaire, qui descend de la montagne des Césars jusqu'au pied de l'arc de Titus, et allons examiner de près ce modeste édifice que j'aperçois, s'élevant au-dessus du parapet d'une petite terrasse, garnie, à chacune de ses extrémités, d'un magnifique palmier qui peut là, certains jours, se croire encore sous le splendide soleil de l'Orient. C'est l'antique et vénérable monastère des Frères mineurs de la stricte observance, des Franciscains de la réforme de saint Pierre d'Alcantara, dont la résidence a pris le nom du séraphique docteur qui en fut jadis le plus illustre et le plus précieux ornement. Je n'ai pas oublié le pieux orateur du vendredi-saint, au Colisée : je sais qu'il appartient à la famille de saint Bonaventure et je suis désireux de voir de près les lieux habités par l'homme apostolique dont j'ai conservé un si précieux souvenir.

Tout m'indique, dès les premiers pas, que je vais aborder le véritable asile de la prière et de la pénitence. Les stations d'un chemin de croix sont échelonnées sur les deux côtés de la route ; le plus profond silence règne dans ces régions solitaires ; je trouve la porte d'entrée tout ouverte, le vestibule désert, et je puis arriver jusqu'au jardin, sans avoir rencontré aucune créature vivante, si ce n'est un frère convers, occupé à recueillir quelques légumes pour le frugal repas de ses frères, et qui me rend silencieusement le salut que je lui adresse, en passant à côté de lui.

Patientons, il viendra quelqu'un, peut-être, avec qui je pourrai du moins échanger quelques paroles ; en attendant, avançons-nous sur le bord de la terrasse et jetons de là un coup d'œil sur l'immense horizon qui se développe devant moi. Quel magnifique spectacle et quels impérissables souvenirs vont désormais, pour moi, se rattacher à cette matinée du 11 mai 1857 ! Un admirable soleil de printemps, qui resplendit au sein d'un ciel sans limites, se voile, de temps à autre, par le passage rapide de quelque blanc nuage, dont l'ombre, projetée au loin sur certains objets, leur imprime une teinte mystérieuse, un aspect singulier et étrange, au plus haut degré. Le géant des amphithéâtres s'ouvre, béant, à mes pieds, et le silence de ces régions solitaires n'est troublé que par les tambours français, s'exerçant, en ce moment, dans les allées ombragées du massif de verdure qui s'étend du Colisée au couvent de Saint-Grégoire, et tandis que je suis de l'œil quelques rares passants (des pèlerins sans doute) se dirigeant lentement vers la voie Appienne, les deux dômes et le clocher byzantin de Sainte-Marie-Majeure encadrent, en face de moi, dans un lointain magique, les dernières lignes du plus poétique et du plus sublime tableau.

J'étais abîmé, depuis longtemps déjà, dans la muette contemplation de toutes ces merveilles, lorsque le son de la cloche, annonçant une messe prochaine, m'appelle à l'église, où des objets d'un autre genre vont à leur tour solliciter et satisfaire ma curiosité. Hâtons-nous de dire qu'il ne s'agit ici d'aucune œuvre d'art, car, à l'exception peut-être d'une chapelle dernièrement reconstruite, aux frais du prince Torlonia, le pieux sanctuaire ne présente pas à l'œil du visiteur un seul ornement qui s'éloigne de l'austère simplicité, de la pauvreté même prescrites par la règle de saint François.

Du haut d'une tribune, voisine du chœur des bons pères, je saisis sans peine l'ensemble des lieux, et j'aperçois l'autel sous lequel repose, dit-on, le corps, miraculeusement conservé, du saint missionnaire, avec l'instrument de son long martyre, la discipline encore teinte de son sang, puis à côté, en face de moi, une armoire dans laquelle on conserve un crucifix et une image de la sainte Vierge, qui l'accompagnaient toujours, dans ses lointaines missions.

Je ne puis, malheureusement, vénérer de près aujourd'hui ces précieux objets, qui ne sont exposés à la vue des fidèles, qu'une fois seulement chaque année, le 26 novembre, jour où l'Eglise célèbre la fête du saint apôtre; mais une abondante compensation va bientôt m'être offerte, dans la visite de la cellule qu'il habita, jusqu'au dernier jour de sa laborieuse carrière. Quel singulier *Musée* que cette sainte demeure, aujourd'hui transformée en un oratoire, aux murs duquel je vois suspendus une foule de pieux objets (sa ceinture de corde, son crucifix, etc.), qui rappellent les sanglants combats et les héroïques victoires du généreux athlète de Jésus-Christ!

Le bon frère qui me sert de *cicerone* à travers toutes ces *curiosités*, d'un genre peu recherché, je crois, par les touristes, me fait remarquer, surtout, avec une complaisance particulière, deux tableaux d'étroite dimension, dont l'un représente le bienheureux, dans le triste état où l'avait réduit une affreuse maladie de cinq années entières, et l'autre le montre tel qu'il se trouva, presque soudainement, après une guérison miraculeusement obtenue. Il est de fait qu'on ne saurait voir un constraste plus saisissant, et il faut vraiment toute la confiance que méritent les assertions du digne frère, pour admettre sans répugnance que ces deux effigies puissent se rapporter, surtout à des époques aussi rapprochées l'une de l'autre, à un seul et même original.

Deux heures après, en bouquinant, *sicut meus est mos*, chez quelqu'un des étalagistes, qui habitent les environs du Collége-Romain, je rencontrais, par une heureuse coïncidence, un volume in-8° portant ce titre : *Prediche quaresimali del B. Leonardo da Porto-Maurizio*, et je m'empressais de l'acquérir, comme un précieux souvenir de mon pèlerinage de ce jour au mont Palatin. Je trouve, en tête de ce livre, une notice qui va compléter les renseignements sommaires que je viens d'esquisser, il y a quelques instants.

« Le bienheureux Léonard naquit à Porto-Maurizio, ville de l'Etat de Gênes, le 20 décembre 1676, et il reçut au baptême le nom de Paul-Jérôme. Ses excellents parents, Dominique Casanuova et Anne-Marie Benza, donnèrent à leur fils une éducation propre à le rendre un jour un sujet d'édification pour le monde catholique. Recueilli à Rome, à l'âge de douze ans, par l'un de ses oncles et admis, deux ans après, au Collége-Romain, il eut pour maître le Père Tolomei, l'un des sujets les plus renommés de ce temps, et qui fut plus tard cardinal de la sainte Eglise. Là, il se montra tel qu'on le vit toujours : humble, modeste, studieux et diligent. A dix-sept ans, disant adieu à toutes les vanités du monde, il résolut d'embrasser un institut religieux, et malgré les nombreux obstacles qu'on lui suscita, il entra dans celui de Saint-Bonaventure, où il fut reçu, à l'âge de vingt-un ans, sous le nom de Frère Léonard de Port-Maurice.

» Réduit par une maladie obstinée au terme prochain d'une vie déjà si utilement employée dans les travaux apostoliques, il eut recours à la grande Mère de Dieu et la pria de lui obtenir de son fils la santé, à cette seule fin de pouvoir l'employer à son service, particulièrement dans les missions, comme il en avait formé déjà depuis longtemps le projet. Le résultat ne tarda pas à prouver combien cette prière était agréable à Dieu.

» Léonard, revenu à la santé contre toute espérance, se livra avec un tel zèle à l'accomplissement de son vœu que, à l'âge de cinquante-trois ans, il avait déjà donné cent trois missions, avec un immense profit spirituel pour les populations, dans la Toscane particulièrement. Son zèle ne se rallentit jamais, depuis ce temps, dans le ministère qu'il avait entrepris et auquel il consacra quarante-quatre années entières, jusqu'à ce que parvenu à la soixante-seizième année de son âge, après une très-courte maladie et comme surpris d'un paisible sommeil, il rendit son âme au Seigneur, le 26 novembre 1751. »

Ajoutons que le bienheureux Léonard, fervent propagateur de la dévotion du *Chemin de la Croix*, eut l'heureuse idée d'établir une de ces voies douloureuses dans l'amphithéâtre de Vespasien, sur le sol de l'arène, trempé du sang de tant de milliers de martyrs. « Une croix de bois, une tribune de bois et de modestes stations, rappelant chacune des souffrances de Jésus-Christ, ont suffi pour transformer le monument antique. Théâtre des boucheries du grand peuple, il était devenu un château fort, puis une carrière pour les maçons du voisinage (1), et le colosse s'en allait ainsi pièce à pièce, lorsque Benoit XIV, sur la demande de Léonard de Port-Maurice, en fit un lieu de prières et le monument fut sauvé. Chaque vendredi, vous y rencontrez maintenant une foule pieuse, méditant à la voix d'un pauvre moine, sur les grandes expiations que

(1) Plusieurs édifices de Rome ont été construits avec des matériaux également *tombés* du Colisée, mais tombés en les poussant un peu, je crois.

nécessitaient les crimes auxquels cette merveille de la vieille Rome fut consacrée (1). »

Malgré la distance des lieux et la différence des époques, surtout, les souvenirs du Colisée se lient, dans ma mémoire, à un monument d'un autre genre, dont je n'ai point encore parlé, jusqu'ici, quoique j'aie déjà visité presque tous les sanctuaires et les lieux remarquables du voisinage. C'est le palais Farnèse, commencé par San Gallo et terminé, sous le pontificat de Paul III, par Michel-Ange, dont la célèbre *corniche* est encore aujourd'hui l'admiration (le désespoir, peut-être) des plus grands maitres de l'art. Vignole et Jacques della Porta firent ensuite quelques additions à cette masse imposante, dont la vue rappelle, à certains égards, l'amphithéâtre Flavien ; en effet, si la main-d'œuvre y fut nécessairement coûteuse, en revanche, la matière première permit de réaliser de notables économies, puisque les travertins *tombés* du Colisée (comme dit Nibby) en firent, à peu près seuls, tous les frais.

Quel colosse, entre tous les colosses, que cette construction surhumaine, de laquelle sont sortis tant d'autres édifices et qui, dans ses restes monstrueux, renferme peut-être encore les matériaux d'une cité tout entière !

Le palais Farnèse lui-même, peut bien s'appeler aussi le colosse des palais et c'est un coup d'œil vraiment inimaginable que l'aspect monumental de cette noble masse, soit qu'on l'envisage de front, du milieu de la place que

(1) E. de la Gournerie, *Rome chrétienne*, II, pag. 364.

décorent ces deux fontaines, dont les vasques elliptiques, en granit d'Egypte, ornaient jadis les thermes de Caracalla, soit qu'en longeant celui des côtés qui borde, dans toute sa longueur, la ruelle *del Mascherone*, on voie surplomber, à une hauteur inouïe, ses trois étages de fenêtres, soit que, de la *via Giulia* voisine, on aperçoive cette corniche merveilleuse, qui est l'un des principaux titres de Michel-Ange à l'admiration de la postérité.

Le palais Farnèse, aujourd'hui la propriété des rois de Naples, qui l'ont presque entièrement dépouillé, dans l'intérêt de leur capitale, est veuf, désormais, des magnifiques objets d'art qui firent autrefois sa splendeur et sa gloire. C'est ainsi que j'ai pu voir jadis, au musée *degli Studii*, le fameux *Hercule*, de Glycon, la *Flore*, le groupe de Dircé (vulgairement connu sous le nom de *Taureau Farnèse*), et plusieurs autres objets précieux, provenant de la même source que les vasques dont je parlais plus haut. Il ne reste de tout cela que l'urne sépulcrale trouvée dans le tombeau de Cécilia Metella, sur la voie Appienne; encore le prudent Nibby n'ose-t-il s'aventurer à indiquer cette origine que sous une forme essentiellement dubitative.

Toutefois, le palais Farnèse possède un objet d'art qui lui attirera longtemps encore les hommages empressés des visiteurs de tous les pays : je veux dire la superbe galerie peinte à fresque, au premier étage, par Annibal Carrache, Augustin, son frère, le Dominiquin et quelques autres de ses élèves, qui consacrèrent, dit-on, neuf années entières à ce travail, pour une misérable somme de 500 écus

(3,000 francs, au plus) ! Malheureusement, la plupart des sujets traités dans cette galerie se sentent plus ou moins du voisinage de la *Farnesina ;* c'est dire assez que j'ai dû les *voir,* sans les *regarder* trop, et que le respect de moi-même, comme celui des lecteurs auxquels je m'adresse, ne saurait guère me permettre de les indiquer, encore moins de les analyser ici.

Mais voici, dans les environs du célèbre palais, bien des monuments qui m'intéressent à un tout autre titre. Et d'abord, la petite église dédiée à sainte Brigitte, et bâtie, au 16e siècle, à l'endroit même où la pieuse princesse avait jadis ouvert, à ses frais, un hospice pour les pèlerins suédois, qui visitaient la sainte cité. Cette église appartient présentement à la congrégation française de Sainte-Croix-lès-le-Mans (1), et, dans le couvent adjacent, on voit encore la chambre que la sainte habita longtemps, avec sa fille Catherine, ainsi qu'une table qui fut autrefois à leur usage.

Ces pieux objets ne sont visibles qu'au jour où l'Eglise célèbre la fête de la sainte veuve (23 juillet), et c'est à peine si je puis aujourd'hui jeter, en passant, un coup d'œil furtif sur l'intérieur de la modeste chapelle, car on y exécute, en ce moment, un travail complet de réparations intérieures, et les échafaudages des plâtriers en obstrueront probablement longtemps encore l'accès.

Voici, en revanche, un précieux sanctuaire où se

(1) Fondée en 1834, par l'abbé Moreau. Elle s'occupe de diriger des instituts agricoles.

trouvent réunis, avec les merveilles de l'art, les plus consolants et les plus précieux souvenirs de la foi. C'est la petite église de San-Girolamo *della Carità,* l'une des plus anciennes et des plus vénérables de Rome, puisqu'elle occupe la place même où se trouvait, au 4e siècle, la maison de sainte *Paola,* (comme dit Robello, autrement, pour le français : sainte *Paule*) matrone romaine, l'une de ces pieuses veuves, avec lesquelles saint Jérôme correspondait du fond de la grotte de Bethléem.

Rappelé à Rome, en 382, par le pape saint Damase, qui voulut faire de lui son secrétaire, Jérôme reçut l'hospitalité, pendant trois ans, chez sainte Paule, où il dirigea, dans les voies de la charité et de la perfection chrétiennes Marcelle, Aselle, Mélanie, Fabiola, Blésille, Eustochie et autres pieuses vierges ou matrones, jusqu'au moment où la calomnie, qui ne respecte ni les plus pures intentions, ni les démarches même les plus innocentes, vint le contraindre à retourner en Palestine, non sans avoir consigné l'expression de ses regrets et de ses douleurs, dans une lettre touchante qui est parvenue jusqu'à nous (1).

Mais les jours de paix et de gloire n'avaient pas fini sans retour pour cette antique demeure qui devait, dans les âges suivants, recevoir encore un nouveau lustre de la présence de quelques insignes serviteurs de Dieu. La maison attenante à l'église de *San-Girolamo* fut concédée par Clément VII à une congrégation de prêtres séculiers, et habitée, pendant 33 années consécutives, par saint

(1) Epist XLV, *ad Asellam.*

Philippe de Neri, qui devait y jeter, en **1558**, les premiers fondements de son institut. Chaque soir, dans une chambre qui existe encore et qui est ouverte au public, le 21 mai, jour de sa fête annuelle, Philippe donnait des conférences sur tous les points du dogme, et parmi les jeunes gens qui se portaient en foule à ces saintes réunions on remarquait surtout l'illustre Baronius, qui devait plus tard par son conseil entreprendre les *Annales ecclésiastiques*, destinées à réfuter les calomnies entassées contre le dogme catholique et l'Eglise romaine par les centuriateurs de Magdebourg.

Ces souvenirs ne seront peut-être pas du goût de tous mes lecteurs ; voici, du moins, quelque chose qui pourra satisfaire certains *délicats*. L'église de *San-Girolamo*, reconstruite en **1660**, se recommande à l'attention des voyageurs, par plusieurs œuvres d'art, que je ne saurais omettre ici. Mentionnons tout d'abord la chapelle *Spada* (la première à droite), singulière conception de Borromini, qui a voulu imiter là je ne sais trop quoi, à moins que ce ne soit une alcôve, une tente, ou toute autre chose de ce genre, soit par la forme qu'il a donnée à cette chapelle, soit surtout par la nuance et le dessin des marbres singulièrement choisis, dont il a lambrissé les murs ; il semblerait voir une immense tenture *d'indienne*, de l'espèce la plus commune et c'est une étrange idée, il faut en convenir, que de viser, par le dernier effort de l'art, comme par le choix des plus précieux matériaux, à produire au naturel des objets d'une espèce aussi vulgaire !

Il y a là, en outre, un tombeau et quelques belles sculptures de Ferrata, mais le chef-d'œuvre de ce petit sanctuaire, c'est, à mon avis, la balustrade qui s'étend sur le devant de la chapelle et qui est formée par deux anges, en marbre blanc, agenouillés en face l'un de l'autre, les ailes étendues et soutenant entre eux une draperie ondulée, en marbre jaune et rouge, pareil à celui qui lambrisse la chapelle même, son retable et son autel. Ce groupe, je pense, est l'original du sujet de même nature, que j'ai remarqué dans la petite église de Sainte-Marie *in posterula*, rue *del Orso*, dans le voisinage du pont Saint-Ange (1). Seulement, il n'est guère exact d'affirmer, comme le savant auteur des *Trois Rome*, que cette draperie (ou nappe) a l'air d'un tulle, ou d'une broderie à l'aiguille, tant elle est *finement découpée;* il serait beaucoup plus juste de dire que jamais marbre ne fut *chiffonné*, avec un art plus profond, plus insouciant, en apparence et ne donna mieux l'idée d'un linge, avec ses plis, replis, et ondulations diverses, aussi vraies que la plus prosaïque réalité.

Il y a là, de plus, une énigme assez ingénieuse et qui m'intrigue, bien gratuitement peut-être, pendant quelques instants. Désirant pénétrer dans la chapelle, je cherche de tous côtés une porte ou quelque chose de semblable, mais impossible de trouver un passage qui puisse m'y donner accès. Les murs latéraux n'offrent aucune ouverture, qui communique avec les chapelles voisines, et la balustrade, qui s'étend sur toute la largeur de la chapelle

(1) Voir tome I, page 94.

même, ne laisse aucun vide par lequel on puisse s'introduire dans le sanctuaire domestique de la noble famille Spada. Et pourtant il faut bien entrer par quelque endroit, car je ne suppose pas que le prêtre enjambe la balustrade, pour se diriger vers l'autel.

« Voilà bien, pensais-je en maugréant, une des idées saugrenues de cet écervelé de Borromini ! » — Enfin, Dieu aidant, et mes doctes conjectures, aussi, je finis par découvrir le mot de l'énigme. Les ailes des anges agenouillés sont figurées en bronze, mobiles par conséquent, et il suffit d'enlever l'une ou l'autre pour s'ouvrir, soit à droite, soit à gauche, un passage facile dans l'intérieur.

Avis aux futurs visiteurs de la chapelle *Spada*, pour lesquels je serais très-heureux d'avoir rempli, en cette circonstance, et d'une manière tout-à-fait gratuite surtout, les fonctions de *cicerone !*

Voilà déjà trois pages, pour un petit sanctuaire, généralement inconnu, je crois, des touristes, peu connu (je le crains du moins), des pèlerins eux-mêmes, et pourtant je n'ai pas tout dit encore, à propos de *San-Girolamo della Carità*. Citons encore, parmi les œuvres d'art qui l'embellissent, le tombeau érigé par Pierre de Cortone à cet Antonio Montauti, dont j'admirais, il y a quelques jours, la sublime *Pietà*, dans le caveau funéraire de la famille Corsini ; citons aussi la statue de *saint Philippe de Néri*, par Pierre Legros ; le *Saint Pierre recevant les clefs*, par Muziano, mais surtout, au-dessus du maître-autel la copie, faite par Camuccini, de la célèbre *Communion de saint*

Jérôme que le Dominiquin (1) peignit pour soixante écus (350 francs environ!) payés en monnaie de cuivre, et qui fut longtemps reléguée dans un grenier, par suite des persécutions que des rivaux envieux et tracassiers suscitèrent à son auteur.

Aujourd'hui ce chef-d'œuvre triomphe dans le musée du Vatican, parmi les trois ou quatre tableaux qui passent pour les chefs-d'œuvre hors ligne de toutes les écoles et de tous les temps; la mosaïque l'a reproduit dans l'une des nefs de *Saint-Pierre* et la moitié d'un million, peut-être, n'en paierait pas aujourd'hui la valeur universellement reconnue. Voilà, certes, une belle revanche du séjour au grenier! Mais le pauvre auteur mourut, comme tant d'autres, avant le jour de la justice, doutant de lui-même, jusqu'au dernier instant, malgré son génie, malgré le suffrage des maîtres, malgré le suffrage du public lui-même, et bien éloigné, sans aucun doute, de soupçonner quels inappréciables trésors il léguait à la postérité!

Mundi gloriam semper comitatur tristitia! C'est dans la vie des artistes, surtout, que se réalise chaque jour,

(1) Domenico Zampieri, vulgairement appelé le *Dominiquin* (autrement le petit Dominique, *Domenichino*) et non pas le *Dominicain* (*Domenicano*), comme une foule d'écrivains s'obstinent à le nommer. Il est en outre l'auteur de plusieurs tableaux du premier ordre, entre autres la *Sibylle* et la *Chasse de Diane*, du palais Borghèse; l'*Adam et Eve*, de la galerie Barberini; *la Flagellation de saint André*, à Saint-Grégoire-le-Grand, et les fresques de Sainte-Marie *in Trastevere*, de Saint-Charles *ai Catinari*, de Saint-Louis *des Français*, de Saint-André *della valle*, de *Santo-Onofrio*, de Sainte-Marie *des Anges*, de *Grotta-Ferrata*, du palais Farnèse, etc.

littéralement, cette douloureuse pensée, et la postérité, qui s'arrête avec stupéfaction devant leurs chefs-d'œuvre, ne soupçonne guère, hélas! de quel prix ils durent payer souvent cette gloire, objet des rêves inquiets et des aspirations enthousiastes d'un si grand nombre de débutants dans la brillante mais ingrate carrière des arts!

L'église, voisine, de Sainte-Marie *in Monserrato*, le principal sanctuaire national des Espagnols, à Rome, remonte à l'année 1495 et vint s'adjoindre à l'hôpital déjà fondé en 1350, dans le même lieu, par Jacqueline Fernandez et Marguerite de Majorque, pour les sujets originaires des royaumes de Valence, de Catalogne et d'Aragon. De même que beaucoup d'autres établissements analogues, l'hôpital a cessé d'exister, depuis longtemps déjà, mais l'église subsiste, et depuis la destruction de *Saint-Jacques*, sur la place Navone, elle a reçu d'importantes réparations et s'est enrichie de divers objets d'art, plus ou moins précieux, qui embellissaient autrefoisce dernier sanctuaire.

Mentionnons, dans ce nombre, le saint *Diégo* (comme dit Robello) ou le saint *Jacques*, d'Annibal Carrache; une *Conception*, dont l'auteur est demeuré inconnu; le *Crucifix, avec la sainte Vierge et saint Jean*, par Sermoneta; les deux *cantorie* (tribunes) des côtés, soutenues par des colonnes et des pilastres, en marbre de l'île d'Elbe, et construites sur les dessins de Lavina; enfin, parmi les œuvres de sculpture, le *Saint Jacques*, de Sansovino, et, dans la sacristie, les deux belles têtes, de Bernini, représentant l'*Ame bienheureuse* et l'*Ame réprouvée*.

N'oublions pas deux monuments, d'un autre genre, dont la vue contraste singulièrement avec les impressions précédentes, je veux dire les tombeaux de Calixte III et d'Alexandre VI, son neveu, inhumés primitivement à Saint-Pierre et que Paul V fit transporter à Sainte-Marie *in Monserrato*, où ils reposent sans honneur derrière le maître-autel. Triste souvenir de plus pour une famille qui rappelle vraiment celle des Atrides, sous certains rapports ! Mais combien elle allait être réhabilitée, relevée, grandie, au siècle suivant, par la mâle piété, par les vertus héroïques de cet immortel duc de Gandie, que l'Eglise universelle vénère, depuis deux siècles bientôt, sous le nom de François de Borgia !

Un mot encore, avant de terminer, sur deux monuments qui se trouvent aussi dans ces régions : l'un est l'église de Sainte-Catherine *della rota*, dans laquelle je remarque le *Repos en Egypte*, de Muziano, et la *Sainte Valérie*, copie du merveilleux tableau de Spadarino, que l'on admirait jadis dans la basilique Vaticane ; l'autre est le collége de Saint-Thomas, fondé, en 1579, par Grégoire XIII, en faveur des jeunes catholiques anglais, sur l'emplacement d'un hôpital, établi quelques siècles plus tôt par le roi Saxon Ina, pour les sujets pauvres de la Grande-Bretagne, que le jubilé attirait alors en foule dans la sainte cité. A la fin de leurs études, ces jeunes gens étaient promus aux ordres sacrés et retournaient dans leur patrie prêcher la foi véritable. Afin d'enflammer leur zèle et leur pieux courage, on orna dans la suite une des salles de ce collége des portraits de tous les martyrs qui avaient succombé en Angleterre victimes de la persécution (1).

Combien d'autres semblables institutions dans Rome, où tous les besoins de l'âme trouvent leur satisfaction, comme toutes les souffrances du corps y rencontrent leur soulagement ! Chacune de ces choses mériterait une étude profonde, une observation suivie pendant de longues années, peut-être, et combien de privations, par conséquent, pour un obscur pèlerin qui ne peut voir, qu'en passant rapidement, toutes ces choses, trop heureux, lorsque, après quelques années, il peut en retrouver la trace encore sensible et vivace, dans ses impressions et ses souvenirs !

(1) *Rome chrétienne*, II, p. 208. Voir aussi les *Souvenirs sur les quatre derniers papes*, par le cardinal Wiseman, p. 267.

XXXVI.

Saint-Isidore *et quelques églises du voisinage.* — *La* villa *Ludovisi.* — *Sainte-Marie* in Traspontina. — *Le* Campo santo. — *Une fête nocturne au Colisée.*

Plus d'un lecteur me reprochera sans doute, à propos de cette deuxième partie (comme au sujet de la première, peut-être), de m'occuper un peu trop des églises, des reliques, des miracles, des souvenirs des saints, et pas assez, en revanche, des objets de la science ou de l'art. L'objection n'est pas sans fondements, je l'avoue, mais voici ma réponse, en deux mots. C'est Rome chrétienne, surtout, qui me préoccupe dans ce nouveau voyage: tout ce qui se rattache directement à cet objet m'intéresse donc par-dessus toutes choses, et de même qu'il s'est gravé plus profondément dans mes souvenirs, réclame aussi par conséquent la première place dans mes récits. En outre, c'est pour les chrétiens, principalement, que j'écris, n'ayant aucunement la prétention ni le désir de plaire *aux autres*, pas plus que je n'ai l'espoir de leur faire partager mes convictions et le bonheur qu'elles me procurent. Par conséquent, qui aime Dieu me suive, et cette déclaration bien et dûment faite, poursuivons résolument ma course à travers les monuments et les souvenirs religieux de la grande cité.

Les indications du *Diario Romano* m'appellent tout d'abord, aujourd'hui (15 mai) aux environs de la place *Barberini*, dans la petite église de Saint-Isidore, l'une de celles que la nation irlandaise possède à Rome (1), et consacrée au pieux laboureur que la capitale de l'Espagne vénère comme son patron. « Sublime prédication d'égalité religieuse! (peut-on s'écrier ici avec un pieux auteur) quelle action ne devait pas avoir, de tout temps, sur la société, une religion qui accorde à la vertu modeste ce que les hommes n'accordent presque jamais qu'à l'éclat et au pouvoir, et qui rendait à saint Servule, le mendiant paralytique, et à saint Isidore, le cultivateur, les mêmes honneurs qu'aux deux sublimes docteurs, saint Grégoire et saint Augustin (2) ! »

Construite, vers l'an 1620, ainsi que le couvent adjacent, qui est occupé par les Franciscains irlandais, l'église de *San-Isidoro*, grâce à de récentes réparations, offre un aspect poétique et riant, auquel concourent encore les apprêts extraordinaires de la fête du jour. La *Conception*, de Carle Maratte et le magnifique tableau du

(1) Les autres sont celles de Sainte-Agathe, *alla Suburra*, de Sainte-Marie *in posterula* et de *Saint-Clément* près du Colisée.

(2) *Rome chrétienne*, I, 163.

maître-autel, où Sacchi a représenté le saint laboureur, aidé par un ange dans son travail, plus quelques inscriptions tumulaires, anciennes et modernes, pourraient, à eux seuls, mériter déjà les honneurs d'une visite à ce gracieux petit sanctuaire.

Voici, à quelques pas de distance, une autre église, dont je chercherais inutilement le nom dans aucun *Guide*, comme dans la mémoire d'un *cicerone* ou d'un *custode* quelconque, mais qui m'attire singulièrement par le vocable qui la décore, comme par les souvenirs qui se rattachent à un pareil nom : c'est la petite église qui consacre la mémoire à jamais glorieuse du célèbre évêque de Césarée, du grand docteur de l'Eglise grecque, de l'illustre instituteur de la vie monastique en Orient. J'ai encore présents, comme au premier jour, mes précieux souvenirs de *Grotta Ferrata* (1), et je puis espérer trouver, à plus forte raison, dans Rome elle-même quelques monuments qui se rattachent à la mémoire de l'un des quatre insignes patriarches de l'Eglise d'Orient. Vain espoir ! j'ai mille peines de découvrir l'imperceptible établissement, et la modeste église, ou chapelle, des Basiliens, qui est présentement en pleine réparation, ne m'offre qu'un chaos de plâtras, à travers lesquels il serait difficile de démêler autre chose que la forme générale des lieux. Mais, patience, avant peu de jours, une ample revanche va m'être offerte, et le grand nom de saint Basile se rattachera d'une manière impé-

(1) Voir Rome. — *Impressions et souvenirs*, II, page 208.

rissable aux souvenirs de ce voyage par les impressions les plus agréables et les plus précieuses à la fois.

En attendant, voici déjà une compensation qui m'est offerte, dans l'église voisine, dédiée à saint Nicolas de Tolentino, ce pieux et fervent apôtre, qui fut l'une des gloires des ermites de Saint-Augustin. S'il faut s'en tenir au jugement de Robello, cette église n'offrirait d'intéressant qu'une assez belle façade en travertin. Mais il y a là encore quelque autre chose à voir, ce me semble, et je ne craindrais pas de citer, par exemple : les saintes *Gertrude* et *Lucrèce*, du Guerchin ; le *Saint Jean-Baptiste*, de Baciccio ; le maître-autel dessiné par Algardi, à qui l'on doit, en outre, les modèles des statues du Père éternel, de la sainte Vierge et de saint Nicolas, exécutées par deux de ses élèves, Guidi et Ferrata ; enfin la chapelle Gavotti, avec ses marbres et sa coupole, dont les peintures, commencées par Pierre de Cortone, furent terminées, après sa mort, par Ciro Ferri.

Citons encore le bas-relief de l'autel, puis, au point de vue, tout au moins, du prix de la matière, les quatre colonnes qui soutiennent l'orgue, et convenons qu'une église où l'on rencontre de semblables choses vaut encore la peine d'être comptée parmi les monuments qui sollicitent l'intérêt de l'artiste et du pèlerin.

Montons toujours, et je vais trouver sur ma route deux objets d'un genre qui ne déplaira point trop, je pense, à ces *délicats*, dont je parlais naguère. D'abord la *villa*, ou plutôt les jardins *Massimi*, que leurs propriétaires ont jugé à propos d'étiqueter en latin : HORTI MAXIMORUM, dans la crainte, sans doute, du jeu de mots auquel aurait pu prêter l'usage de la langue des Romains modernes (1). Cette *villa* est construite sur l'emplacement d'une partie des somptueux jardins que l'historien Salluste s'était procurés, à son retour d'Afrique, avec le fruit de ses spoliations en Numidie, et qui s'étendaient du Quirinal au Pincius, sur une partie du Pincius lui-même. Devenus, après sa mort, le partage de Caius Crispus (2), son neveu, ami d'Auguste et de Tibère, ils entrèrent plus tard dans le domaine impérial, et furent même quelquefois habités par les maîtres du monde, jusqu'à l'an 409, où Alaric, entrant dans Rome par la porte *Salaria*, livra à la dévastation et à l'incendie ces jardins, avec les édifices qui les décoraient.

Plusieurs siècles après, on fouilla au milieu de ces décombres, et on en retira une foule d'objets d'art qui servirent à orner les diverses galeries établies successivement à Rome. C'est dans le cirque de Salluste, par exemple, que fut trouvé l'obélisque érigé maintenant devant l'église de la *Trinità dei Monti*, où il produit, dans le lointain surtout, un effet si pittoresque, de tous les points où l'on peut l'apercevoir.

Voici des souvenirs moins funestes et du bien mieux acquis, surtout. C'est la *villa Ludovisi*, bâtie par le cardinal de ce nom, neveu de Grégoire XV, et qui appartient aujourd'hui au prince de Piombino, duc de Sora, l'un des

(1) *Orti massimi*, jardins très-grands; or, ils sont très-petits.

(2) Celui à qui Horace a dédié l'ode 2 du IIe livre.

membres de l'illustre famille Buoncompagni. Il y a là de quoi satisfaire tous les goûts, un jardin, un parc et des bosquets dessinés, dit-on, par Le Nôtre, qui venait faire connaître son art à Rome, dans le même temps que Bernini, ou *le cavalier Bernin*, suivant le langage du temps, était appelé à Paris, par Louis XIV, à l'effet de lui fournir des plans pour la construction du Louvre, qui n'existait alors qu'en projet.

Mais la véritable merveille de ces lieux, ce sont les trois *casini*, dont le principal (celui qui est à gauche, en entrant) a été construit sur les dessins du Dominiquin, et dont le deuxième, situé en face, renferme une superbe collection de sculptures de l'antiquité. Citons, au nombre des plus remarquables : le buste de *Claude*, avec une tête de bronze; ceux d'*Antinoüs*, de *Jules-César* et d'*Apollon;* puis parmi les statues : *Mars au repos*, dans lequel certains critiques modernes veulent voir *Achille se disposant à venger la mort de Patrocle;* deux groupes, l'un d'*Apollon et Diane*, l'autre de *Pan et Syrinx;* une *Cléopâtre;* un *gladiateur assis;* une *Agrippine*, merveilleusement drapée; enfin, et surtout, trois groupes, dont le premier représente, suivant les uns, le jeune *Papirius*, faisant mine de révéler à sa mère le secret du sénat, tandis que d'autres veulent y voir *Oreste, reconnaissant Electre sa sœur* (singulière différence de sujets, pourtant!) le deuxième : *la mort d'Arria et de Poetus;* le troisième enfin : *Pluton enlevant Proserpine*, l'une des œuvres capitales de l'inépuisable Bernini.

Le troisième *casino*, situé vers le milieu de la *villa*,

se recommande aux visiteurs par deux fresques du Guerchin, dont l'une, l'*Aurore*, est réputée son chef-d'œuvre, et l'autre, la *Renommée*, n'est guère inférieure à la précédente. N'oublions pas, dans la salle de l'*Aurore*, les deux *lunettes* qui représentent, l'une le *Jour*, l'autre la *Nuit*; dans une chambre voisine, quatre paysages à fresques, dont deux du Guerchin, deux du Dominiquin, et dans une antichambre, dont la voûte est peinte par Zuccari, deux œuvres de *sculpture*, d'un genre et d'une main singulièrement différents entre eux, comme on va le voir, puisque l'une est un buste de *Marc-Aurèle*, en porphyre, avec une tête de bronze, et l'autre..... un corps humain, complètement pétrifié !

Une course obligée, dans le voisinage de la grande basilique Vaticane, me conduisait, vers le milieu de cette même journée, de l'autre côté du Tibre, et je profitais de cette circonstance pour explorer quelques-uns des sanctuaires situés dans ces régions. Certains d'entre eux me refusaient obstinément leur porte, tels que *Saint-Jacques Scossacavallo*, par exemple, qui m'intéressait pourtant, à double titre, par les souvenirs du cardinal d'Yorck (1),

(1) Henri Stuart, duc d'Yorck, fils aîné de Jacques-Edouard-François Stuart, prince de Galles, connu sous le nom de chevalier de Saint-Georges, frère du prince Charles-Edouard, le *Prétendant*, petit-fils de Jacques II et arrière-petit-fils, par sa mère, du grand Sobieski. Henri Stuart, né à Rome, en 1725, fut baptisé par Benoît XIII et fait cardinal par Benoît XIV, qui l'avait nommé à l'évêché suburbicaire de Frascati. Il mourut en 1807, laissant une mémoire en bénédiction dans son diocèse, dont il fut un insigne et splendide bienfaiteur. (Voir les *Lettres d'un pèlerin*, I, p. 414, et surtout les *Souvenirs sur les quatre derniers papes*, page 14.)

son fondateur, et par les monuments sacrés qu'elle renferme, entre autres : la pierre du sacrifice d'Abraham et l'autel de la Présentation de Notre-Seigneur. Mais cette petite église est du nombre, malheureusement trop considérable, de celles qui ne s'ouvrent guère qu'une ou deux fois, chaque année, et il me faudra probablement un troisième, peut-être même un quatrième pèlerinage, à des époques différentes, pour combler toutes les lacunes de ce genre qui ont été forcément introduites dans mes pérégrinations et dans mes souvenirs.

Voici, en revanche, un sanctuaire, devant lequel j'ai passé maintes fois, lors de mon premier voyage, sans soupçonner l'importance, d'autant plus coupable, ou malheureux, en cela, qu'elle compte parmi celles où l'on peut pénétrer, sans difficulté aucune, presque à chaque heure du jour. Son énorme façade en travertin aurait dû pourtant fixer mon attention, de très-bonne heure, et m'inspirer la vulgaire curiosité de détourner la portière, pour jeter du moins, depuis le péristyle, un simple coup-d'œil dans l'intérieur. Mais non; la divine providence m'aveuglait alors, sans doute, ici comme ailleurs, dans l'intérêt des impressions plus vives, des jouissances plus complètes d'un second voyage, et, sous ce rapport encore, je dois la bénir, en m'écriant une fois de plus : *Felix culpa!*

L'église de Sainte-Marie *in Traspontina* (car tel est son titre officiel, dans la liturgie romaine) remonte, par son origine, au milieu du seizième siècle et fut commencée, dit-on, par le cardinal Alexandrin (depuis, saint Pie V) sur l'endroit même où s'élevait une haute pyramide, que l'on regardait, au moyen-âge, comme le tombeau de Romulus, mais que l'on a considérée plus tard comme le monument funéraire de Scipion Emilien, le destructeur de Carthage. Cette pyramide, qui se trouvait près de l'endroit où existe maintenant la chapelle des fonts baptismaux, fut d'abord dépouillée de ses marbres par le pape Donus Ier, qui s'en servit pour paver le vestibule de l'ancienne basilique Vaticane, puis rasée au niveau du sol par Alexandre VI, dans l'intérêt de la défense du château Saint-Ange, qu'il s'occupait alors de fortifier.

Les fervents zélateurs de l'archéologie païenne pourront regretter un pareil acte de *vandalisme,* mais les dévots d'une autre communion s'en consolent sans peine, en trouvant, quelques pas plus loin, dans la troisième chapelle à gauche, un objet qui est d'une toute autre valeur à leurs yeux. C'est là, en effet, que l'on voit placées, de chaque côté de l'autel, sur deux grands piedestaux de marbre blanc et sous une enveloppe de bois, simulant la teinte du porphyre (ou marbre rouge foncé), les deux colonnes auxquelles saint Pierre et saint Paul furent attachés, le 29 juin de l'année 66, dans le bâtiment des Comices, sur le *forum,* pour subir la flagellation, qui devait préluder à leur sanglant sacrifice.

Notons, en passant, que le très-docte Nibby ne dit mot de ce précieux souvenir, pas même en faisant usage de ses précautions ordinaires : *Si dice, si vuole, piamente si crede,* etc. (1), et constatons, une fois de plus, la mer-

(1) On dit, on prétend, on croit pieusement.

veilleuse utilité des *ciceroni* vivants ou imprimés, pour la visite des objets qui intéressent, à Rome, les premiers âges du christianisme et les souvenirs de la foi !

Gardons-nous d'imiter ce que nous improuvons chez les autres, et n'oublions point, par conséquent, de signaler un monument, tout-à-fait digne d'intérêt, qui se trouve au sommet de la nef opposée à celle que je viens de parcourir : je veux dire l'inscription tumulaire de Niccolò Zabaglia, l'un des chefs de la corporation des *San-Pietrini* (1), mort en 1750, et inhumé, par honneur, dans ce sanctuaire. Cet homme illettré, mais qui avait apporté, en naissant, le génie infus de la science mécanique, est l'inventeur de machines, non moins simples qu'ingénieuses, au moyen desquelles on peut travailler commodément, dans les parties les plus inaccessibles de la basilique, et dont les dessins ont été publiés par les soins de la fabrique de *Saint-Pierre*.

Ajoutons que ce simple et pauvre ouvrier avait déjà découvert, il y a cent cinquante ans, dans l'intérêt du cuisinier des carmes de *Sainte-Marie-Transpontine*, le moyen que nos hommes de progrès ont *inventé*, dans ces derniers temps, pour garantir de l'explosion les machines à vapeur. — C'est toujours l'histoire de Salomon de Caus, de Jouffroy d'Abbans, de Fulton, et un nouveau commentaire de l'éternel *Sic vos non vobis*, que Virgile faisait entendre, en ces lieux, quelque mille années auparavant !

En sortant de là, je me dirigeais vers la basilique Vati-

(1) Voir Rome. — *Impressions et souvenirs*, II, p. 143 et 176.

cane, mais, cette fois, pour une visite bien différente de celles qu'elle a reçues de moi si souvent jusqu'ici, puisqu'il s'agit aujourd'hui de faire le tour extérieur de ce gigantesque monument. C'est là une curieuse expédition, que je recommande instamment à tous les voyageurs chrétiens ou autres, et en même temps une étude indispensable pour se former une idée complète des proportions surhumaines de ce géant de l'architecture, de ce colosse, des édifices chrétiens.

J'ai dit une *expédition;* le terme est à peine exagéré, en effet, lorsqu'on pense à la distance qui sépare la cour de Saint-Damase (1), du pont qui joint la basilique et la sacristie à l'extrémité de l'immense courbe décrite par l'abside du monument; lorsqu'on traverse la sombre cour des *papagalli*, profondément encaissée entre des murs à perte de vue, et semblable à celle de quelque forteresse du moyen âge, illusion entretenue d'ailleurs par la rencontre des sentinelles suisses, dans lesquelles on croirait voir quelques hommes d'armes du quatorzième siècle, égarés dans ces régions; lorsqu'on rencontre ensuite, à droite, la longue avenue qui conduit à l'entrée des jardins du Vatican, puis, sur la place *Sainte-Marthe*, qui se trouve directement derrière l'abside, des bâtiments de toute forme et de toute destination, des chapelles, le séminaire de Saint-Pierre, etc., et enfin, à l'extrémité de ce parcours, le petit sanctuaire, qui est le but principal de ma course et le terme de mes explorations à travers des régions dont

(1) C'est celle qui conduit au Musée et aux *Loges de Raphaël.*

je ne soupçonnais même point l'existence, jusqu'à ce jour.

Ce sanctuaire est celui de Sainte-Marie *in campo sancto*, construit, il y a 400 ans, sur l'emplacement de l'antique église de Saint-Sauveur *de ossibus*, édifiée primitivement elle-même par Léon IV, au 9e siècle, dans le voisinage d'un cimetière que la pieuse Hélène avait rempli de terre provenant de l'*Haceldama*, de Jérusalem, ou terrain acheté pour la sépulture des étrangers, avec les trente deniers que Judas avait reçus pour prix de sa trahison et rapportés ensuite aux prêtres juifs.

Le pieux et savant auteur des *Trois Rome* fait à ce sujet un rapprochement de la nature la plus saisissante : « Après sa trahison, dit-il, Judas, bourrelé de remords, rapporte aux prêtres les trente deniers, prix sacrilége du sang innocent. Le sanhédrin décide qu'on en achètera le champ d'un potier, pour la sépulture des pèlerins : *In sepulturam peregrinorum*. Eh bien, oui, juifs déicides, vous serez prophètes ! L'impératrice sainte Hélène, visitant les saints Lieux, fit transporter à Rome la terre de l'*Haceldama*, et pour vérifier jusqu'à la fin des siècles la parole prophétique, l'Eglise a fait de cette terre un cimetière réservé aux pèlerins, *in sepulturam peregrinorum* (1) ! »

Ces pèlerins (ou étrangers) sont les Belges, les Allemands et les Suisses, en faveur desquels on a établi, sur l'un des côtés du *Campo santo*, un hospice, où chacun d'eux est logé gratuitement, pendant quelques jours, et

(1) *Les trois Rome*, II, p. 258.

ma visite a précisément pour but de transmettre à l'un d'eux, Bavarois de naissance, un secours pécuniaire que la Conférence de Saint-Louis (ou *des étrangers*) a voté pour lui, sur la proposition de son digne président. Cette circonstance me vaut une visite détaillée du cimetière, dans lequel je remarque les tombes d'un certain nombre d'artistes allemands, enlevés prématurément à leurs travaux, et celles de quelques personnages, intéressants à divers titres, dont je regrette bien vivement de n'avoir pas conservé les noms. Je ne songeais guère alors, je le répète, à utiliser jamais mes notes et souvenirs de voyage ; mais cette circonstance, qui m'absout jusqu'à un certain point devant mes lecteurs, ne fait qu'augmenter le regret que j'éprouve d'avoir négligé des documents qui peuvent devenir, dans l'occasion, la source d'un si puissant intérêt.

La petite église de Sainte-Marie *in Campo sancto* renferme deux objets d'art, qui ne sont point indignes de figurer dans le voisinage des merveilles de la grande basilique. C'est la *Déposition de croix*, qu'on attribue à Michel-Ange de Caravage, le terrible *réaliste* du 15e siècle, et un *putto piangente* (comme dit Nibby) autrement ; un enfant qui pleure, œuvre charmante de François Quesnoy, de Bruxelles (*il Fiammingo*), dont j'ai parlé à propos de la *Sainte Suzanne* que l'on remarque à Santa Maria *di Loreto*, sur le Forum de Trajan.

Des impressions d'une espèce entièrement nouvelle m'étaient réservées, à la fin de cette même journée du 16 mai, commencée et poursuivie dans la recherche d'objets de la nature la plus dissemblable et la plus sérieuse, à la fois. En rentrant de cette longue tournée, j'apprenais que l'illumination générale du Colisée, promise depuis quelque temps déjà, aux frais de l'Impératrice-mère de Russie, et au sujet de laquelle, même, la population de Rome avait subi, ces jours derniers, une espèce de poisson d'avril (dont j'avais eu ma bonne part, sans vanité), devait avoir lieu ce soir même, sans faute, et l'on m'engageait à profiter avec empressement d'une aubaine rarement offerte, non-seulement aux hôtes accidentels, mais aux habitants même de la grande cité.

En effet, vers la chute du jour, un mouvement plus actif, dans les régions centrales de Rome, semble annoncer qu'il se prépare quelque chose d'insolite, à pareille heure; les équipages de l'aristocratie indigène, ceux du grand monde officiel, ceux des riches étrangers et les innombrables *legni* qui charrient la bourgeoisie locale, les *minenti*, ou les *forestieri* de bas étage, tel que celui qui écrit ces lignes, tout ce pêle-mêle de véhicules qui s'agite sur le pavé de Rome, aux jours des grandes solennités pascales, a repris aujourd'hui son mouvement de cette époque, et se dirige lentement, au milieu d'une foule compacte de promeneurs pédestres, à travers le *Corso*, vers le Forum de Trajan, où il se bifurque, pour aboutir à la *Voie sacrée*, par deux courants divers.

Voici une fête nocturne, d'un caractère tout-à-fait exceptionnel, par sa rareté d'abord, puis par les circonstances de tout genre qui l'accompagnent, et je devrai bénir une fois de plus la bonne chance qui m'a conduit à Rome, à cette époque, pour y jouir d'un spectacle que nulle faveur n'aurait pu me procurer, en d'autres temps. Qu'on se figure, en effet, la réunion de ces incidents divers : les abords du *Forum* illuminés depuis le sommet de la double rampe du Capitole; la *Voie Sacrée* garnie, dans toute sa longueur, de poteaux sur lesquels flamboient des torches et d'énormes lampions, tandis que des chaînes de lanternes vénitiennes, suspendues aux poteaux eux-mêmes, décrivent, sur le parcours de la voie, les plus élégants et les plus splendides festons. Mais cet aspect, qui serait à lui seul une fête, partout ailleurs qu'à Rome, n'est ici que le prélude bien lointain, bien affaibli, du plus étonnant coup-d'œil qui puisse être offert à des milliers de spectateurs emerveillés.

D'après ces mots : *Illumination du Colisée,* j'avais prévu, compris tout d'abord, quelque chose de semblable à la *Luminara* de Saint-Pierre, par exemple, c'est-à-dire quelque décoration pyrique extérieure, ou intérieure, ayant pour but de dessiner, de mettre en relief, au dehors, les proportions et les formes du géant des amphithéâtres, ce qui eût constitué déjà, sans contredit, l'un des plus curieux spectacles imaginables. Mais il s'agit de quelque chose de bien différent et dont rien, jusqu'ici, n'a pu me donner encore une idée. La sombre masse du colosse demeure ensevelie dans une obscurité totale, au milieu des feux qui étincellent de toutes parts autour d'elle, et c'est à l'intérieur, seulement, que s'accompliront, sous les yeux de la foule amoncelée dans l'ancien *podium,* les plus merveilleux effets de pyrotechnie dont ces lieux aient conservé le souvenir. Des feux de toutes nuances, blancs, jaunes, orangés, rouges, verts, etc., allumés alternativement, on ne sait dans quelle partie de l'édifice, viennent imprimer successivement les teintes les plus étranges aux gigantesques ruines, dont elles illuminent les recoins les plus intimes, tandis que les arêtes formées par des parties plus saillantes, par des pans de mur dentelés, par des arcades ébrêchées, découpent les silhouettes les plus bizarres, les plus fantastiques sur les parties laissées dans l'ombre par les rayons lumineux.

Tantôt un splendide soleil d'été semble inonder l'arène, comme aux jours où cent vingt mille spectateurs, échelonnés sur les degrés de l'immense amphithéâtre, venaient savourer l'agonie des gladiateurs ou les tortures des martyrs; tantôt la teinte argentée de la lune imprime à cette colossale enceinte l'aspect mélancolique des ruines et des tombeaux; tantôt des feux, qui semblent teints de pourpre ou d'écarlate, paraissent embraser jusque dans ses fondements l'antique édifice, et, s'échappant à travers ses innombrables ouvertures, doivent donner l'idée d'un monstrueux incendie aux spectateurs entassés dans le voisinage des jardins Farnèse, ou sur les sommets, plus éloignés, du Cœlius et de l'Esquilin.

Pendant ce temps, une foule compacte se presse sur l'arène, où ruissela jadis par torrents le sang des martyrs; les plus étranges propos s'entrecroisent, dans tous les idiômes de l'Europe, au milieu de cette enceinte qui, hier encore, entendait les saintes paroles d'un fervent apôtre de la pénitence, ou retentissait des naïfs cantiques d'une pieuse confrérie, et des orchestres militaires éveillent par leurs joyeuses fanfares les échos, ordinairement silencieux, à pareille heure, de l'amphithéâtre de Vespasien.

Mais, quelles étranges mélodies ont succédé tout-à-coup aux accents belliqueux de la marche et du pas-redoublé ! Voici la *polka*, aux triviales allures, la *schottisch*, la *mazurka*, au rhythme étrange pour l'oreille française; voici des *fantaisies* sur les motifs des chansons les plus débraillées de plus mauvais théâtres de Paris, et, pour couronner l'œuvre, *l'express-train*, le galop en faveur, avec son accompagnement obligé de sifflet, de grosse-caisse imitant le dégagement de la vapeur qui s'échappe, le bruit sourd de la locomotive en marche, et de je ne sais quelle ferraille, qui peint à s'y méprendre le frottement des roues contre les rails, le passage d'un train sur les plaques tournantes, tous les détails, en un mot, du départ, de la marche et de l'arrivée d'un convoi sur un *rail-way*.

Tel est donc, décidément, le dernier effort de l'art, au 19e siècle, et les musiques des troupes pontificales elles-mêmes n'ont pas autre chose à faire entendre dans un lieu aussi sacré qu'un temple, dans une enceinte aussi vénérable que celle des catacombes elles-mêmes et sur un sol inondé du sang des glorieux martyrs de Jésus-Christ! — *Consummatum est !* — Le progrès moderne a fait définitivement son entrée dans Rome; il y règne, il y gouverne, comme partout ailleurs, et l'auguste gravité de la cité sainte a désormais cédé la place aux allures évaporées, dévergondées même, des grands centres de la civilisation des temps actuels !

Hâtez-vous donc, ô vous tous qui désirez connaître la veuve du peuple-roi, hâtez-vous d'accourir pour voir le peu qui reste encore de l'antique métropole du paganisme, de la noble et sainte cité des pontifes chrétiens. Encore quelques années, quelques mois peut-être, et l'inévitable fléau du 19e siècle aura consommé, dans ces lieux aussi, son œuvre de dévastation ; le commis-voyageur aura remplacé le pèlerin ; les chemins de fer vomiront chaque jour par milliers les touristes désœuvrés, blasés, sceptiques, frondeurs, blasphémateurs dédaigneux de ce qu'ils ignorent, de ce qu'ils sont incapables de comprendre, de sentir surtout, et les échos de la ville éternelle, déshabitués désormais des pieux cantiques du Seigneur, des chants de la montagne de Sion, n'auront plus de voix que pour redire aux sept collines stupéfaites, les ignobles mélodies des théâtres populaires, des jardins publics, des cafés-concerts et les triviales cadences de la *mazurka*, de la *schottisch* et de la *polka !...*

XXXVII.

Retour au *Trastevere.* — *L'hospice de* Saint-Michel. — *Saint-François* a ripa. — Saint-Calixte. — San-Cosimato.

Mais retournons au *Trastevere*, pour chercher une diversion à de si pénibles pensées, pour continuer mes explorations interrompues dans ces régions si chères aux amis de l'art sérieux et digne, comme aux admirateurs des monuments illustres et des grands souvenirs de la foi.

Quelques mots, d'abord, sur le magnifique établissement de charité, qui est l'honneur et la gloire de ces quartiers. L'hospice de *Saint-Michel*, dont la façade s'étend le long du Tibre, en face de l'Aventin, doit, dit-on, son origine à Thomas Odescalchi, neveu d'Innocent XI, lequel, en 1689, y fit transporter d'abord 80 enfants, qu'il avait déjà recueillis, quelques années auparavant, dans un asile particulier. Sous Innocent XII, on y plaça les jeunes gens pauvres qui avaient trouvé un refuge au palais de Latran, et ceux qui, depuis 1582, avaient commencé à se réunir, par les soins de Jean Léonard Ceruso. Tous, au nombre de 300, furent confiés à la sollicitude charitable des pères des Ecoles pies (1).

L'édifice reçut des augmentations considérables, sous Clément XI, qui y plaça les vieillards de l'hospice de Sixte V, faisant construire en outre une maison correctionnelle pour les coupables plus jeunes, renfermés aujourd'hui dans une prison que Léon XII fit bâtir exprès, à côté des *Carceri nuove*, dans la *Via Giulia*. Le même Clément XI continuant les constructions d'Odescalchi, logea au premier étage les écoles des arts et la manufacture de tapisseries. Clément XII, en 1735, fit élever entre cet édifice et la prison correctionnelle une maison de pénitence pour les femmes de mauvaise vie. Pie VI, en 1790, y ajouta un conservatoire, pour les jeunes filles qu'il y transporta, du palais de Latran, où elles se trouvaient précédemment, et confia l'hospice à la haute direction d'un prélat de la cour pontificale.

L'hospice de *Saint-Michel*, indépendamment de l'asile de charité qu'il offre aux quatre grandes familles d'indigents qu'il contient (les vieillards et les enfants des deux sexes), peut-être considéré, dit Nibby, comme une immense école d'industrie. C'est là, en effet, que les jeunes gens sont instruits soit dans les arts mécaniques soit dans les professions libérales. Ceux qui ont adopté le premier

(1) Instituées par saint Joseph de *Calasanz* et non pas *Calasanzio*, comme s'obstinent à l'écrire les auteurs même les plus exacts d'ordinaire et les mieux informés.

parti trouvent dans l'établissement même, des ateliers d'imprimerie, de reliure, de tailleurs, de cordonniers, de chapeliers, de teinturiers, de menuisiers, etc. Quant à ceux qui veulent suivre l'autre carrière, ils apprennent, sous la direction de maîtres habiles, le tissage des tapisseries figurées et ornées, la gravure sur bois, la peinture, la sculpture, la taille des camées et la gravure sur cuivre, qui a fourni des sujets d'un mérite éminent.

« Quelques-uns sont exercés à la comptabilité, et tous étudient les rudiments des lettres ; il y a en outre une école de dessin, une autre de géométrie et de mécanique appliquée aux arts, et une grande manufacture qui fournit tout le drap nécessaire à l'habillement des troupes pontificales.

» Les élèves de l'hospice de Saint-Michel sont au nombre de 800 environ, tant de l'un que de l'autre sexe. Les garçons y restent jusqu'à 21 ans, et lorsqu'ils sortent ils reçoivent une subvention de 50 écus (plus de 250 fr.). Les filles y demeurent jusqu'à ce qu'elles le quittent pour se marier, ou pour entrer dans quelque ordre religieux : dans l'un et l'autre cas, elles reçoivent une dot prélevée sur un fonds annuel de 800 écus qui est fourni par l'archi-confrérie de la Trinité des pèlerins (1). »

Voilà, sommairement, rapidement esquissé, le programme des œuvres charitables qui s'accomplissent dans un seul hospice de Rome, et combien d'autres institutions de ce genre n'aurais-je pas à énumérer encore, si le titre

(1) *Itinerario di Roma*, pag. 497 et suiv.

de cet ouvrage, comme les limites dans lesquelles je dois le restreindre, ne m'imposaient la loi d'une rigoureuse brièveté !

Mais continuons ma route à travers les plages, si poétiquement solitaires, qui séparent l'hospice de *Saint-Michel* de l'église de San Francesco *a ripa*, et préparons mon âme aux douces émotions qui lui sont promises dans ce sanctuaire si cher aux amis, ainsi qu'aux membres eux-mêmes, de la glorieuse famille de saint François. C'est là, en effet, que le séraphique patriarche, arrivant à Rome, en 1219, était reçu, comme pèlerin, dans l'hospice de *San-Biagio,* appartenant alors aux Bénédictins et qui, dix ans plus tard, lui était donné à lui-même, par Grégoire IX, avec l'église y annexée. Dès ce moment, les lieux changent d'aspect et de destination ; l'hospice est transformé en un couvent, les pèlerins cèdent la place aux moines, et, grâce à la pieuse munificence du comte Rodolphe dell' Anguillara, l'église reçoit des réparations provisoires, qui seront renouvelées d'une manière définitive, au 17e siècle, par le cardinal Lazzaro Pallavicini.

San-Francesco *a ripa*, ainsi nommé de son voisinage de la rive droite du Tibre et du port de *Ripa grande*, occupe l'ancien emplacement des jardins d'Auguste,

. . . Trans Tiberim. . . prope Cæsaris hortos.

comme dit Horace, qui ne se doutait guère quels hôtes viendraient remplacer, mille ans après lui, le suprême dominateur, dans le voisinage des prés que la république romaine avait donnés jadis à Mutius Scévola, pour prix de son courage et non loin de l'endroit où la jeune Clélie traversait le Tibre avec ses compagnes, pour échapper aux dangers qui les menaçaient dans le camp de Porsenna.

Voilà bien des titres, assurément, pour recommander ce coin de terre à l'attention du voyageur scientifique ou littéraire ; pour moi, j'avoue que tous ces souvenirs pâlissent singulièrement à côté de ceux que réveille le nom du séraphique patriarche d'Assise, et la seule pensée qui me préoccupe, au moment où je me dirige vers les jardins d'Auguste, c'est le regret d'avoir ignoré jadis les merveilles qu'ils me tenaient en réserve, regret adouci par la consolation de pouvoir enfin réparer mes pertes, en ce jour.

Ce n'est pas, pourtant, que San-Francesco *a ripa* soit dépourvu d'intérêt, au point de vue de l'art, et les spécialistes en ce genre trouveront encore une pâture abondante pour leur curiosité, dans plusieurs peintures ou sculptures d'une certaine valeur, telles, par exemple, que : le *saint Pierre d'Alcantara* et le *saint Pascal Baylon*, de Chiari ; le *saint François en extase*, du chevalier d'Arpino, et la statue couchée de *la Bienheureuse Louise Albertoni* (1), que l'on attribue à Bernini, dit Robello, tandis que Nibby affirme positivement cette origine. Je ne puis que répéter, à ce sujet, ce que je disais dernièrement à propos de la *Pietà*, de Saint-Jean-de-Latran, et je ne saurais concevoir, en vérité, qu'une œuvre d'art, appar-

(1) Veuve romaine, du tiers-ordre de saint François, morte en 1533.

tenant au commencement du dernier siècle, ou tout au plus à la fin du précédent, puisse susciter autant de doutes et de dissentiments à propos du nom de son auteur, que si elle se rattachait au siècle d'Auguste ou de Périclès !

Quoi qu'il en soit, le groupe de San-Francesco *a ripa* est visiblement de la même école que le *saint Sébastien*, de la basilique de ce nom, mais surtout que cette *sainte Thérèse*, dont je parlais dernièrement encore, à propos de *Sainte-Marie* de la Victoire : c'est plus que *mondain*, c'est sensuel, *provoquant* au dernier degré, et l'on retrouve là l'origine incontestable des traditions que semble s'être donné la mission de continuer parmi nous, en les *perfectionnant* outre mesure, l'auteur, fâcheusement inspiré, cette fois, de la *Femme piquée par un serpent*.

Mais voici, fort heureusement, des émotions d'un ordre plus élevé, plus calme et plus pur à la fois. Je sais que l'antique monastère conserve des souvenirs précieux, des monuments palpables du séjour qu'y fit jadis le glorieux patriarche des Franciscains, et c'est là surtout ce qui m'attire vers le coin de terre où furent jadis les somptueux jardins du premier des Césars. Un bon Père, que je rencontre dans le cloître, et à qui je fais part de mon désir, veut bien me servir de *cicerone* dans ce pèlerinage d'un genre nouveau pour moi.

J'avais bien pressenti ce qui m'attendait en ces lieux. Voici donc enfin une chambre de saint, comme j'en rêvais, comme j'en désirais une, depuis longtemps, c'est-à-dire conservée absolument telle qu'elle fut du vivant de son hôte, et non point ensevelie sous le marbre et le bronze, les stucs et les peintures, comme on ne le voit que trop souvent en divers lieux. Rien n'est changé dans cette étroite et pauvre cellule, plus splendide mille fois, à mes yeux, que les plus somptueuses basiliques et les plus magnifiques palais. Voilà bien le plafond et les murs noircis par l'action du temps, dans une période plusieurs fois séculaire ; le pavé de briques inégal, sur lequel on croit apercevoir encoré la trace des pas de l'auguste patriarche et, au fond d'une niche, pratiquée dans l'épaisseur du mur, à droite, la pierre qui lui servait habituellement d'oreiller.

Ce n'est pas tout encore : mon pieux *cicerone* me fait voir un portrait de saint François, que l'on dit avoir été peint, de son vivant, par une religieuse de son ordre, et le crucifix devant lequel il priait ordinairement ; puis, allumant deux cierges, il touche, de chaque côté de l'autel, un panneau arrondi, en forme de demi-cylindre, qui, en se retournant sous la pression d'un ressort, me laisse voir deux vastes reliquaires, divisés en une infinité de cases et de compartiments distincts.

Avec quel bonheur je reviendrais souvent dans ces lieux ! Mais c'est là une des épreuves de la vie du pèlerin, dans Rome, que l'impérieuse obligation de limiter ses visites au strict nécessaire, dans l'impossibilité absolue où il se trouve de les réitérer fréquemment, souvent même de les récidiver simplement une seconde fois ; trop heureux encore si le temps, ainsi que les facilités dont il dispose lui permettent de satisfaire sa légitime curiosité, du moins pour les choses les plus essentielles, et s'il n'emporte pas de Rome le regret de laisser forcément derrière lui des objets hautement intéressants, qu'il n'a pu réussir à voir et ne verra probablement jamais !

Une grande et large rue, silencieuse et déserte, conduit de San-Francesco *a ripa* vers un autre sanctuaire compris dans le programme de cette journée. Chemin faisant, mon œil est frappé par certain objet, auquel je regrette bien aujourd'hui de n'avoir pas accordé alors une observation plus attentive. A l'angle de certaines maisons de ce quartier, comme déjà précédemment dans le voisinage de Saint-Louis (si je ne me trompe), je remarque une antique inscription, gravée dans la pierre, surmontée des trois fleurs-de-lys, jadis nationales en France, et qui me semble indiquer, autant que mes souvenirs sont fidèles, que ces immeubles, jadis propriété de ma patrie, à Rome, constituaient une portion du capital affecté à l'entretien des chapelains de *Saint-Louis*, comme aussi de nos sanctuaires et hospices nationaux, dans la sainte cité. C'est là le sujet d'un doute que je voudrais éclaircir, et en même temps une occasion nouvelle de déplorer les omissions inévitables dans un genre d'explorations, où le défaut de temps et la multiplicité des objets intéressants ne laissent pas toujours à l'esprit une liberté suffisante pour observer en détail chacun des sujets qui viennent tour-à-tour solliciter son attention.

Me voici, à quelques pas seulement de la grande basilique Transtévérine, mais je me bornerai à la saluer en passant, cette fois, car j'ai quelques visites à faire, dans le voisinage, à des sanctuaires moins célèbres, il est vrai, mais qui m'intéressent pour divers motifs. Voici, par exemple, une petite église, à peine visible, et souverainement inconnue des *ciceroni*, des *Guides*, des touristes, et qui m'offre pourtant un vif attrait par les souvenirs de tout genre, qui s'y rattachent. C'est l'église dédiée au fondateur de la basilique voisine, au pape saint Calixte Ier, bâtie sur l'emplacement d'une maison qui appartenait à Privat, soldat chrétien, et dans laquelle le pontife s'était réfugié, lors de la persécution d'Alexandre-Sévère. C'est là qu'il avait établi son siége pontifical et qu'il consacra, d'après le témoignage du Bréviaire romain, huit évêques, seize prêtres et quatre diacres. Mais l'heure du sanglant sacrifice avait sonné. Un jour les bourreaux se présentent chez lui, le saisissent, le jettent par la fenêtre, lui attachent une grosse pierre au cou et le précipitent dans un puits.

Singulière destinée de ces lieux, que le meurtre et le sacrilége devaient souiller à deux époques aussi éloignées entre elles! En 1849, le sang des oints du Seigneur y coulait encore; un poste de douaniers, commandés par l'infâme Zambianchi, s'était établi à *Saint-Calixte*, et s'y faisait l'exécuteur des hautes œuvres de la république romaine. Au nombre de ses victimes, l'histoire doit citer le vénérable et pieux curé de la *Minerve*. Quatorze prêtres, en un seul jour, furent massacrés par cette horde d'assassins (1).

Mille ans plus tôt, ces lieux avaient vu s'accomplir un

(1) E. de la Gournerie. — *Rome chrétienne*, II, pag. 443.

acte de *violence*, d'un genre bien différent. Après la mort de saint Léon IV (en 855), le clergé et le peuple de Rome élurent pour lui succéder Benoît, prêtre de *Saint-Calixte*, et la foule se porta aussitôt dans cette église, pour lui en donner la nouvelle. Benoît était en prières, il se leva; puis ayant appris la cause de ce mouvement étrange, il se remit à genoux : « Laissez-moi, dit-il, mes forces ne sont point proportionnées à un tel fardeau. » Mais la foule le saisit et l'entraîne, au milieu des cantiques, jusqu'à Saint-Jean-de-Latran (1).

Tous ces souvenirs ne peuvent que stimuler très-activement le désir que j'éprouve de visiter un sanctuaire qui m'intéresse déjà, du reste, comme pèlerin français (2). Mais ce n'est pas petite affaire que de pénétrer dans un lieu semblable. Les bénédictins, auquels appartient cette église, enchâssée dans leur vaste couvent, occupent, en ce moment, leurs quartiers d'hiver, près de la basilique de Saint-Paul, et en attendant que la *malaria* les contraigne de regagner l'enceinte de Rome, leur séjour d'été n'a d'autres habitants que deux concierges laïques, auxquels je dois m'adresser pour obtenir la permission de visiter ces lieux. C'est par l'intérieur de l'édifice qu'il me faut arriver jusqu'au sanctuaire, habituellement fermé au

(1) E. de la Gournerie. — *Rome chrétienne*, I, pag. 228.

(2) Le titulaire actuel de l'église de *St.-Calixte* est Son Eminence Mgr. Gousset, archevêque de Reims, précédemment évêque de Périgueux et l'une des illustrations de l'épiscopat français moderne, comme aussi l'une des gloires de la Franche-Comté, notre commune patrie.

public; mais cette circonstance, qui retarde un peu la jouissance promise, me procure du moins la satisfaction de visiter le pieux établissement, dans ses parties les plus essentielles, de traverser de longs corridors, aujourd'hui solitaires, de monter, de descendre, puis de monter et descendre encore de grands et de petits escaliers, jusqu'à ce qu'enfin une rampe intérieure me donne accès, par la sacristie, dans le sanctuaire qui est l'objet spécial de mes investigations.

Ici m'attend, il faut le dire tout d'abord, une pénible surprise, et le premier aspect des lieux me cause un sentiment de déception, d'autant plus désagréable que rien n'a pu m'y préparer. La vénérable antiquité du sanctuaire, dont l'origine remonte au troisième siècle, semblait naturellement me promettre quelques précieux vestiges de l'art chrétien de cette époque, quelque chose de comparable, par exemple, aux vieilles basiliques de *Saint-Clément*, de *Sainte-Marie* in Cosmedin, de *Sainte-Cécile*, de *Sainte-Agnès* extra-muros, etc. Mais point: une grande salle, nue comme celle d'un prêche luthérien, avec des murs barbouillés dans le style moderne, et pas la moindre trace d'antiquité, ni dans les autels, ni dans les murs eux-mêmes, ou dans l'aspect général des lieux: voilà ce que je trouve, à la place de ces vénérables *vieilleries*, que mon imagination avait rêvées d'avance, et qui sont si chères aux amis de l'antiquité chrétienne, comme aux admirateurs du *véritable beau*.

Le puits dans lequel le saint pontife consomma son glorieux martyre se voit encore aujourd'hui dans l'église de

Saint-Calixte. Une moitié de l'orifice se trouve engagée sous l'autel même de la première chapelle, à droite, tandis que l'autre est comprise dans l'enceinte du jardin du couvent lui-même, qui s'étend jusqu'aux murs de la chapelle. Quant à la pierre attachée par les bourreaux au cou de la sainte victime, elle est déposée dans la basilique voisine, de *Sainte-Marie*, au sommet de la nef droite, et le corps repose au-dessous du maître-autel, dans le caveau de la *Confession.*

J'ai vu tromper mon attente, au sujet de *Saint-Calixte;* je vais, en revanche, trouver des beautés tout-à-fait inattendues dans une petite église du voisinage, dont j'ignorais tout-à-fait le nom, comme l'existence, il y a peu de jours encore. C'est celle de *San-Cosimato,* l'un des monuments religieux de Rome les plus intéressants aux yeux de ceux qui comprennent ce genre de beau, dont la structure des églises de *Saint-Clément,* de *Saint-Pancrace*, de *Sainte-Cécile* et autres semblables, offrent les spécimens les plus curieux et les plus complets.

Voici, en effet, la réunion de tous ces détails qui impriment un cachet si particulier de pieuse naïveté, de solennelle simplicité, à l'abord des basiliques primitives de la campagne romaine : le chemin poudreux, qui longe des vergers, des jardins enclos de haies, et, de temps à autre, les murs de quelques rustiques habitations; le portail, à voûte cintrée, soutenu par quatre colonnes et surmonté de quelque construction surajoutée, dans la suite des temps; la cour, tapissée d'herbe, que traverse un étroit sentier; l'antique fontaine qui verse lentement, silencieusement, dans un coin, le tribut de ses eaux solitaires ; puis, pour terminer la perspective, le mur entièrement nu, d'un antique monastère, avec le *campanile* de l'église qui lui est contiguë.

Il est possible que tous ces détails semblent oiseux à certains lecteurs qui recherchent, avant tout, la description de spectacles grandioses, le récit de solennelles émotions ; mais ceux-là qui ont compris et goûté la Rome des sanctuaires et des basiliques, savent quel charme inexprimable se rattache à ces augustes *vieilleries*, pour lesquelles on quitterait sans retard et sans regret toutes les magnificences de l'art antique ou moderne, profane ou sacré.

L'Eglise de *San-Cosimato*, qui appartient présentement aux Clarisses, remonte au commencement du dixième siècle et son origine se rattache à l'un de ces faits merveilleux, si communs dans l'histoire des monuments de la sainte cité. Un frère franciscain, qui sert à la fois de custode et de concierge extérieur, m'introduit dans l'antique et sombre chapelle, où il me fait remarquer l'image miraculeuse, qui est l'honneur de ce sanctuaire, puis des fresques anciennes, en assez bon état de conservation, mais dont la demi-obscurité du lieu ne me permet guère de saisir les détails, un peu confus, et dont mon pieux *cicerone* ne peut malheureusement m'indiquer ni le sujet, ni l'auteur et par conséquent l'époque ; puis, sous l'autel, un tombeau de porphyre qui renferme les restes vénérés de plusieurs saints confesseurs, et me congédie finalement, non moins satisfait qu'édifié, après avoir bien voulu accepter mon offrande *per i bisogni di casa.*

Voilà encore une journée qui me laissera de vives impressions, de précieux souvenirs, et combien de semblables journées, dirai-je ici encore, ne se retrouve-t-il pas, au retour de Rome, dans la mémoire, comme dans les notes de voyage d'un pèlerin !

XXXVIII.

San-Venanzio. — Saint-Adrien. — *La* Petite Litanie. — *Saint-Sauveur* in undâ *et deux souvenirs contemporains. — Maisons des saints, à Rome. — Un musée d'un genre nouveau.*

Les indications du *Diario romano* vont me conduire aujourd'hui tout d'abord à la *chiesuola* de *San-Venanzio,* qui célèbre en ce jour sa fête patronale, puis, au Forum, à l'église de *Saint-Adrien,* d'où la *Petite Litanie,* ou procession des Rogations, doit partir ce matin, pour se rendre à Sainte-Marie-Majeure.

San-Venanzio, situé au pied de la rampe de l'*Ara-Cœli,* sur la *piazzetta* voisine du Capitole, est l'une de ces innombrables chapelles de Confréries, que l'on rencontre, à chaque pas, dans Rome, et que je m'abstiendrais de mentionner ici, de même qu'une foule d'autres, du même genre, si son nom ne se rattachait à une classe d'impressions auxquelles je tiens à donner place dans ce recueil de souvenirs. *San-Venanzio* est le siége officiel de la corporation des tapissiers, qui célèbre aujourd'hui solennellement sa fête, et qui a décoré le sanctuaire, pour cette circonstance, avec une richesse, un goût dont on ne saurait vraiment se former une idée.

Ceux-là seuls qui ont visité Rome et ses sanctuaires peuvent savoir quel rôle jouent les draperies dans la décoration des églises, aux jours des grandes solennités, et avec quel art merveilleux ces larges bandes d'étoffe blanches, bleues, jaunes, rouges, encadrées de galons et de franges dorées, s'enroulent en spirale autour des colonnes, serpentent en festons, le long des corniches, et vont parfois se suspendre jusqu'au sommet de la voûte, d'où elles redescendent en gracieuses guirlandes, qui vont s'arrêter aux chapiteaux des pilastres voisins. Or, que l'on se figure la corporation des tapissiers travaillant, pendant huit jours consécutifs, pour la gloire de son patron (peut-être aussi quelque peu pour l'honneur des artistes de la confrérie), n'épargnant ni temps, ni soins, ni dépense, pour rendre le sanctuaire digne de la cérémonie, et l'on concevra quel déploiement inusité, monumental, de richesse et d'élégance, doit avoir lieu dans une pareille occasion.

Cependant, il faut s'arracher à ces merveilles pour descendre au *Forum* voisin, où se prépare la grande solennité du jour, la procession connue à Rome sous le nom de *Petite-Litanie*, instituée, comme l'on sait, vers la fin du 4e siècle, par saint Mamert, évêque de Vienne, en Dauphiné, pour obtenir la conservation des fruits de la terre et l'éloignement des fléaux publics. Aujourd'hui, premier jour des Rogations, la procession doit partir de *Saint-Adrien,* pour se rendre à Sainte-Marie-Majeure, en faisant une station à Sainte-Marie *des Monts*, puis une autre à *Sainte-Praxède,* et cette circonstance va me fournir la double opportunité de voir, outre la procession elle-même, l'intérieur de *Saint-Adrien*, dont la singulière façade m'a plus d'une fois préoccupé, lorsque j'errais sans but dans ces régions.

Il est de fait que ce grand mur de briques, dans lequel est percée la porte principale, n'annonce guère, tout d'abord, l'antique importance d'un monument dont l'origine est antérieure peut-être à celle du christianisme lui-même, s'il est vrai, comme le conjecturent quelques savants, que la nef de *Saint-Adrien* aurait fait partie de la célèbre basilique *Emilia,* commencée, l'an 699 de Rome, par Lucius-Emilius-Paulus, et achevée par Emilius-Lepidus, en 720, ou bien, suivant d'autres, de la *station des Municipes,* ou lieu de réunion pour les délégués que les municipalités latines envoyaient périodiquement à Rome, avec la mission de défendre leurs intérêts devant le sénat.

Quoi qu'il en soit de ces doctes conjectures, l'église de *Saint-Adrien,* bâtie, l'an 625, par Honorius Ier, comptait déjà, au commencement du 7e siècle, parmi les anciennes diaconies de Rome. Toutefois, son mur de briques, jadis recouvert de stucs, dont on aperçoit encore quelques rares vestiges, et sa magnifique porte de bronze, transportée depuis, par Alexandre VII, à Saint-Jean-de-Latran, la rendent moins intéressante à mes yeux que le précieux trésor qu'elle possède aujourd'hui encore, que le souvenir des trésors du même genre qu'elle posséda jadis, et la procession qui se prépare, en ce moment, me rappelle, avec des proportions sans doute bien différentes, celle qui avait lieu, le 11 mai 1597, lorsque l'illustre Baronius fit reporter triomphalement dans son église titulaire, entièrement restaurée à ses frais, les corps de sainte Flavie Domitille, avec ceux des saints Nérée et Achillée, ses serviteurs, que Grégoire IX avait fait transférer, au 13e siècle, dans la diaconie de *Saint-Adrien* (1).

De même que la *Grande Litanie* (ou procession de saint Marc), et toutes les processions romaines, je crois, la *Petite-Litanie* se compose exclusivement des membres du clergé, tant séculier que régulier (un peu moins nombreux peut-être que dans la première), et l'on comprendra sans peine, par ce seul fait, quelle distance incalculable sépare cette pieuse manifestation des cérémonies françaises du même genre, qui ne sont guère (il faut le dire, hélas !) qu'un prétexte à toilette pour les femmes dont elles se composent, en très-grande partie, une occasion de dissipation pour elles-mêmes, comme pour les spectateurs embusqués sur leur passage et trop souvent un sujet d'affliction profonde pour les chrétiens qui prennent tout à fait au sérieux les solennités de l'Eglise, ainsi que les choses de la foi.

Mais, pendant que je me livre à ces réflexions, le pieux cortége, se dirigeant vers Sainte-Marie *des Monts*, dispa-

(1) Voir l'*Esquisse de Rome chrétienne*, II, pag. 288 et suivantes pour les détails complets de cette magnifique cérémonie.

raît bientôt dans l'une des rues étroites, qui aboutissent de l'Esquilin au *Forum*, et je quitte ces parages, pour me diriger vers des régions lointaines, où m'attendent des impressions qui ne nuiront point par le contraste à celles que je viens de recueillir, dans le voisinage de *Saint-Adrien*.

Grâce à un récent article de l'*Univers*, j'allais faire une précieuse découverte et ressentir de bien douces émotions, en priant, l'un des premiers, sur la tombe, à peine fermée, d'une pieuse femme morte, depuis quelques semaines seulement, à Rome, et dont les vénérables restes reposent, à côté de ceux d'un autre serviteur de Dieu, qui fut son guide spirituel, dans un modeste sanctuaire dont les neuf dixièmes des romains eux-mêmes ne connaissent peut-être ni le nom ni l'existence.

Je veux parler de la petite chapelle de Saint-Sauveur *in undâ*, située à l'entrée de la *via dei Pettinari*, à gauche, presque en sortant du *Ponte-Sisto*, et qui appartient à la pieuse congrégation de l'*Apostolat catholique*, instituée, il y a quelques années seulement, par le Père *Vincenzo Pallotta*, prêtre séculier, Napolitain d'origine, ami et compagnon du vénérable *Gaspard del Buffalo*, dont j'ai parlé au chapitre XXVI.

« *L'Apostolat catholique* (dit l'auteur des *Trois Rome* (1) est une vaste conception du génie de la foi, dans laquelle viennent se concentrer toutes les pensées particulières, toutes les œuvres isolées tendant à la gloire

(1) II, p. 225.

de Dieu et au bien spirituel des hommes. C'est pour faire connaître cette œuvre, en la représentant avec son caractère d'universalité, que, pendant l'octave de l'Epiphanie, on prêche dans toutes les langues à Saint-André *della valle*, et qu'on y célèbre la messe dans tous les rites. L'abbé Pallotta est continuellement appelé auprès des malades; s'il y a une mission difficile, elle semble être de son ressort, tant est grande la confiance qu'inspirent ses vertus..... L'aménité de ses manières, l'air de mélancolie et de candeur répandu sur toute sa personne, mais surtout sa foi, qui ne doute de rien, nous inspirent je ne sais quel sentiment de confiance filiale et de respect religieux dont on ne peut se défendre. »

L'homme de Dieu, dont le portrait se trouve esquissé dans les lignes précédentes, passait, quelques années plus tard, à une vie meilleure, bientôt suivi dans la tombe par une pieuse femme, dont le nom est demeuré inséparablement associé avec sa mémoire, dans la vénération des fidèles de la sainte cité. Elisabeth Sanna, originaire de la Sardaigne, devenue libre par la mort de son mari, se dépouille, en faveur de ses enfants, d'une fortune considérable, revêt l'habit du tiers-ordre de saint François, et se vouant dès-lors exclusivement au service de Dieu, dans la pratique assidue des œuvres de foi et de charité, édifie, pendant trente deux années entières, la ville de Rome du spectacle de ses sublimes vertus.

Telle est, en peu de mots, l'histoire d'une longue suite d'héroïques sacrifices, de mérites surhumains, et tels sont les deux personnages dont le souvenir m'appelle dans la très-petite et très-obscure église de Saint-Sauveur *in undà*. Je découvre, non sans quelque peine, sa porte presque imperceptible, au milieu des échoppes du voisinage, et je me trouve bientôt en face des deux pierres tumulaires, destinées à perpétuer le nom et la pieuse mémoire des deux humbles serviteurs de Dieu. Je vais reproduire ici les inscriptions qui recouvrent leur sépulture, et je suis heureux d'être le premier (je crois) à faire connaître ces deux spécimens d'un genre de style lapidaire, peu recherché, en général, par les visiteurs des monuments romains.

L'une des tombes est encadrée dans le mur de la nef gauche, un peu vers le fond, et porte l'épitaphe suivante :

« *Hic jacet corpus servi Dei* VINCENTII PALLOTTI, *Sacerdotis romani, fundatoris Congregationis et piæ societatis* Apostolatûs Catholici. *Obiit in hoc sancto recessu,* XI *kal, febr. ann.* MDCCCL, *ætatis suæ an.* LIV, *mense* IX, *die* I (1). »

Dans l'autre nef, presque au pied même de l'autel, se trouve placée, parmi les dalles du pavé, une large pierre sur laquelle je lis ces mots :

A. XP. O.

« *Hic jacet* ELISABETH SANNA, *ex insulâ Sardiniæ, quæ viro defuncto, tertii ordinis S. Francisci habitu*

(1) Ici repose le corps du serviteur de Dieu, VINCENT PALLOTTA, prêtre romain, fondateur de la Congrégation et de la pieuse société de l'*apostolat catholique*. Il est mort dans cette sainte retraite le XI des calendes de février (22 janvier) 1850, âgé de 54 ans, 9 mois et 1 jour.

induta, re domestica non parva abdicata, Romæ per annos duos et triginta, soli Deo vivens, Religionis, pietatis, charitatis operibus insistens, die 17ª *anni* MDCCCLVII, *quievit in pace* (1) »

J'aime à espérer que la vénérable servante des pauvres de Jésus-Christ voudra bien se souvenir que j'ai été l'un des premiers à invoquer le secours de ses prières, bien avant que l'Eglise lui ait solennellement décerné un culte public, et que la foule des pieux fidèles se soit portée au pied des autels, qui s'élèveront sans doute quelque jour en son honneur. Voilà de ces choses que l'on ne trouve guère qu'à Rome, où chaque génération coudoie dans les rues quelque personnage plus ou moins pauvre, obscur, méprisé, qui est tout simplement un grand serviteur de Dieu, un grand saint, auquel on sera tout stupéfait, de voir plus tard offrir des hommages et dresser des autels !

Il est de fait que les neuf dixièmes, au moins, de ceux qui, vers la fin du dernier siècle, ont coudoyé (peut-être même rudoyé) Benoît-Joseph Labre, à travers les rues et ruelles de Rome, ne soupçonnaient guère alors qu'ils vilipendaient tout simplement un saint personnage, destiné à recevoir un jour les honneurs de la canonisation, au grand scandale de *la Presse*, du *Charivari*, du *Siècle* et

(1) Ci-gît Elisabeth Sanna, de l'île de Sardaigne, qui, après la mort de son mari, revêtant l'habit du tiers-ordre de Saint-François et se dépouillant d'une fortune considérable, vécut désormais pour Dieu seul et se consacra, pendant trente-deux années, aux œuvres de la religion, de la piété et de la charité. Elle s'endormit dans la paix du Seigneur, le 17 février 1857.

autres grands amis du peuple, qui ne peuvent supporter de voir glorifier dans l'autre monde ceux qu'ils daignent s'occuper de protéger et d'exalter dans celui-ci !

C'est ainsi que les traditions de l'Eglise primitive se sont perpétuées jusqu'à nos jours, et il n'est pas un seul âge qui se soit trouvé déshérité, soit des vertus et des miracles des Saints, soit des monuments matériels qui propagent le souvenir de leur passage sur cette terre. J'ai conversé, à Rome, avec des personnes qui avaient connu, fréquenté, le Père Pallotta, Elisabeth Sanna elle-même, et l'on montre à tous, en ce moment, leurs humbles retraites, qui seront, dans quelques années peut-être, de pieux sanctuaires, enrichis par la piété, par la reconnaissance des fidèles, et visités avec un fervent empressement par les pèlerins et les pieux voyageurs de toutes les parties du monde chrétien.

« Rome seule peut offrir de pareilles scènes (s'écrie, à ce sujet, un illustre auteur de nos jours); elle seule satisfait aussi, dans le domaine de la piété, un autre instinct social, que la religion ne doit pas négliger. L'homme civilisé attache du prix aux choses les plus ordinaires, lorsqu'elles ont été au service des héros : les *héros* de l'Eglise sonts les *Saints*. Leurs maisons, leurs chambres, leurs vêtements, leurs meubles, disséminés dans les différents quartiers de Rome, y sont comme autant de foyers d'intéressants souvenirs.

» Rome pourrait fournir les matériaux d'un musée aussi *moral* que les autres musées sont *poétiques*. On y réunirait les objets qui ont servi aux Saints, dans les usages même les plus vulgaires de la vie, depuis les fourneaux de la chambre de bains de sainte Cécile, jusqu'aux hardes de sainte Catherine de Sienne, depuis le vieux escalier en bois, sous lequel saint Alexis mourut inconnu, dans la maison de son père, jusqu'au confessionnal de saint Philippe de Néri, depuis la table antique sur laquelle saint Grégoire Ier servit les pauvres, jusqu'à celle où saint Charles Borromée exerça le même office.

» Les convenances ne permettent pas, sans doute, de distraire tous ces objets des lieux où ils sont fixés : mais si on les rassemblait dans un même local, les matériaux de ce musée seraient très-nombreux. Je voudrais qu'on n'oubliât pas d'y faire figurer de *grandes petites choses*. Les Pères de l'Oratoire de saint Philippe de Néri ont conservé le reste du dernier morceau de pain qu'a mangé cet homme, dont la bienfaisance, toujours subsistante, est encore la mère nourricière de tant de familles. C'est un assez bon emblème d'une charité qui ne finit pas, qu'une croûte de pain, déjà trois fois séculaire (1)! »

On pourrait ajouter à cette singulière collection l'écuelle de bois de saint Roch déposée, à *Saint-Marcel* et le chapeau de Benoît-Joseph Labre, qui est conservé comme une relique précieuse, au palais même du Vatican. Mais que diraient d'une pareille *friperie* la *Presse*, le *Siècle* et autres journaux voués par office à la glorification, à la déification du *peuple*, au patronage des classes souffrantes et à la défense des grands intérêts de l'humanité?

(1) Mgr. Gerbet. *Esquisse de Rome chrétienne*, II, p. 278 et suiv.

XXXIX.

Saint-Yves-des-Bretons. — *La* Sapienza. — Saint-Antoine. — Sainte-Bibiane.— *La mère Makryna et le* signor canonico.

Cejourd'hui, 19 mai, je trouve, en me réveillant, un vaste programme pour occuper ma journée, la matinée tout au moins. Voici d'abord la procession du jour, qui va partir de *Sainte-Françoise-Romaine* pour se rendre à Saint-Jean-de-Latran; puis la fête de sainte Pudentienne, dans sa merveilleuse église de l'Esquilin; puis la fête de saint Yves, l'avocat des pauvres, également célébrée par les Français, dans leur petite église nationale placée sous ce vocable et, dans l'église de *la Sapienza,* par une chapelle cardinalice, avec assistance des avocats consistoriaux, etc. etc. Voilà bien de l'ouvrage, sans doute, et tout au moins de l'embarras dans le choix à faire entre ces diverses *funzioni*, auxquelles je ne puis assister simultanément, ni même successivement, vu le rapprochement des heures et la longueur des distances surtout; mais le sentiment patriotique me trace bientôt la ligne à suivre, et je commencerai décidément ma journée par visiter un sanctuaire français.

Saint-Yves-*des-Bretons*, l'une des églises de Rome les moins généralement connues des Français eux-mêmes, est pourtant l'une de celles qui doivent les intéresser le plus, sinon par ses vastes proportions et sa magnificence intérieure, du moins par les souvenirs qui s'y rattachent. C'est, en effet, le plus ancien de nos sanctuaires nationaux, à Rome, puisqu'il a précédé Saint-Louis, Saint-Nicolas-*des-Lorrains*, Saint-Claude-*des-Bourguignons*, lui-même, et que son origine remonte jusqu'à l'année 1455. Cédée par Calixte III au cardinal breton Alain de Coëtivi de Taillebourg, évêque de Sabine, cette église fut érigée dès lors en paroisse, avec adjonction d'un hôpital, dirigé par un collége de huit chapelains et un recteur. L'église et l'hôpital jouissaient, à cette époque, d'un revenu de 7000 écus romains, près de 40000 livres tournois. Ajoutons que, sur la demande de Henri III, Grégoire XIII réunit plus tard *Saint-Yves* à *Saint-Louis*, où fut aussi transferé l'hospice des malades et pèlerins bretons.

Ces antiques et vénérables institutions ont disparu complètement dans nos troubles révolutionnaires. *Saint-Yves* n'est plus maintenant qu'une chapelle, desservie par le clergé de *Saint-Louis*, ouverte au public le jour de la fête patronale seulement, et que je n'aurais pu visiter, probablement, si ma bonne chance ne m'eût fait me trouver à Rome, aujourd'hui, 19 mai. Profitons du moins de cette heureuse occurrence, pour augmenter quelque peu la somme de mes impressions et de mes souvenirs.

Située au fond d'une ruelle, qui aboutit obliquement à la *via della Scrofa* (1), en allant de *Saint-Louis* à la place du Peuple, *Saint-Yves* est l'une de ces innombrables chapelles que l'on rencontre dans tous les coins de Rome, et devant lesquelles on passe cent fois par jour, sans en soupçonner l'importance ni l'existence même, jusqu'au moment où quelque circonstance particulière vient appeler l'attention sur cet objet. Aujourd'hui, je la remarque sans peine, grâce à la longue trainée de sable jaune, parsemée de feuilles et de fleurs, qui en indique l'approche, à quelque distance, et, au-dessus des tentures qui surmontent la porte, je lis cette antique inscription :

Divo IVONI TRECORENSI *pauperum et viduarum advocato, natio Britanniæ ædem hanc jampridem consecratam restauravit. An. D.* MDLXVIII.

Saint Yves de Tréguier, *l'avocat des pauvres et des veuves*, voilà tout ce que cette inscription m'apprend au sujet du patron de la Bretagne. Le Martyrologe romain lui-même n'est guère plus prolixe, si ce n'est qu'il dit plus explicitement, au 19e jour de mai : « Saint Yves, prêtre et confesseur, qui, pour l'amour de Jésus-Christ, plaidait les causes des orphelins, des veuves et des pauvres. » L'Eglise n'a pas demandé d'autres titres au servi-

(1) *Rue de la Truie.* Ce nom grotesque n'est pas le seul du même genre que l'on rencontre à Rome où, autant et plus qu'ailleurs, le sublime et le ridicule se coudoient presque à chaque pas.

teur de Dieu, pour le placer sur ses autels, et cette gloire leur suffit à tous deux, à elle ainsi qu'à lui.

« Saint-Yves-*des-Bretons* (dit M. E. Lafond à qui j'ai emprunté quelques-uns des détails ci-dessus) est une petite église, humble, basse et longue, où le cintre domine, où les piliers sont en granit gris, et le vieux pavé en mosaïque est couvert de tombes bretonnes (1). » Ajoutons que j'y retrouve cette température humide, cette senteur de moisissure, particulière aux lieux habituellement fermés et qui, pour moi, comme pour tout voyageur chrétien, sans doute, donne un charme tout spécial à ces antiques sanctuaires, où il semble, en vérité, respirer, avec une poussière plusieurs fois séculaire, les souvenirs et les enseignements des âges qui ne sont plus.

Mais il faut bientôt quitter ces lieux, car la matinée s'avance, et j'ai une course bien longue à faire avant l'heure où la clôture des églises viendra me condamner forcément au repos. Jetons un coup-d'œil, en passant, dans l'église de *la Sapienza*, vaste rotonde, froide et nue, mais splendidement éclairée par ses immenses fenêtres, et dont la bizarre coupole se termine par une spirale qui donne assez bien l'idée de la tour de Babel, telle que maintes naïves gravures nous l'ont représentée, dans notre enfance. C'est du *Borromini*, c'est tout dire,

. . . . . . Et dans le monde entier,
Jamais *extravagant* ne fit mieux son métier.

Mais extravagant de génie, hâtons-nous de le déclarer,

(1)Rome. — *Lettres d'un pèlerin*, II, p. 98.

et qui a dépensé dans une foule d'excentricités, plus ou moins bizarres et incohérentes, plus de talent, de science et d'imagination qu'il n'en aurait fallu pour immortaliser son nom par des œuvres impérissables.

La *Sapienza* (1) est l'université romaine, fondée par Boniface VIII, dotée par Eugène IV, agrandie par Alexandre VI, et relevée de la décadence où elle était momentanément tombée, sous Jules II, par Léon X qui fit bâtir, sur les dessins de Michel-Ange, l'édifice actuel, continué par Sixte V, par Urbain VIII, puis terminée finalement par Alexandre VII. C'est quelque chose de vraiment royal que ce *cortile* rectangulaire, avec son vaste portique, à double étage; mais c'est là le moindre mérite de cet illustre établissement, le premier, en ce genre, des Etats-Romains et du monde entier peut-être. Présidée par un cardinal archi-chancelier, l'université se compose : d'un recteur choisi parmi les avocats consistoriaux; de cinq colléges qui correspondent aux classes de l'université, c'est-à-dire de Théologie, de Jurisprudence, de Médecine, de Philosophie, de Philologie et d'environ cinquante professeurs, lesquels, répartis dans les cinq classes indiquées ci-dessus, enseignent gratuitement aux étudiants toutes les branches des sciences sacrées et profanes (2). Pour donner une idée de la valeur de l'enseignement qu'on y reçoit, il suffira de dire que les deux plus insignes lumières de la théologie moderne, le Père Passaglia et le

(1) Ce nom lui vient de l'inscription : *Initium sapientiæ timor Domini,* placée au-dessus de l'entrée principale.

(2) Nibby. *Itinerario di Roma,* p. 372.

Père Perrone, jésuites, sont tous deux professeurs à l'université de la *Sapienza*.

C'est passer bien rapidement sur un sujet, qui mériterait sans doute bien d'autres détails; mais je ne traite ici, qu'on veuille bien se le rappeler, aucune matière *ex professo*, et j'analyse tout simplement, à mesure que je les recueille, mes impressions et mes souvenirs.

Me voici, maintenant, bien loin de la *Sapienza* et de Borromini. J'ai traversé la place de *la Minerve*, gagné le *Forum* de Trajan, parcouru, dans toute la longueur de ses ondulations, l'immense rue *Magnanapoli*, et je suis redescendu, au pied de l'Esquilin, dans cette vallée paisible et solitaire, où reposent en face l'une de l'autre l'église de *Sainte-Pudentienne* et celle du *Bambino Gesù*. Entrons un moment dans la première, où l'on célèbre, aujourd'hui même, tout à la fois la fête de l'illustre vierge et celle du sénateur Pudens, son père, qui « ayant été revêtu de Jésus-Christ, dans le baptême que les apôtres lui avaient conféré, conserva sans aucune tache la robe d'innocence jusqu'à la fin de sa vie (1). » En attendant l'arrivée du chapitre de Sainte-Marie-Majeure, qui va s'y rendre processionnellement, pour assister à l'office du jour, admirons, vénérons, une fois encore, les précieux monuments que je décrivais, avec tant de bonheur, lorsque j'ai raconté ma première visite à ces lieux.

Les régions que je vais explorer aujourd'hui sont entièrement nouvelles pour moi, quoique je les aie parcou-

(1) Ce sont les propres paroles du martyrologe romain.

rues plus d'une fois déjà, dans mon précédent voyage. Mais qui pourrait se douter, vraiment, en sortant de *Sainte-Marie-Majeure*, par la porte de la façade principale, qu'il y a encore quelque chose d'intéressant à visiter, dans ces lieux presque déserts? Ebloui par toutes les magnificences qu'il vient de contempler dans la chapelle Sixtine, dans la chapelle Borghèse, surtout, et le cœur inondé de toutes les émotions qu'a fait naître en lui l'incomparable sanctuaire, le pèlerin ne songe guère ordinairement à s'enquérir s'il reste quelque chose de curieux à observer dans le voisinage, et, soit qu'il se dirige vers Saint-Jean-de-Latran et le Colisée, pour regagner le *Corso* par le *Forum* et le Capitole, soit qu'il regagne le *quadrivium* des Quatre-Fontaines, pour rentrer dans le centre de Rome, par la *scalinata* de la Trinité *des Monts*, la place de Sainte-Marie-Majeure est, le plus ordinairement, la limite extrême de ses excursions du côté de l'Esquilin.

Et pourtant, combien d'objets dignes d'intérêt se trouvent réunis dans ces parages et même bien au delà! Voici d'abord : la colonne érigée par le Père Anisson, abbé du couvent de Saint-Antoine, pour perpétuer la mémoire de l'abjuration de Henri IV, dans l'année 1585; en face, l'église de *Saint-Antoine*, abbé, bâtie sur les ruines d'un temple de Diane (ou, suivant d'autres auteurs, de la basilique de Sicininus) avec ses fresques du 16e siècle, parfois un peu naïves et même grotesques, dont les tentations du pieux solitaire ont fourni le thème au pinceau de Pomarancio. Il y a là de quoi occuper et divertir un pensionnat de jeunes écoliers, pendant toute une journée de vacance extraordinaire !

Empressons-nous d'ajouter que l'église de *Saint-Antoine* prend un aspect plus sérieux, à l'époque de sa fête patronale (17 janvier), lorsque, pendant huit jours consécutifs, tous les chevaux de la ville et des campagnes voisines, depuis l'équipage pontifical, les *pur-sang* de l'aristocratie romaine, et les *barberi*, héros du prochain carnaval, jusqu'aux rustiques attelages, aux bourriques et aux baudets de *l'agro romano*, viennent recevoir la bénédiction de l'abbé du monastère voisin. C'est tout à la fois une fort joyeuse, fort pittoresque et fort belle cérémonie; mais il faut se trouver à Rome, le 17 janvier, sous peine de ne la connaître jamais que par le récit de voyageurs plus favorisés; or, tel est précisément le cas dans lequel je suis moi-même, en ce moment.

Continuons ma route vers l'arc-de-triomphe élevé à l'empereur Gallien (ou *Gallieno*, comme dit l'auteur des *Curiosités de Rome*) et à Salonine, sa femme, par un certain Marcus Aurelius Victor, au sujet duquel l'histoire ne nous apprend absolument rien de plus. Ce monument, composé de lourds blocs de travertin, et d'une architecture plus que médiocre, du reste, m'intéresse beaucoup moins que l'église adjacente, dont le vocable me rappelle un souvenir du pays natal, comme son histoire se rattache à plusieurs faits glorieux pour l'histoire du christianisme naissant.

C'est la petite église de *Saint-Vite* (1) l'une des plus

(1) C'est ainsi que doit s'écrire ce nom (en latin *Vitus*) et non

anciennes de Rome, puisqu'elle comptait au nombre des diaconies, dès le 7e siècle, et l'une des plus illustres parmi les églises cardinalices, puisqu'elle fut d'abord le *titre* du saint archevêque de Milan. Chacun est d'accord sur ces faits matériels, mais il est un point sur lequel les archéologues s'entendent moins bien, malheureusement : c'est la question de savoir si ces mots, *in Macello*, viennent de l'ancien *macellum* (ou marché) de Livie, établi jadis, disent-ils, dans ces régions, ou bien de quelque boucherie de martyrs, exécutée en cet endroit, ainsi que semblerait l'indiquer la pierre que l'on vénère dans l'intérieur de l'église, et sur laquelle furent, dit-on, massacrés un grand nombre de confesseurs de Jésus-Christ.

Mais poursuivons ma route à travers ces régions où m'attendent bien d'autres souvenirs, qui doivent trouver leur place dans mes récits.

Voici d'abord, au fond d'une cour solitaire, l'antique église de *Saint-Eusèbe*, bâtie, sur le lieu même où l'apostat Constance fit périr de faim le glorieux pontife dont elle porte le nom. Cette église, plusieurs fois restaurée, et qui possède une des meilleures fresques de Raphaël Mengs, appartenait jadis aux Célestins; mais elle fut donnée par Léon XII aux jésuites, qui, avec leur merveilleux instinct d'appropriation des hommes et des choses, ont transformé en une maison de retraite et de

point *Saint-Vit*, ou *Saint-Wit*, suivant l'orthographe adoptée, on ne sait trop pourquoi, par l'administration des postes.

pieux exercices les bâtiments de cette antique et vénérable résidence.

Il serait difficile, en effet, de trouver quelque chose de plus propice au recueillement et à la méditation que ces paisibles et silencieuses régions qui s'étendent derrière Sainte-Marie-Majeure, entre *Sainte-Bibiane*, à gauche, et Sainte-Croix-de-Jérusalem, du côté opposé ; aussi, les congrégations religieuses abondent-elles dans ces parages, et je vais bientôt faire, en ce genre, une rencontre qui sera l'un des plus précieux souvenirs de cette journée, comme de mon voyage entier.

Mais, prenons d'abord cette petite voie solitaire, bordée d'arbres et de verdure, qui se dirige, obliquement à la route principale, vers un petit bâtiment, dont j'aperçois la façade, à son extrémité.

C'est l'église bâtie, en 363, par la pieuse matrone Olympia et consacrée par le pape Simplicius, sur l'emplacement de l'habitation et de la sépulture de sainte Viviane, ou Bibiane, fille de Flavien, préfet de Rome, déjà mort lui-même dans l'exil, pour Jésus-Christ, et martyrisée, avec Dafrose, sa mère, et Démétrie, sa sœur, sous le règne de Julien l'Apostat. Bibiane, battue avec des fouets garnis de plomb, jusqu'à ce qu'elle eût rendu l'esprit, fut exposée aux chiens, pendant deux jours, sur le *Forum boarium*, dans le Vélabre; mais ces animaux ayant respecté son corps, il fut enlevé, pendant la nuit, par un prêtre, nommé Jean, qui ensevelit Bibiane, à côté de sa mère et de sa sœur, dans une catacombe située sous leur propre maison. Celle-ci reçut plus tard les restes sacrés de plusieurs milliers (1) de saints martyrs, sans compter les enfants et les femmes (*absque pueris et mulieribus*), ainsi que l'atteste une inscription qu'on lit sous le portique, élevé, au commencement du 17e siècle, par Urbain VIII.

Romæ, ad ursum pileatum (2). Ces mots, singuliers et quelque peu grotesques, même, que j'avais remarqués maintes fois dans le Martyrologe romain, s'expliquent pour moi très-clairement aujourd'hui, en voyant, à l'angle d'un mur qui sépare *Sainte-Bibiane* d'une maison voisine, un ours en pierre, debout sur ses pattes de derrière et coiffé du *pileus*, ou bonnet en forme de cône tronqué. Ce magot, quinze ou vingt fois séculaire, semblerait être pour certains voyageurs ce qu'est pour moi la roche Tarpéienne, par exemple, car ils en parlent comme d'une chose disparue depuis longtemps, ou qu'ils ne connaîtraient que par ouï-dire; or, l'*ours coiffé* est parfaitement visible, et je puis le mentionner en ce jour, autrement que sur la foi d'autrui.

Il n'en est malheureusement pas de même de l'église de *Sainte-Bibiane*, dont je trouve la porte inexorable ment fermée, comme aussi celle d'un bâtiment contigu, dont j'agite inutilement la sonnette, et qui est probablement le domicile du *custode* absent. En conséquence,

(1) Le texte dit : cinq *mille* deux cent soixante-six *mille* (quinque *millia* ducenta sexaginta et *sex millia* corpora). J'avoue humblement ne rien comprendre à ce singulier système de numération.

(2) A Rome, *à l'ours coiffé*.

après de nombreuses tentatives, demeurées décidément infructueuses, je me vois obligé de rebrousser chemin, sans avoir pu vérifier par moi-même les récits de mes prédécesseurs, au sujet des monuments, précieux à divers titres, qui font l'ornement de ce sanctuaire : la colonne, en marbre rouge antique, à laquelle Bibiane fut liée, pendant sa flagellation; l'urne d'albâtre oriental, qui renferme, sous l'autel, les corps de Bibiane, de Dafrose, sa mère, et de Démétrie, sa sœur ; les fresques de Pierre de Cortone et de Ciampelli, représentant quelques traits de la vie de l'auguste patronne, enfin la célèbre statue de Bibiane, elle-même, l'œuvre la plus parfaite, dit-on, qui soit sortie du ciseau de l'inépuisable Bernini.

Je verrai quelque jour, de mes propres yeux, toutes ces belles choses, s'il plaît à Dieu de me ramener jamais à Rome, soit pour le 2 décembre, fête de sainte Bibiane, soit pour le vendredi de la quatrième semaine de carême, jour de la station, dans cette église, car il paraît que ce sont là les deux seuls jours où il soit possible d'y pénétrer (sans protections), ainsi que je l'apprendrai quelque temps après.

Pendant que je suis en train de compter, comme on dit vulgairement, les clous de la porte, mon œil se promène sur différentes *inscriptions,* tout-à-fait modernes, tracées au crayon sur le mur du portique, à travers les noms d'une foule innombrable de visiteurs, de tous les pays. Je n'ai retenu de toute cette littérature que les paroles suivantes, qui me frappèrent, dans le moment, comme l'écho un peu grossi de ma propre pensée : *Questa chiesa è sempre chiusa; è davvero una vergogna* (1)*!* Je n'oserais dire, avec le touriste impatient, que cette clôture obstinée soit réellement une indignité, une honte, une ignominie ; mais j'affirmerai, sans crainte d'exagération, que c'est là du moins quelque chose de fort amèrement pénible pour les pèlerins et de beaucoup trop fréquent, surtout, dans les diverses régions de la sainte cité.

Heureusement qu'une ample compensation allait m'être offerte bientôt, de la manière la plus imprévue et la plus agréable tout à la fois. Après m'être arrêté quelques instants, au retour, devant ce massif en briques, vulgairement appelé les *Trophées de Marius* (2), et dans lequel d'autres veulent voir les vestiges d'une fontaine du temps de Septime-Sévère, j'allais reprendre la route de Sainte-Marie-Majeure, pour rentrer dans le centre de Rome par le quartier des *Quatre-Fontaines* et la *scalinata* de la *Trinité-des-Monts*, lorsque je me rappelle fort à propos que, dans les régions où je me trouve en ce moment, réside un personnage hautement intéressant, sous tous les rapports, une femme, une religieuse, dont le nom, couvert d'une gloire européenne, appartient désormais à l'histoire de l'Eglise universelle, une des illustrations du catholicisme, au dix-neuvième siècle, la vénérable mère Makryna Mieczyslawska.

Aucun de mes lecteurs, sans doute, n'a oublié le nom de cette pieuse abbesse des basiliennes de Minsk, en Lithua-

(1) Cette église est toujours fermée; c'est vraiment une honte !

(2) Du nom de deux trophées en marbre, jadis placés dans deux niches, et qui décorent maintenant la balustrade du Capitole.

nie, si odieusement persécutées par l'évêque apostat Siemaszko, avec l'approbation *expresse* (quoique niée plus tard) de l'empereur Nicolas, et chacun d'eux a lu bien certainement, dans le temps, le récit pathétique des tribulations physiques et morales de ces servantes du Seigneur, véritables confesseurs de la foi chrétienne, qui *goûtèrent le martyre* (comme dit M. E. Lafond), *sans pouvoir obtenir la mort.*

Eh bien, la mère Makryna réside présentement à Rome, où elle est supérieure d'un petit couvent, perdu au milieu des champs, derrière Sainte-Marie-Majeure, en face des *Trophées de Marius*, et dont le personnel se compose aujourd'hui de douze religieuses seulement. D'après les indications de Mgr. Bastide, je vais frapper à la porte de ce monastère en miniature et je demande hardiment à parler à la mère Makryna, qui paraît derrière la grille, quelques instants après. Je me présente à elle comme un simple catholique français, qui désire goûter la consolation de voir de près l'un des plus illustres confesseurs de la foi catholique, dans notre siècle, et s'édifier du récit des tribulations qu'elle a endurées pour l'amour de Jésus-Christ.

La bonne Mère, sans paraître ni blessée, ni surprise de ma demande peut-être un peu indiscrète, entre en matière tout simplement, et, pendant une demi-heure environ, me raconte en substance tout ce que je désirais savoir, non-seulement de ses épreuves précédentes et de son établissement à Rome, mais encore de l'état actuel de son œuvre, et va même jusqu'aux anecdotes du jour, en m'apprenant, par exemple, qu'elle avait songé un instant à solliciter la charité de l'Impératrice-mère de Russie, actuellement présente à Rome, mais que Pie IX, consulté par elle, à ce sujet, le lui avait formellement interdit.

La mère Makryna, dont la figure semble annoncer cinquante ou cinquante-cinq ans, au plus, en compte pourtant soixante-dix, dont cinquante de profession religieuse; c'est ce qu'on peut appeler une bonne femme, toute ronde, toute franche, toute simple, dans le genre des excellentes *Sœurs grises* de ma ville natale, par exemple, et qui paraît à cent mille lieues de soupçonner, si peu que peu, l'illustration réelle dont elle jouit dans le monde religieux, je pourrais dire même dans l'univers entier.

Au moment de nous séparer, je lui demande sa bénédiction, qu'elle me donne avec aisance et dignité tout à la fois, je lui offre *qualche limosina* pour sa maison, qui n'a d'autres revenus que la charité des fidèles; je recommande à ses prières la France, mes parents, mes amis, moi-même, et j'obtiens comme souvenir de ma visite une pieuse image, ayant au dos une prière en langue slave, au bas de laquelle sont écrits de sa main ces deux mots: *Makryna Bazylijana.* Voilà, certes, un curieux autographe à consigner dans mes archives, une véritable impression de voyage à conserver dans mes souvenirs! Je ne pense pas que les Anglais, les Américains, ni les Russes même en aient rapporté de semblables de leur séjour à Rome, et pas davantage certains français, dont j'aurai l'occasion de m'occuper avant peu.

On ne soupçonnerait guère, assurément, qu'il ait pu se passer quelque chose de plaisant, jusqu'au *grotesque* inclusivement, dans mon entrevue avec un aussi grave, un aussi saint personnage, et c'est pourtant ce qui eut lieu, dans toute la signification du mot. Comme nous parlions italien, la mère Makryna et moi, je lui avais dit, dès le début, que j'étais *un cattolico francese* (un catholique français), n'ayant pas d'autres titres et qualités dont je pusse me prévaloir dans la ville sainte, non plus que partout ailleurs. Or, la vénérable Mère avait entendu, à mon insu, *un canonico* (un chanoine) sans prendre garde, probablement, à mes moustaches et à mon costume fort peu ecclésiastique.

Si je m'étais aperçu tout d'abord de son erreur, je me serais empressé de la dissiper, en deux mots; mais les tournures propres à la langue italienne prolongèrent indéfiniment la bévue, car entre gens bien élevés on ne s'interpelle jamais qu'à la troisième personne, dans cet idiôme; en outre la Révérende mère parle assez vite et peu correctement, cela se comprend, un langage qui est fort différent du sien, sous tous les rapports, de sorte que je perdais très-fréquemment quelques-unes de ses paroles. Assez souvent, pourtant, j'entendais ces trois mots : *Il signor canonico,* revenir à travers ses phrases, et je me demandais, à part moi : « Qui donc peut être ce *chanoine,* dont la bonne Mère me parle ainsi à chaque instant? Serait-ce par hasard Mgr. Bastide? Mais, je ne vois pas trop ce que la personne du digne prélat peut avoir à faire dans les choses dont il s'agit entre elle et moi. Quel est donc le sujet de cet étrange *imbroglio?* »

Enfin, la lumière se fit *in extremis*, au moment où,

prenant congé de la mère Makryna, je l'entendis donner au portier l'ordre de reconduire *monsieur le chanoine*. Tout confus d'une pareille méprise, dont je ne pouvais en conscience accepter plus longtemps le bénéfice, je m'empresse de signaler son erreur à la bonne Mère, qui me répond, en souriant, avec beaucoup de franchise et de bonhomie : *Basta, basta, che siamo tutti canonici* (1), n'ayant pas plus l'air déconcertée du quiproquo que si elle m'eût pris, par exemple, pour un militaire déguisé en bourgeois. Il est de fait que l'on voit de si singulières figures, de si étranges costumes à Rome, dans le monde ecclésiastique même, à commencer par les Orientaux, avec leurs longues barbes, qu'une religieuse, polonaise surtout, pouvait bien prendre un laïque, au front chauve et à moustaches, pour quelque chanoine, ou tout autre semblable dignitaire français, voyageant *incognito*.

Voici encore une journée féconde en impressions d'un ordre peu vulgaire, et c'est peut-être ici le lieu de consigner une réflexion qui m'a préoccupé souvent, dans mes pérégrinations sur le sol de la sainte cité. Combien de fois, en parcourant les régions solitaires qui séparent, en certains endroits, le centre de la ville des murs d'enceinte, et voyant dans un lointain vaporeux les édifices de la Reine des nations, combien de fois ne pensais-je pas à cette population frivole qui se presse et se coudoie dans

(1) Bah! bah nous sommes tous chanoines (ou *canoniques*, c'est-à-dire orthodoxes) ; car le mot italien prête à l'équivoque, et c'est sur ce double sens que la Révérende Mère voulait jouer, probablement.

ses rues, sur ses places, sans le moindre souci des merveilles qui l'environnent de toutes parts, sans la plus légère préoccupation des trésors inestimables qu'elle foule d'un pied distrait presque à chaque pas !

Pendant que le pèlerin fouille d'un regard avide, insatiable, les moindres recoins de la cité des saints et des sanctuaires, les désœuvrés du restaurant *Lepri*, les hommes d'état du *Caffè Nuovo* élaborent des projets de constitutions politiques, discutent les réformes à introduire dans *le gouvernement des cardinaux* (style du *Siècle*), et les touristes de toutes les nations se pressent dans les galeries publiques, ou particulières, à la recherche de quelque œuvre d'art, antique ou moderne, que leur a signalée un *Guide* plus ou moins fautif et incomplet.

Pendant ce temps encore, hélas! de pieuses et saintes âmes se consument partout en désirs impuissants de contempler tant de merveilles méconnues, dédaignées, méprisées par le vulgaire, et que le plus grand nombre d'entre elles, pourtant, ne connaîtront bien certainement jamais. C'est ainsi que les choses se passent le plus ordinairement, sur cette misérable terre, où parfois un aveugle hasard semble vraiment présider à la direction des destinées, à la distribution du lot de félicité promis à chaque mortel ; et l'on ne veut pas qu'il y ait un meilleur monde, pour équilibrer tant d'inégalités, pour rémunérer tant de pénibles sacrifices, pour compenser tant d'amères et douloureuses privations !

XL.

San-Lorenzo in fonte. — *Le phénix des custodi !* — *Les miracles prouvés par..... un paien!* — *Visite à divers sanctuaires.* — *Sainte Cécile* de domo *et l'éloquence de la chaire, à Rome.*

Ainsi que le lecteur a pu le constater sans peine jusqu'ici, les monuments de l'art profane tiennent peu de place dans les impressions de ce deuxième voyage, et les antiquités de cette espèce, les musées, les galeries publiques ou particulières ne se rencontrent guère que épisodiquement dans mes récits. Que ceux-là qui seraient tentés de m'en faire un reproche veuillent bien se rappeler que le but principal de cette nouvelle visite à Rome est de compléter la précédente, sous le rapport des monuments religieux principalement et de rechercher ce qui a pu échapper, en ce genre, à mes premières et malheureusement trop sommaires investigations. Pour tout dire en un mot :

c'est un *pèlerin*, plutôt qu'un *touriste*, qui raconte ses impressions de voyage, et il n'y a pas lieu de s'étonner, dès lors, du choix des objets vers lesquels se portent ses prédilections.

Cette précaution n'est pas de trop pour justifier le passé, comme pour expliquer l'avenir, en même temps qu'elle va fournir l'entrée la plus naturelle aux matières diverses qui forment l'objet du chapitre que je commence en ce moment.

Au début de cette journée, je me trouvais dans un sanctuaire peu connu, je crois, mais bien digne de l'être pourtant, et dont la visite compte au nombre des impressions les plus vives de ce jour lui-même, comme des plus précieux souvenirs de ce deuxième pèlerinage. C'est la petite église de Saint-Laurent *in fonte*, située au bas du Viminal, et bâtie sur le lieu même où l'illustre diacre, captif pour l'amour de Jésus-Christ, fit jaillir miraculeusement, dans son cachot même, une source dont l'eau lui servit à baptiser (1) Hippolyte, chevalier, et Romain, soldat, à qui on avait confié le soin de garder Laurent, jusqu'à ce qu'il fût conduit au martyre. Cette chapelle appartient à la *Congrégation des gentilshommes*, qui forment la cour des cardinaux. Quoique entretenue avec un soin visible, elle ne présente néanmoins aucun objet remarquable et je la quitterais promptement, après un simple coup-d'œil jeté dans sa nef, du seuil même de la porte,

(1) Le vase d'airain qui fut employé à cet usage est conservé à Saint-Laurent *extrà-muros*.

si je ne savais qu'elle renferme, dans ses parties inférieures, un objet digne du plus haut intérêt pour le voyageur chrétien.

C'est dans les occasions de ce genre, surtout, que l'on peut apprécier l'utilité, la nécessité même de préparer non-seulement le plan général de ses excursions dans Rome, mais encore le programme de ses pérégrinations de chaque jour, afin de connaître d'avance l'importance des lieux que l'on va visiter, et de ne négliger aucun détail, faute de renseignements préliminaires. Il est bien certain, par exemple, que, sans les précieuses indications de l'*Année liturgique*, j'ignorerais aujourd'hui encore les particularités qui donnent une si haute valeur à l'église de Saint-Hippolyte *in fonte*, d'autant plus que rien, à l'intérieur, ne m'avertit de l'importance de ce petit sanctuaire et il n'est pas à craindre que le *custode* du lieu, bien qu'il m'ait vu fléchir le genou devant l'autel, vienne m'offrir quelques renseignements à ce sujet. Ce genre *d'article* est peu recherché et ne fait pas beaucoup d'argent !

Fort heureusement, je suis prévenu, et c'est moi, cette fois, qui aborde le gardien du sanctuaire, pour lui demander à visiter le trésor commis à ses soins. Nous descendons un escalier pratiqué dans le voisinage de la sacristie et bientôt nous arrivons, par un étroit et obscur passage, dans une espèce de cave circulaire, une sorte de puits, pour mieux dire, où je remarque, en face l'un de l'autre, une grande niche, pratiquée dans le mur, et à quelques pas de là une source qui coule silencieusement au niveau du sol.

Sans doute, pour qui a visité déjà les trois fontaines des *Eaux-Salviennes* et le jet miraculeux de la prison Mamertine, un objet de cette nature perd un peu de son intérêt, peut-être, tout au moins sous le rapport de l'imprévu; néanmoins, il est une telle grâce attachée aux souvenirs des saints et aux lieux consacrés par leurs travaux et leurs souffrances, que chaque nouvel objet de ce genre qui vient s'offrir aux yeux, produit sur l'âme une vive impression de saisissement religieux, sans que les émotions précédentes nuisent aux sensations actuelles, et sans qu'il résulte la moindre satiété de la multiplicité, de l'apparente uniformité des objets. J'aurai bientôt l'occasion de l'expérimenter, dans une circonstance plus solennelle et plus mémorable encore.

Après avoir imprimé respectueusement mes lèvres sur le siége de pierre qui supporta le corps du saint martyr, et les avoir humectées dans la source jaillie miraculeusement du sol, à sa voix, je regagnais l'intérieur de Rome pour continuer, au hasard, mes recherches dans d'autres régions. En descendant la *salita del Grillo,* pour rentrer dans le *Forum* de Trajan, je rencontrais sur ma route ce mur cyclopéen dont l'origine et la destination primitive sont encore aujourd'hui une énigme pour les archéologues, et j'apercevais tout ouverte la petite église de l'*Annunziatina,* bâtie en faveur des novices dominicaines sur les débris du temple de Nerva. Dans une ville telle que Rome, le moindre sanctuaire m'intéresse, lors même qu'il ne se recommande par aucune œuvre d'art, par aucun souvenir historique; aussi je ne manque jamais d'entrer, à tout hasard, dans la plus petite chapelle dont je trouve la porte ouverte, sur mon passage, ne fût-ce que pour profiter d'une occasion qui pourrait bien ne plus se retrouver désormais.

J'aurais été bien mal inspiré de m'écarter aujourd'hui de cette règle de prudence, que j'ose recommander à tous, en cas pareil, car l'église, souverainement inconnue, de l'*Annunziatina* devait m'offrir, coup sur coup, deux objets, dont le second est sans contredit de beaucoup le plus curieux, le plus merveilleux, le plus rare, dans la ville sainte elle-même, comme partout ailleurs, je pense : une image miraculeuse et..... un *custode intelligent !!!*... — Voici, en peu de mots, le récit exact de cette double et peu croyable aventure.

Je venais de m'agenouiller, quelques instants, devant un autel, surmonté d'une antique et naïve image de la sainte Vierge, qui avait attiré tout d'abord mes regards, au moment où j'entrais dans l'église, et je me levais, pour jeter un coup-d'œil sur les autels voisins, lorsqu'un personnage à costume ecclésiastique s'approche de moi, d'un air très-gracieux, et me raconte, en quelques mots, l'histoire vraiment merveilleuse de cette pieuse représentation. Si je dois l'en croire, un criminel, condamné à mort, et qui passait devant l'*Annunziatina,* pour se rendre au lieu du supplice, invoqua l'assistance de Marie, dont l'image sortit du sanctuaire, pour venir se placer au-dessus de la porte extérieure, pendant que le lugubre cortége était soudainement frappé d'une immobilité complète, invincible, qui ne cessa qu'au moment où le souverain pontife, informé en toute hâte de cet événement prodigieux, accorda, sans hésiter, la grâce du coupable.

Je laisse au bon *custode* la responsabilité de sa pieuse légende, que je n'ai lue nulle part, que je n'ai entendu sortir d'aucune autre bouche que de la sienne, et que je n'ai, du reste, aucune répugnance à admettre, étant du nombre de ces *esprits faibles* qui croient à l'efficacité de la prière, à l'intercession des saints, à la maternité divine de Marie et même, s'il faut le dire, à la toute-puissance de Dieu ! C'est très-honteux, j'en conviens, par le temps qui court; mais ce qui m'empêche de rougir par trop de ma faiblesse, c'est de me trouver d'accord (pour ce dernier article de croyance, du moins) avec une autorité qu'on ne soupçonnera probablement pas de *jésuitisme*, car, sans parler de quelques autres considérations, la chronologie s'y oppose d'une manière impitoyable.

C'est un païen, c'est Plutarque lui-même, ni plus ni moins, qui va prendre la défense des contes de bonnes vieilles et des *histoires de sacristains* :

« Ceux qui ne peuvent se résoudre, dans leur ardent amour pour la Divinité, à rejeter ni à révoquer en doute aucun de ces prodiges, ont pour fondement de leur foi *la puissance merveilleuse de la divinité, infiniment supérieure à la nôtre.* Dieu ne ressemble en rien à l'homme, ni dans sa nature, ni dans sa sagesse, ni dans sa force; *il n'y a donc rien d'absurde à ce qu'il fasse des choses qui nous sont impossibles, et trouve des moyens d'agir qui surpassent toutes nos facultés.* Différent de nous, en toutes manières, c'est surtout par ses opérations qu'il se distingue de nous et qu'il nous dépasse à une distance infinie. Mais *notre peu de foi*, comme dit Héraclite, fait que la plupart des œuvres divines échappent à notre connaissance (1). »

Il faut convenir qu'un capucin ne dirait pas pis, au 19e siècle, et c'est grand dommage vraiment qu'il n'ait pas existé jadis à Chéronée quelque *Siècle*, quelque *Opinion nationale*, ou tout autre ami de la *libre pensée*, pour signaler à la risée publique et rappeler à l'ordre un *cuistre de séminaire* (comme dirait M. E. About), un marguillier, un bedeau, un sacristain, aussi stupide que le biographe des hommes illustres de l'antiquité !

Mais j'en reviens à mon *cicerone* de tout-à-l'heure, car il joue un rôle très-important dans mes aventures de ce jour. C'est une chose merveilleuse de cœur et de bon sens que la conduite de ce digne homme, dans la circonstance dont je viens de narrer les détails. Il voit entrer dans l'église un visiteur évidemment chrétien (par l'extérieur, tout au moins), puisqu'il commence par s'agenouiller devant une pieuse image ; il en conclut tout naturellement que l'histoire de celle-ci lui sera très agréable et il met à la lui raconter le même empressement que le *cicerone* vulgaire apporte à débiter devant un *forestiere* son chapelet d'informations étudiées par cœur, ou à signaler à son client du moment les œuvres d'art, les objets d'antiquité confiés à sa garde. Enfin, cet *exhibiteur* connaît ce dont il parle, s'exprime en termes sensés, corrects,

(1) Plutarque. *Vies des hommes illustres.* Traduction Pierron. Edition Charpentier, 1843, I, pag. 425. (Vie de Caius-Marius-Coriolan).

et, pour comble de merveille, (*stupete gentes!*) il n'y a pas moyen, je ne dirai pas de faire accepter, mais de proposer même, sans outrage, la moindre *buona mano* à ce phénix des *ciceroni*, dont chacun de mes lecteurs, j'en suis sûr, voudrait, en cas de besoin, connaître le nom et la demeure.

Débrouillons l'énigme par un seul mot, qui va ruiner malheureusement de bien douces illusions : ce *custode* invraisemblable, impossible même, c'est...... un bon prêtre, à cheveux blancs, aumônier de l'*Annunziatina*, et visiteur assidu de ce sanctuaire privilégié. On conçoit sans peine combien de semblables concurrents doivent gâter le métier de nos seigneurs les *ciceroni!*...

Le reste de cette journée se passait à visiter sur divers points de la ville quelques sanctuaires intéressants, à divers titres, et que je vais énumérer sommairement, dans l'ordre où me les présentent mes souvenirs :

1° *Santa-Croce*, l'église nationale des Lucquois, où je remarque, au maître-autel, un grand crucifix, vêtu d'une tunique, de la tête aux pieds, (singularité que j'ai déjà observée, il y a quelques jours, à Saint-Sauveur *in Lauro*) (1), mais surtout la splendide chapelle, construite aux frais d'une noble et pieuse famille, en l'honneur de sainte Zite, cette pauvre servante, obscure, méprisée de tous, pendant sa vie, et qui reçoit maintenant les humbles hommages des princes et des rois.

(1) Sur la place du même nom; cette église, à l'usage des *Frères* (français) *de la Doctrine chrétienne*, est le sanctuaire national des *Marchegiani* ou habitants de la marche d'Ancône.

2° Sainte-Marie *in Monterone*, la chapelle des Rédemptoristes (ou Liguoriens) pour lesquels on bâtit, en ce moment, à la villa Caserte, dans le voisinage de Sainte-Marie-Majeure, une église plus en rapport avec le développement et l'importance actuelle de cette savante et pieuse congrégation. Je remarque, dans leur petit sanctuaire de *Sainte-Marie*, le tableau qui représente leur saint fondateur, à genoux, dans une sorte d'extase, mais surtout un tombeau, placé dans le voisinage du maître-autel et dont l'effet est des plus saisissants. La mort, personnifiée par un squelette, est assise sur un sépulcre et tient, de la main gauche, un portrait en mosaïque, qu'elle semble montrer, de la main droite, avec une expression de joie féroce, ou plutôt de satanique dérision, qui glace vraiment le sang dans les veines.

3° La Trinité *dei condotti*, église des Trinitaires espagnols, où j'ai remarqué souvent la *Pietà*, de Velasquez, et la *Sainte Agnès*, de Benefiale.

4° Saint-Barthélemy *des Bergamasques*, sur la place Colonne, avec son petit hôpital fondé par Giacomo Tasso, cousin du père de l'*altissimo Poeta*, en faveur de ses compatriotes, et dans lequel Torquato lui-même fut très-heureux de trouver, pendant quelque temps, un modeste asile.

5° Sainte-Marie *in Aquiro*, bâtie au 5e siècle, dans le voisinage du Panthéon, par le pape saint Anastase Ier, sur l'emplacement du temple de Juturne, reconstruite, en 1590, par le cardinal Jean-Marie Salviati, et réparée dans sa façade, en 1740, mais bien moins remarquable par ce genre de souvenirs et même par ceux des Equiries, ou courses de chevaux, qui se faisaient dans le Champ-de-Mars voisin, en l'honneur du dieu de la guerre, que par l'hospice que saint Ignace fonda près de l'église elle-même pour recueillir et instruire les pauvres orphelins abandonnés.

6° *Sainte-Madeleine*, le principal sanctuaire des religieux hospitaliers de Saint-Camille-de-Lellis, ces dignes rivaux des Frères de Saint-Jean-de-Dieu. Voici encore une de ces petites églises, peu connues, peu visitées, et dans lesquelles pourtant chacun peut trouver pâture à son goût, l'artiste comme le pèlerin. Citons, pour le premier : les marbres qui lambrissent l'intérieur; la *Sainte Madeleine*, du maître-autel, par Antonio Gherardi et les deux bas-reliefs voisins, de Pietro Bracci, dont l'un représente la sainte pécheresse, au tombeau de Notre-Seigneur, et l'autre, en face, Madeleine avec Jésus, qui lui apparaît sous la forme d'un jardinier.

Citons encore : la chapelle du saint titulaire, avec ses marbres magnifiques, les peintures de la voûte, par Sébastien Conca et le portrait de Camille, par Placido Costanzi ; le *Saint Laurent Justinien*, peint en une seule nuit, dit-on, par le fameux Luca Giordano, de Naples, à qui maints faits d'armes en ce genre méritèrent le sobriquet de *Luca fa presto* et l'emphatique épithète de *Fulmine della pittura*. Citons enfin l'orgue, dont le buffet merveilleusement travaillé, ne reconnaît guère de rivaux (et encore à un grand intervalle,) que ceux de Sainte-Marie de *la Victoire* et de Sainte-Marie *della Scala*.

Quant au pèlerin, il trouvera un aliment à sa piété, dans divers objets de la nature la plus précieuse aux yeux de la foi : une partie du cilice de sainte Madeleine; le corps de saint Camille, placé sous le maître-autel et la chambre habitée jadis par lui, où l'on montre divers objets, qui furent à son usage personnel.

7° Saint-Sauveur *in Thermis*, l'une de nos chapelles nationales, moins précieuse par ses antiques souvenirs et son *Christ au tombeau*, (statue en bois peint qui porte, dit-on, la mesure exacte de la taille du divin Sauveur), que par le zèle dévoué de l'un des membres du clergé de *Saint-Louis*, le pieux abbé Angelo Figarella, Corse d'origine, qui succombera dans quelques mois, bien jeune encore, aux fatigues de son laborieux apostolat.

Mes pérégrinations de ce jour aboutissaient finalement à l'un de ces innombrables petits sanctuaires, qui se trouvent disséminés sur tous les points de Rome, où ils demeurent généralement inconnus des voyageurs chrétiens eux-mêmes, auxquels nul *Guide* ne les signale et qui offrent néanmoins un si vif intérêt à la foi, comme à la piété du pèlerin.

J'avais remarqué bien des fois, en passant dans le voisinage du palais Borghèse, une de ces étroites ruelles transversales, qui, dans le centre même de la ville, relient entre elles les voies principales et sur laquelle avait attiré mon attention cette indication assez remarquable écrite à l'un de ses angles : *Vicolo del divino amore.* Mais de pareils titres sont communs à Rome, on le conçoit sans peine, et j'étais bien loin de soupçonner que celui-ci fût l'indice de quelque pieux trésor, caché dans ces obscures régions. C'est ce que j'allais apprendre, aujourd'hui même, en pénétrant dans une petite chapelle, vers laquelle je vois se diriger de pieux fidèles, appelés par le son d'une clochette, qui annonce quelque exercice particulier. Quel est ce sanctuaire? C'est ce que je vais laisser dire à un écrivain de nos jours, le seul des modernes visiteurs de Rome qui ait (à mon avis du moins), traité ce genre de sujet, avec toute l'exactitude et l'affection qu'il réclame.

« Sainte Cécile vivait au commencement du 2e siècle. Elle appartenait à une famille dont le nom était lié aux plus beaux souvenirs de Rome, depuis Caïa-Cæcilia Tanaquil, l'illustre épouse du premier Tarquin, jusqu'à ces Cæcilius Metellus, qui avaient conquis les titres de *Macédonique*, *Baléarique*, *Crétique*, *Numidique*, etc. Convertie au christianisme, mais vivant dans une maison païenne, Cécile allait la nuit aux assemblées des fidèles et consacrait les jours à chanter, dans la solitude, les louanges du bien-aimé de son cœur. Une petite chapelle a été édifiée dans le quartier du Champ-de-Mars, au lieu où elle passa ainsi son enfance. On y lit cette inscription : « *Hæc est domus in quâ orabat sancta Cæcilia.* (C'est ici la maison où priait sainte Cécile.) Cette chapelle est vulgairement connue sous le nom du *Divin Amour* (Il Divino Amore) (1). »

Telle est la simple et touchante histoire de ce petit

(1) E. de la Gournerie. — *Rome chrétienne*, I, p. 53.

sanctuaire, connu dans la langue liturgique romaine, sous le titre de : Sancta Cæcilia *de Domo*, et dont le plus grand nombre des voyageurs chrétiens, eux-mêmes, ignorent probablement le nom et l'existence.

J'ai déjà visité bien des fois, je vais visiter prochainement encore l'antique et noble église consacrée dans le *Trastevere* à la glorieuse épouse de Valérien, et c'est avec un indicible bonheur que je retrouverai les lieux immortalisés par les combats et les triomphes de l'illustre vierge. Mais, je dois l'avouer, ni les splendeurs qui environnent son autel, ni les antiques souvenirs qui donnent tant de prix à ce merveilleux sanctuaire, ni même la présence de ses restes vénérés, rien de tout cela ne produit sur mon imagination, sur mon âme, une impression comparable à celle qui résulte de ces simples mots, dans lesquels je retrouve tous les éléments de la plus noble, de la plus touchante histoire : « C'est ici la maison où priait sainte Cécile. — *Hæc est domus in quâ orabat sancta Cæcilia* (1) ! »

Un autre fait se rattache, dans mes souvenirs, à ce petit sanctuaire et me fournit l'occasion de toucher, en passant, certain sujet qui ne peut guère manquer de trouver sa place dans le récit des impressions en tout genre que j'ai reçues au sein de la grande cité. Au moment où je franchissais le seuil de la chapelle, un ecclésiastique montait en chaire, pour le pieux exercice du jour (on était alors

(1) Voir l'*Histoire de sainte Cécile*, par dom Guéranger, pag. 50 et 432.

au milieu du mois de Marie) et j'avais une occasion de plus d'apprécier les nuances particulières qui semblent caractériser l'éloquence sacrée, dans le pays où je me trouve présentement.

S'il m'est permis d'en juger par les échantillons que j'en ai recueillis en divers temps et en divers lieux, le genre *simple* serait le moins cultivé de tous en Italie, et probablement aussi le moins bien approprié au caractère comme aux besoins des populations. L'orateur de ce jour, par exemple, en présence d'un auditoire composé, comme partout, de femmes pour la plus grande partie, s'engage, à propos des prérogatives et des vertus de l'incomparable Vierge, dans un dédale de graves considérations, empruntées à la théologie mystique et débitées d'un ton dogmatique, emphatique et pesant.

Une autre fois, dans l'église de *San-Ignazio*, j'avais entendu l'un des religieux du Collége romain égayer un sujet passablement sérieux en lui-même et beaucoup trop *pratique*, malheureusement, par le récit de certaine historiette qui se trouve tout au long dans l'énumération des faits et gestes de l'illustre gouverneur de l'île Barataria (1). Une autre fois, encore, j'entendais au *Gesù* certain *fervorino*, terminé par une espèce d'appel aux armes (spirituelles), et qui, pour l'animation de la voix et des gestes, n'aurait pas été déplacé dans la bouche du général en chef de l'armée d'Orient, au moment de lancer les colonnes d'attaque à l'assaut de Sébastopol.

(1) *Don Quijote*, IIe partie, ch. 45, vers la fin.

Si l'on joint à cela certaines circonstances extérieures, toutes particulières, telles par exemple, que la forme de la chaire, qui n'est point, comme chez nous, l'un de ces disgracieux tonneaux, accrochés à l'un des piliers de l'église, mais une assez large estrade sur laquelle l'orateur se tient debout, avec la possibilité de faire quelques pas, à droite et à gauche, et les facilités qui en résultent pour donner, dans certains cas, au débit une animation tout extraordinaire ; si l'on tient compte, en outre, du caractère de l'auditeur, qui est déjà convaincu des vérités de la foi, qu'il ne s'agit plus que de stimuler à la pratique des vertus dont l'éloigne sa faiblesse, et chez qui il faut agir, non point sur l'intelligence, mais sur le cœur et l'imagination ; si l'on tient compte aussi des relations plus habituelles, plus familières, du prêtre et du religieux avec le simple fidèle, on comprendra sans peine quelles singulières différences l'éloquence de la chaire, en Italie, doit présenter le plus ordinairement avec celle qui est en honneur dans notre pays.

Ici, du reste, je n'entends nullement me porter juge de ce qui est le meilleur, absolument ou relativement, en pareille matière, et d'ailleurs je n'ai point de termes de comparaison, suffisamment nombreux et variés, pour asseoir avec certitude une opinion quelconque. Ici, comme ailleurs, je me borne à dire ce que j'ai vu, ce que j'ai entendu, sans aucune exagération, sans conclure surtout du particulier au général, du fait au système et sans me permettre de juger à fond des gens et des choses que je n'ai guère pu voir et étudier qu'en passant.

Il serait grandement à désirer, je crois, que certains fabricants de voyages modernes voulussent bien adopter, pour leur compte personnel, de pareilles théories et s'imposer une semblable réserve, impérieusement exigée par les principes les plus élémentaires de la justice et de l'honnêteté. Malheureusement le genre tempéré, le genre *vrai*, surtout, ne fait pas précisément le compte du public des cabinets de lecture, moins encore celui des journaux à images et des entrepreneurs de romans feuilletons !

XLI.

Fête de l'Ascension. — Une messe en musique à Sainte-Cécile.— *Quelques églises du* Trastevere. — *Les* Quarante-Heures *à* *Saint-Sylvestre* in capite.

Rome est veuve de son roi, de son père, de son pasteur suprême, depuis un mois bientôt, et dès le jour même de son départ, chacun a pu constater une fois de plus un fait, qui n'est malheureusement pas nouveau dans l'histoire de l'Eglise et de la cité sainte elle-même, c'est-à-dire que Rome, sans le Pape, n'est plus qu'une maison sans maîtres, une cité sans habitants, un corps entièrement dépourvu de mouvement et de vie. Déjà, dès le 4 mai, les étrangers ont déserté la ville, à rangs pressés; l'aristocratie romaine s'est réfugiée dans les *villas* du voisinage; les membres du corps diplomatique, ceux de la prélature même ont pris des congés extraordinaires, et il ne reste plus dans Rome, en outre de sa population habituelle, indispensable, que les voyageurs scientifiques ou littéraires, les artistes et les pèlerins qui, ne redoutant ni la solitude, ni le silence, poursuivent avec une infatigable ardeur leurs doctes recherches où leurs mystérieuses pérégrinations.

Pour ces derniers, néanmoins, l'absence du pasteur suprême se fait sentir d'une manière doublement pénible, au jour solennel où l'Eglise fête l'ascension du Rédempteur glorifié. Ce jour là, en effet, une chapelle papale a lieu, chaque année, à Saint-Jean-de-Latran, c'est-à-dire que la grand'messe est célébrée, par un cardinal-évêque, en présence du saint Père, entouré du sacré Collége, après quoi la bénédiction pontificale est donnée du haut de la *loggia,* qui surmonte l'entrée principale de la basilique, faisant face à Sainte-Croix de Jérusalem, avec le déploiement de magnificence qui accompagne ordinairement cette incomparable cérémonie. Mais aujourd'hui le vénérable sanctuaire demeure, comme les autres jours de l'année, silencieux et solitaire; les abords du Vatican sont déserts et rien ne vient révéler aux *forestieri* présents à Rome la solennité de la fête du jour, si ce n'est le canon du fort Saint-Ange et la vue des bannières qui flottent sur les murs de la citadelle, occupée déjà depuis plusieurs années par nos invincibles soldats.

Le *Diario romano* me vient ici en aide, par quelques indications qui vont me fournir le moyen de varier fructueusement le programme de cette journée, en visitant quelques églises qui ont un rapport plus direct avec la solennité qu'elle a pour objet. L'une d'elles est Sainte-Marie *des Grâces,* dans le voisinage de la Porte *Angelica,* petite église appartenant aux Pères du tiers-ordre de la

Pénitence, et vers laquelle m'attire plutôt, j'en conviendrai franchement, le désir de voir du nouveau (*nova videndi*, comme dit le livre de l'*Imitation*) que la célébrité dont le sanctuaire peut jouir, à un titre quelconque.

Sous ce rapport, du moins, mon attente ne sera point vaine, car c'est un charmant petit coin de terre, en vérité, que l'espace qui s'étend derrière l'aile droite du portique de Saint-Pierre, jusqu'à la porte ouverte, en 1560, par Pie IV, dans l'enceinte que Léon IV avait construite, au 9e siècle, pour fortifier de ce côté la basilique Vaticane contre les incursions des Sarrasins. Cet aspect produit sur l'œil une impression d'autant plus agréable qu'il est tout-à-fait inattendu dans ces régions, où tout semble se terminer à la colonnade sublime de Bernini ; aussi, lorsque après avoir tourné derrière l'hémicycle de droite, on se trouve soudainement dans cette large rue, dans ce fragment de boulevard qui aboutit directement à la porte *Angelica*, il semblerait vraiment, si l'on n'apercevait la campagne voisine, que l'on va pénétrer dans quelque *rione* (1), non encore classé jusqu'à ce jour, et que les *Guides* ont oublié dans leurs méthodiques énumérations.

Je reviendrai quelque jour dans ces lieux, en me dirigeant vers le *Monte-Mario*, dont je veux visiter la cime pittoresque ; en attendant, jetons un coup-d'œil sur deux

(1) La ville de Rome est divisée, depuis Benoît XIV, en 14 quartiers, ou *rioni* (abréviation de *regioni*) comme elle l'était déjà du temps d'Auguste.

petites églises, que je rencontre de ces côtés : Sainte-Anne *des palefreniers* (1) et Saint-Pèlerin (2), le sanctuaire national des Suisses. Il n'y a rien là qui intéresse bien particulièrement l'histoire de l'art, ou les souvenirs de la foi. Mais voici Sainte-Marie *delle grazie*, qui va m'offrir une compensation dans son antique effigie de la Sainte-Vierge, transportée de la Terre-Sainte à Rome, en 1586, et qui est exposée en ce jour à la vénération des fidèles. Le nom sous lequel on la révère, et qui est devenu celui de l'Eglise elle-même, justifie la pieuse confiance du peuple dans cette image de la mère de Dieu.

Erubesce Sidon! — C'est encore à un livre profane et même quelque peu mondain (3), que je dois emprunter ces détails, que je ne trouve dans aucun des ouvrages composés *ex-professo* pour guider les pas du pèlerin dans Rome. Quand donc viendra-t-il enfin quelque auteur, plein de foi, de piété, de science tout ensemble, pour nous donner un indicateur complet des sanctuaires et des pieux monuments de la sainte cité?

(1) Sancta Anna *Stratorum*. J'ignore l'origine de la dévotion spéciale des palefreniers pour l'aïeule maternelle du Verbe incarné; mais je constate qu'ils ont élevé dans Rome deux sanctuaires en son honneur; l'autre, construit par Vignole, est situé au pied de l'Aventin, en allant du côté du *Monte Testaccio*.

(2) Pelerin Savelli, ou Peregrin, premier évêque d'Auxerre, mort en 142.

(3) Robello. — *Les curiosités de Rome*, p. 93. L'auteur lui-même de l'*Année liturgique à Rome* ne parle point de cette image, à moins qu'il ne confonde (ce qui est peu probable) Sainte-Marie *des grâces*, près la porte Angélique, avec l'église du même nom, qui est voisine de l'hospice de la *Consolation*.

Trois heures plus tard, je me retrouvais au *Trastevere*, dans ma chère basilique de *Sainte-Cécile*, où m'appelait, cette fois, le double attrait d'une visite nouvelle aux monuments précieux qu'elle renferme et d'une messe en musique, chantée par les religieuses bénédictines, dont le monastère est adjacent à l'antique sanctuaire. Une messe en musique à *Sainte-Cécile!* quelle merveilleuse aubaine pour un ami de la lyre sacrée, et quelle reconnaissance ne dois-je pas au digne *custode* qui, en actions de grâces du *paolo* dont je le gratifiais, il y a quelques jours, au sortir de la *Chapelle des bains*, a bien voulu m'informer de la fête musicale qui se prépare pour aujourd'hui! Mais, en attendant le commencement de la *funzione*, passons encore un examen détaillé de toutes les magnificences du merveilleux sanctuaire, et profitons avidement de l'occasion qui m'impose l'heureuse nécessité de passer deux heures entières dans un semblable lieu.

Profitons aussi de cette circonstance, pour compléter les détails trop sommaires que j'ai donnés sur cette église, comme sur beaucoup d'autres, dans la première partie de mes récits.

J'ai raconté succinctement alors l'origine et les transformations successives de *Sainte-Cécile*, en décrivant rapidement les principales beautés matérielles de cet admirable édifice; mais j'ai dû laisser dans l'ombre plus d'un détail important, et en outre, là comme en bien d'autres lieux, le défaut de renseignements préalables et de préparation m'a laissé malheureusement ignorer des circonstances du plus haut intérêt. Par exemple, il m'aura fallu deux voyages à Rome et je ne sais combien de visites diverses à *Sainte-Cécile*, avant de connaître l'existence d'abord, puis l'emplacement exact de cette Chambre de bains, dont je parlais au XVIIe chapitre de cet ouvrage, et par conséquent de savoir tout juste ce qu'il y a de plus intéressant, de plus important au sujet d'un sanctuaire si précieux entre tous les sanctuaires romains !

Je ne saurais me lasser de contempler toutes ces merveilles, dont le souvenir m'a poursuivi si fréquemment pendant les longues années qui ont séparé les deux parties de mon pèlerinage : cet *atrium* si pieux, avec son antique fontaine de marbre, destinée jadis aux ablutions des fidèles; ce portique, aux quatre colonnes de granit, avec ses mosaïques du neuvième siècle ; la deuxième chapelle, à droite, avec les tuyaux de brique et de plomb, vestiges irrécusables du martyre de l'aimable vierge ; la belle fresque de la chapelle du fond, représentant l'apparition de sainte Cécile à Paschal Ier; la mosaïque de l'abside (1); le délicieux baldaquin gothique, supporté par quatre colonnes de marbre noir et blanc, ou marbre d'Aqui-

(1) Elle représente Jésus-Christ debout et vêtu d'un manteau d'or, ayant près de lui saint Pierre, saint Paul, sainte Cécile, saint Valérien, sainte Agathe et le pape Paschal lui-même, qui tient dans ses mains le modèle de l'église. Au-dessus on aperçoit l'agneau de Dieu portant sur sa tête le monogramme du Christ. Les cinq fleuves antiques, symbole de la grâce, coulent sous ses pieds, et douze agneaux, souvenir des apôtres, viennent à lui, en sortant de deux villes qui sont évidemment Bethléem et Jérusalem.

(E. de la Gournerie, *Rome chrétienne*, I, pag. 221.)

taine; la riche balustrade qui entoure le maître-autel, devant lequel s'étend un pavé d'albâtre, incrusté de pierres précieuses; enfin et surtout l'incomparable statue, couchée sous l'autel, et dans laquelle Stefano Maderno a représenté le corps de la sainte martyre, tel qu'il fut trouvé, en 1559, lors des réparations exécutées par le cardinal Paul-Emile Sfondrate, alors titulaire de l'antique église.

Mais ici je ne saurais mieux faire que de laisser la parole à un pieux écrivain, souvent cité déjà dans cette deuxième partie de mes récits.

« Le cardinal Sfondrate ayant résolu de réparer la basilique de Sainte-Cécile et de donner surtout à la *Confession* une splendeur toute nouvelle, on dut chercher et enlever momentanément les cercueils des martyrs (1). La découverte du cercueil de Cécile fut un événement pour la ville sainte; Sfondrate en porta aussitôt la nouvelle à Clément VIII, qui passait l'automne à Frascati et y était actuellement tourmenté des douleurs de la goutte. Le pontife gémit, dit Baronius, de ce que l'état de sa santé ne lui permettait pas d'aller immédiatement *visiter et saluer* une si grande martyre. Mais cette contrariété, du moins, continue l'éloquent historien, tourna à mon avantage; car, malgré mon indignité, je fus chargé par le pontife d'aller reconnaître et vénérer le corps de la sainte.

(1) Cécile, Valérien son époux, Tiburce, frère de celui-ci, et Maxime, serviteur du préfet de Rome, martyrisés tous ensemble. Leurs corps avaient été extraits du cimetière de Saint-Calixte, au IXe siècle, par le pape saint Paschal Ier.

« Cécile était encore telle que l'avait laissée la mort : couchée, non sur le dos, comme un cadavre dans le sépulcre, mais sur le côté droit, comme une vierge sur son lit, les genoux modestement rapprochés et offrant en tout l'attitude d'une personne qui sommeille. Ses voiles, teints de sang, étaient toujours à ses pieds, et l'on pouvait reconnaître encore, malgré les injures du temps, la robe brochée de lin et d'or qu'avait décrite saint Paschal.

« Pendant plus d'un mois, la population de Rome ne cessa de remplir l'église de *Sainte-Cécile*. Clément VIII s'y rendit, de son côté, dès que ses douleurs firent trêve ; mais, quelques instances qu'on lui fit, il refusa de soulever les voiles qui couvraient le corps de la vierge et, bien que ce corps fût desséché par le temps, il lui sembla que le sang, dont on voyait les traces, rappelait trop bien *cette chaste rougeur, qui est comme la gardienne de la pudeur virginale.*

« Clément fit placer le corps de Cécile dans une châsse d'argent du poids de deux cent cinquante-une livres, et en fit la translation solennelle. Une statue, chef-d'œuvre d'Etienne Maderno, reproduisit l'attitude de la sainte dans la tombe et fut placée dans une niche oblongue, au devant de l'autel, de manière à être aperçue de toute la nef. Elle est accompagnée de l'inscription suivante : *Voici l'image de la très-sainte vierge Cécile. Moi, Paul, du titre de Sainte-Cécile, je l'ai vue gisante ainsi, dans son sépulcre, et j'ai voulu que ce marbre rendît jusqu'à la pose de son corps.*

« Peu d'ouvrages d'art sont aussi saisissants de naturel

et de vérité. C'est bien là la vierge chrétienne, telle que le martyre l'avait faite (1). »

Ajoutons que la statue dont il s'agit a obtenu les éloges non suspects d'un homme qui, je crois, n'a jamais rien trouvé de bon dans toute sa vie. C'est l'impitoyable Milizia, qui n'a pu s'empêcher de convenir (bien malgré lui, sans doute) que la *sainte Cécile* de Maderno est mieux posée et mieux couchée que le célèbre *Hermaphrodite*, de Florence. Un suffrage aussi peu équivoque peut dispenser de tout commentaire sur le mérite de l'œuvre de l'éminent artiste lombard (2).

Pendant que j'examine tous ces objets divers, en m'abandonnant aux réflexions et aux sentiments qu'ils m'inspirent, les instants s'écoulent rapidement, l'église se remplit peu à peu de fidèles, et bientôt commencent, en même temps que le saint sacrifice, les chants religieux que je suis venu entendre avec un empressement qui s'explique sans peine par la nature des lieux et le choix des exécutants. Une messe en musique, chantée par des religieuses, devant le corps même de sainte Cécile, la patronne des mélodies sacrées! Que de choses, dans ces simples mots, et qui ne s'attendrait, sur une garantie pareille, à des prodiges de perfection, dans l'œuvre elle-même comme dans son exécution?

Hélas! hélas! je ne me sens pas le courage d'entrer dans

(1) E. de la Gournerie. — *Rome chrétienne*, II, 248.

(2) La statue de sainte Cécile, par Maderno, se trouve parfaitement représentée par une gravure, que l'éditeur a placée en tête de l'histoire de la sainte, écrite par Dom Guéranger.

aucun détail, au sujet de la déception qui m'était réservée en ce jour; tout ce que je puis dire c'est que, si les filles de saint Benoît n'imitent pas mieux les vertus que les talents de l'illustre vierge, dont elles conservent la dépouille, il y a vraiment de quoi trembler, de quoi s'alarmer, tout au moins, pour leur salut!...

Du reste, cet incident n'est point isolé, dans mes souvenirs, à beaucoup près, et même à l'exception des majestueuses, des sublimes harmonies de la chapelle Sixtine, je ne me rappelle guère avoir entendu à Rome, dans l'un comme dans l'autre de mes voyages, un seul fragment de musique sacrée, qui n'ait pas été plus ou moins ridicule par la nature du sujet ou par les qualités de l'exécution. Mais le phénix du genre m'attendait à Sainte-Marie-Majeure, où j'entendais chanter, certain jour, à l'offertoire, un morceau qui eût été beaucoup mieux à sa place aux théâtres *Apollo* ou *Capranica*. Rien n'y manquait, le récitatif, le *cantabile*, *l'aria di bravura*, avec sa cadence finale, lancée à pleins poumons, comme pour enlever les applaudissements du parterre, et j'appréciais, dans ce moment surtout, la justesse des observations formulées en ces termes par un homme d'érudition et de goût tout à la fois : « Malgré les édits des cardinaux-vicaires, la musique se maintient, à Rome, dans une sphère d'idées et d'harmonie qui ne conviennent point à l'Eglise : elle est légère, bavarde, stérile et sans inspiration (1). » — On ne

(1) L'abbé X. Barbier de Montault. — *L'année liturgique à Rome*. Introductiou, page 4.

saurait réellement dire, en moins de mots, une plus fâcheuse et plus incontestable vérité.

Je viens de parler des talents musicaux de sainte Cécile, pour me conformer à l'opinion et au style généralement reçus parmi les pieux fidèles; je dois dire toutefois que certains doutes ont été soulevés, dans ces derniers temps, au sujet de l'authenticité de ces mêmes talents, doutes vigoureusement combattus et victorieusement dissipés, je dois le dire aussi, par l'illustre abbé de Solesmes (1) qui, à défaut de toute autre preuve, en faveur de sa thèse, aurait encore pour lui, dans cette affaire, le suffrage unanime de tous les hommes de cœur et de foi.

Pendant que je suis de l'autre côté du Tibre, profitons de la proximité des lieux, pour continuer mes pérégrinations à travers les sanctuaires et les monuments religieux de cette région vraiment privilégiée. Allons vénérer d'abord, dans la reine des basiliques transtéverines, les traces du grand événement auquel se rattache son origine, les souvenirs de saint Calixte, de sainte Dorothée, admirer encore la mosaïque de la façade, celle de l'abside et le *soffitto* magnifique, au centre duquel resplendit l'incomparable *Assomption* du Dominiquin.

Voici maintenant *Saint-Chrysogone*, une de ces églises bâties, dit-on, par Constantin lui-même, sur l'emplacement de l'habitation du saint titulaire, et qui va m'offrir ses vingt-deux colonnes de granit, empruntées à d'anciens édifices païens, mais dont les bases et les chapi-

(1) Voyez *Histoire de sainte Cécile*, p. 440.

teaux modernes appartiennent à l'ordre ionique. Il est vrai que ce genre de beauté, que l'on admire fréquemment à Rome (1), n'a pas trouvé grâce devant certains *chrétiens* de ces temps-ci, beaucoup plus orthodoxes que les papes eux-mêmes, sans aucun doute, et dont l'austère puritanisme se révolte à la vue de ce *coupable* mélange, de cette *monstrueuse* union (2) (comme ils disent) des monuments du paganisme avec ceux de la foi véritable. Plaignons ces *délicats* et admirons sans crainte, malgré leur origine disparate, non-seulement les vingt-deux piliers de *Saint-Chrysogone*, mais encore les deux colonnes de porphyre qui soutiennent le grand arc de la *tribune* et les quatre fûts d'albâtre sur lesquels repose le baldaquin, terminé en coupole, qui ombrage le maître-autel.

Voici, en revanche, deux œuvres d'art, sur lesquelles, du moins, toutes les opinions semblent être d'accord : la fresque de la *navata di crocera* (nef tranversale) dans laquelle le chevalier d'Arpino a représenté *la Sainte-Vierge tenant sur ses genoux l'enfant Jésus endormi*, mais surtout au centre du *soffitto* de la grande nef, la copie de ce magnifique tableau de *Guerchin*, dans lequel on voyait jadis *saint Chrysogone enlevé au ciel par les anges*. Il s'est trouvé quelqu'un pour vendre aux Anglais ce magnifique tableau, que l'on admire, dit-on, présentement au *British Musæum !*

(1) A l'*ara Cœli*, par exemple, à Sainte-Marie *in Trastevere*, à Sainte-Marie *des Anges*, à Saint-Etienne *le rond*, etc.

(2) The false faith and the true are fused in a *monstruous union*. (Dickens. — *Pictures from Italy*, p. 205.)

En sortant de *Saint-Chrysogone*, par la porte percée au centre de la nef droite, on se trouve en face d'une petite église qui ne jouit, il est vrai, d'aucune célébrité dans le monde religieux ou artiste, mais qui m'intéresse néanmoins parce qu'elle possède le type d'une gravure qui m'a été rapportée de Rome, il y a quelques années, par un pieux voyageur, et qui sera sans doute la reproduction de quelque original précieux, ainsi que l'église elle-même, soit comme œuvre d'art, soit à titre de monument de la foi. Il n'en est rien malheureusement. Le tableau du *cavaliere* Almeida, peintre contemporain fort obscur, se recommande principalement par cette circonstance qu'il a reçu la bénédiction de Pie IX, dans je ne sais quelle occasion particulière, dont me parle un *Padre Dottrinario*, que je rencontre dans la nef. Mais on y chercherait vainement les qualités d'une œuvre d'art, même ordinaire, et je ne sache pas que aucune circonstance digne de remarque lui assigne une valeur particulière aux yeux de la foi.

Il en est tout autrement de l'église elle-même (1), à laquelle se rattachent de bien illustres, de bien précieux souvenirs, puisque elle fut construite, au 8e siècle par le pape saint Grégoire II, dans le voisinage de sa maison paternelle, transformée par lui en couvent, après la mort de la pieuse matrone Honesta, sa mère. A quelque distance

(1) L'église de *Sainte-Agathe*, donnée par Clément VIII aux *Doctrinaires*, congrégation fondée en 1592 par César de Bus, chanoine de Cavaillon, pour enseigner au peuple la doctrine chrétienne, par tous les moyens possibles.

de là, sur divers points du Trastevere, se trouvent aussi la maison paternelle de saint Benoît et celle de saint Grégoire-le-Grand, devenues pareillement de précieux sanctuaires, ainsi que celles de sainte Françoise romaine et de sainte Rufine (1), sans compter tous les pieux monuments de ce genre, dont j'ai parlé déjà, dont j'aurai l'occasion de parler encore, en divers lieux.

Vers la fin de cette journée, je me retrouvais, bien loin de la rive droite du Tibre, dans l'une des églises voisines du *Corso*, pour assister à une solennité qui se célèbre à Rome, dans une ou plusieurs églises à la fois, avec un appareil et une magnificence dont rien ne saurait nous donner l'idée, dans les cérémonies même les plus somptueuses de notre pays. Je veux parler des *Quarante-heures*, connues et pratiquées aussi en France, mais pendant les trois jours seulement qui précèdent immédiatement le mercredi des cendres, tandis que à Rome elles ont lieu presque chaque jour, et souvent dans plusieurs sanctuaires, en même temps. Chacune de ces solennités est annoncée longtemps à l'avance par un indicateur spécial, qui se publie chaque année, et que je regrette bien d'avoir connu tardivement, car il m'eût aidé sans doute à pénétrer dans un certain nombre d'églises que je n'ai jamais pu trouver ouvertes, à aucune heure, qui m'intéressent pourtant à divers titres et que je suis à peu près sûr de ne voir malheureusement jamais.

Aujourd'hui, les Quarante-heures ont lieu à Saint-Syl-

(1) Aujourd'hui couvent du Sacré-Cœur.

vestre *in capite*. L'antique église du pape saint Paul a revêtu à cette occasion ses ornements les plus splendides et je puis voir, dans toute sa magnificence, un sanctuaire qui doit m'intéresser pour un double motif, puisqu'il est le titre cardinalice du vénérable et saint évêque dont j'ai le bonheur d'être le diocésain. Quoique absent, l'éminent prélat semble veiller sur l'église confiée à sa garde, et présider en personne à la solennité du jour, car j'aperçois, à la droite de l'autel, son portrait faisant pendant à celui de Pie IX, qui est placé à gauche, et je reconnais en outre ses armoiries richement brodées en or sur deux bannières de velours amaranthe, suspendues de chaque côté du maître-autel.

Pendant ce temps, de pieux visiteurs, qui se succèdent sans cesse viennent s'agenouiller, pendant quelques instants, devant le Saint-Sacrement exposé et me fournissent par leurs allures, leurs poses, etc., de nouveaux traits d'observation, à propos de la dévotion italienne (dans ses manifestations extérieures, du moins), et surtout de l'aisance merveilleuse dont le public de ce pays fait preuve dans le lieu saint. Je remarque là, par exemple, quelques dévotes, jouant très-gracieusement de l'éventail, devant la sainte Eucharistie, pour tempérer tout à la fois, je pense, les ardeurs de l'atmosphère et celles de la charité. Comme j'en parlais, le soir même, à mon hôtesse, elle me répondit que c'était là un usage parfaitement reçu et que certains ecclésiastiques même l'adoptaient parfois, sans que personne à Rome eût l'air de le trouver mauvais, ni même singulier.

Voilà un nouveau chapitre à joindre au traité de la dévotion *commode*, sinon *aisée*, et voilà de quoi combler de joie certains chrétiens, de mon pays natal, par exemple, que j'ai entendus maintes fois s'exclamer contre le chef du diocèse, parce qu'il ne voulait point permettre que les églises de sa ville épiscopale fussent chauffées, comme cela se pratique dans certains sanctuaires de Paris. Je dois dire, à leur décharge, que ces *chrétiens* là ne prêchent nullement pour leurs intérêts personnels, car ils ne vont guère à l'église, chauffée ou non ; mais il faut convenir que c'est un étrange siècle que celui où l'on peut formuler sérieusement de pareilles théories, et que l'*autolâtrie*, ou le culte de soi-même, qui est le dogme par excellence des temps modernes, a dû faire d'étranges progrès, même parmi les meilleurs d'entre nous, pour que, dans la maison du Dieu trois fois saint, aux pieds même du crucifix qui nous redit si éloquemment, si *crûment*, l'abnégation, les travaux, les privations, les souffrances de la sanglante Victime, il soit possible de s'occuper, avec un pareil raffinement, de son bien-être et de ses commodités !!!

En sortant de *Saint-Sylvestre*, je trouvais, comme en entrant, une double rangée de mendiants, commodément assis de chaque côté du vestibule qui précède la cour, au fond de laquelle est placée l'église, rivalisant entre eux de gracieux sourires, de câlines inclinations de tête, de suppliantes apostrophes aux passants et agitant *a gara* les petites boîtes de fer-blanc, dans lesquelles ils recueillent les aumônes des pieux fidèles. J'aurais bien envie de dire ici quelque chose, à propos de cet accessoire obligé de toutes les solennités romaines ; mais un pareil sujet mérite évidemment, sous tous les rapports, d'être étudié, analysé et développé dans un chapitre exprès.

XLII.

La Chiesa Nuova. — *Le palais* Massimo. — *Les reliques de l'incrédulité.* — *Les* Sybilles *de Raphaël.* — *Saint-Nicolas* des Lorrains. — Placita erat Domino!!!

En attendant, continuons l'inventaire des impressions et souvenirs que j'ai recueillis dans la ville des sanctuaires et des Saints. Aujourd'hui mardi 26 mai, la ville de Rome est en fête, comme aux jours des plus grandes solennités du temps pascal; tous les magasins sont fermés, les habitants ont revêtu leurs habits de gala et la foule se porte, malgré la pluie qui ruisselle sans relâche, depuis le lever du soleil, dans la direction des ruelles étroites qui aboutissent de toutes parts au splendide sanctuaire connu dans la langue vulgaire des romains par le nom de *Chiesa Nuova* (l'église neuve) et dans celle de la liturgie romaine par celui de Sainte-Marie *in Valicella,* qui rappelle tout à la fois son histoire et son humble origine.

J'ai raconté sommairement celle-ci, dans la première

partie de cet ouvrage (1), et j'ai dit, en même temps, quelle était la vénération des romains pour saint Philippe de Neri, le glorieux apôtre, le patron si populaire de leur cité qui eut, pendant 50 années entières, le spectacle de ses œuvres de zèle et de charité, de ses travaux et de ses vertus. Jamais peut-être, en effet, depuis les jours des apôtres et des premiers fidèles, Rome ne vit tant de simplicité, de naïve bonté, de familière affabilité, réunies dans un seul homme à tant d'intelligence, d'esprit et de science, à une telle sublimité de vues et de pensées, à un zèle aussi dévorant pour le salut des âmes et la gloire de Dieu.

On ne peut raconter, en quelques lignes, une pareille vie, pas plus qu'on ne saurait y choisir un trait à citer, préférablement à d'autres, dans un ouvrage aussi restreint que celui-ci, et je dois nécessairement renvoyer à quelque livre spécial le lecteur désireux de connaître à fond l'histoire de l'un des saints les plus puissants en œuvres, comme en paroles, et les plus extraordinaires qui aient jamais illustré à aucune époque l'Eglise de Dieu.

C'est pour fêter le héros d'une si merveilleuse histoire que la population se précipite aujourd'hui, à flots pressés, dans l'enceinte, devenue trop étroite, de la *Chiesa Nuova*, qui est le principal et aussi le plus riche sanctuaire des Oratoriens, ou *Filippini*. Tout concourt d'ailleurs à provoquer cet empressement enthousiaste : la tendre dévotion du peuple romain pour un patron chéri, puis

(1) Rome. — *Impressions et souvenirs*, I, p. 152.

la magnificence du temple et la splendeur des cérémonies du jour, car la fête de saint Philippe est l'une de celles qui sont solennisées par une *Chapelle papale*, c'est-à-dire par une grand'messe qu'un cardinal célèbre en présence du pape et des cardinaux. Malheureusement, l'absence de Pie IX modifiera fâcheusement, sous ce rapport, le programme de la fête, qui va se trouver ainsi privée de son plus précieux, de son plus splendide ornement.

Mais, si je dois renoncer à l'une des plus grandes consolations qui pussent m'être offertes en ce jour, il me reste, du moins, une abondante compensation dans certain genre de jouissance qu'il va m'être donné de connaître dans l'enceinte même de ces murs vénérés. Aujourd'hui, 26 mai, et pendant l'octave entière de la fête, les *Filippini* livrent à la pieuse curiosité des fidèles et des pèlerins les lieux habités jadis par leur saint fondateur, ainsi qu'une foule d'objets qui furent à son usage personnel. Déjà, plus d'une fois, en divers temps et dans des régions bien éloignées entre elles, j'ai pu visiter les lieux consacrés par la présence habituelle et les travaux quotidiens d'illustres personnages, que l'Eglise a élevés plus tard aux honneurs des autels ; mais jusqu'ici, je dois le dire, je n'ai jamais rencontré rien qui fût comparable, à beaucoup près, sous le rapport du nombre et de la nature des objets, au spectacle qui m'attend dans certaine partie de la vaste demeure des *Filippini*.

Qu'on en juge par cette rapide et sommaire énumération. Voici, d'abord, dans la sacristie, trois châsses renfermant une foule d'objets les plus disparates par leur nature et leur destination : des chemises, des pantoufles, des caleçons, des paires de bas, un crucifix, et un reliquaire donné par Charles Borromée au saint apôtre ; une montre ; des lunettes; un morceau de pain du dernier repas fait par Philippe ; une cuiller de bois ; une serviette, une ceinture de soie, dont il se servait, dans ses visites au souverain pontife ; un masque moulé sur sa figure, après sa mort ; une chasuble, une éponge, du coton et un linge imbibé de son sang, etc., etc.

Mais voici, à l'étage supérieur, des objets bien autrement importants et précieux, un lit complet, dans ses moindres détails ; une armoire ; un banc sur lequel Philippe s'asseyait pour enseigner le catéchisme aux enfants, et le confessionnal dont il se servit jusqu'au dernier jour de sa vie. Je ne saurais décrire l'étrange impression de religieux saisissement que l'on ressent à la vue de ces deux derniers objets, qui se rattachent d'une manière si directe, si intime, aux labeurs quotidiens du saint apôtre, à l'aspect de ces muets témoins de tant d'actes des vertus les plus héroïques, de tant de grâces merveilleuses de salut et de conversion. Le confessionnal de saint Philippe de Neri ! quel monument incomparable d'une vie toute sacerdotale et apostolique ! quel instrument palpable des divines miséricordes, et quelles merveilles de la grâce il pourrait nous raconter, si la vie et la parole étaient donnés, pour quelques instants, à ce meuble inanimé ! Combien de milliers d'âmes trouvèrent jadis en lui la voie, la vérité et la vie !

Mais ce n'est pas tout encore. Voici une autre chambre,

qui tint lieu de chapelle domestique à Philippe, pendant les dernières années de son existence, et dans laquelle je trouve des objets qui peuvent m'intéresser encore, après ceux que j'admirais ailleurs, il n'y a qu'un instant : dix lettres, entièrement écrites de sa main ; un triptyque byzantin, qu'il portait dans ses visites aux malades ; son chapelet ; un livre à son usage ; son calice ; la clochette que l'on sonnait à sa messe et l'ancienne porte de la chambre qu'il habitait.

Ici m'attendait une surprise des plus agréables et des moins prévues, dans la rencontre tout-à-fait fortuite d'un digne pasteur des environs de ma ville natale, arrivé tout récemment à Rome, en compagnie d'un vénérable évêque, presque mon compatriote (1), auquel j'allais, le jour même, présenter mes respectueux hommages, en lui demandant sa bénédiction pour moi, comme pour tous les miens. C'est là une des impressions les plus vives, un des plus précieux souvenirs, sans contredit, de ce deuxième pèlerinage, auquel n'aura manqué, grâce à Dieu, aucun genre de jouissances et de consolations.

J'ai décrit sommairement, en leur temps (2), les œuvres d'art qui embellissent la *Chiesa Nuova* et en font l'un des édifices religieux les plus importants de Rome, au point de vue de l'architecture sacrée. Il me reste à dire deux mots, au sujet de certaine institution, qui appartient en

(1) Mgr. Caverot, évêque de Saint-Dié (Vosges), précédemment archi-prêtre de la cathédrale de Besançon, puis vicaire-général du diocèse.

(2) Voyez Rome. — *Impressions et souvenirs*, I, page 152 et suiv.

propre à cette église, et qui lui doit même le nom qu'elle porte communément dans le monde des arts. Je veux dire les *oratorj* (ou *oratorios*) concerts de musique sacrée institués par saint Philippe de Neri, lui-même, et qui commencent une demi-heure après l'*Ave Maria* (l'Angelus), le 1er novembre de chaque année, pour se continuer tous les dimanches et autres jours de fête d'obligation, jusqu'au dimanche des Rameaux, inclusivement. Ces *oratorios*, précédés du chant des litanies de la Sainte-Vierge et d'un sermon récité par un enfant, ne sont guère fréquentés que pendant l'avent et le carême, époque de la fermeture des théâtres, lyriques et autres ; c'est alors, dit-on, qu'on y entend la meilleure musique et les plus belles voix.

Hâtons-nous d'ajouter, avec le docte et pieux auteur (1) qui m'a fourni ces renseignements, ainsi que beaucoup d'autres, que les hommes seuls sont admis à ces pieux concerts, et profitons de cette occasion pour constater une fois de plus la profonde sagesse et le tact exquis des convenances qui dirigent, à Rome, l'organisation de pareilles solennités. *Il n'est pas de lieu si saint, où l'on soit à l'abri des tentations*, a dit un auteur consommé dans la connaissance du cœur de l'homme et dans la science des choses de Dieu (2) ; aussi l'Eglise romaine, qui connaît, qui redoute la faiblesse de notre nature a prévu toutes les occasions où la réunion des deux sexes, dans des lieux obscurs surtout, pourrait favoriser certains

(1) L'abbé X. Barbier de Montault. — L'*Année liturgique à Rome*, page 114 (note.)

(2) L'*Imitation de Jésus-Christ*, I, chap. 13.

désordres, donner lieu, du moins, à des pensées contraires à la sainteté de la maison de Dieu. C'est ainsi que les chambres dont je viens de parler ne sont accessibles aux femmes que le dimanche dans l'octave de la fête ; c'est ainsi que la chapelle de la Colonne, à Sainte-Praxède et la *Confession* de Saint-Pierre, également pendant l'octave, ne sont jamais ouvertes aux deux sexes à la fois. J'appellerai sur ces faits l'attention sérieuse de certaines gens, dont l'opinion plus ou moins erronée aurait grand besoin d'être éclairée ou rectifiée sur ce point.

Le nom de saint Philippe de Neri se rattache encore à plusieurs autres églises, telles que la petite chapelle des *Filippine ai monti,* Saint-Philippe *in via Giulia,* Saint-Jérôme *della carità,* mais surtout certain petit sanctuaire, connu des seuls pèlerins et auquel se lie le souvenir de l'un des plus insignes miracles opérés par le saint dont Rome et l'Eglise tout entière célèbrent aujourd'hui la fête. Les touristes qui, en venant de visiter le palais Braschi et en se dirigeant vers la *Cancellaria*, rencontrent sur leur route ce portique semi-circulaire qui sert comme de soubassement au palais Massimi, ne soupçonnent guère qu'il se trouve, au dernier étage de cet édifice, un étroit local qui fut jadis le théâtre de l'un des faits les plus merveilleux et les plus authentiquement établis dont les annales de l'Eglise universelle aient jamais perpétué le souvenir. Laissons parler ici l'historien le plus accrédité du saint apôtre, puisqu'il a rédigé son travail d'après les pièces mêmes du procès de la canonisation de Philippe de Neri.

« Fabrizio dei Massimi avait eu de Lavinia dei Rustici, sa femme, six enfants, dont le dernier reçut au baptême le nom de Paul, d'après le désir que Philippe avait exprimé à ce sujet. Lavinia mourut, quelque temps après, et l'enfant était parvenu à l'âge de quatorze ans environ, lorsque, le 16 mars 1583, il tomba malade d'une fièvre continue, qui se prolongea deux mois entiers, pendant lesquels Philippe ne manqua pas d'aller le voir au moins une fois chaque jour. Paul était animé d'une si grande patience et d'une telle résignation que Germanico Fedeli, le voyant supporter avec tant de calme un mal si long et si pénible lui demanda s'il consentirait à l'échanger contre une guérison parfaite; à quoi le jeune homme répondit : qu'il se contentait de sa maladie, puisque c'était la volonté divine, et qu'il se souciait fort peu de changer son état contre la santé de qui que ce fût.

« Cependant le jeune homme étant parvenu promptement au terme de sa vie, comme Philippe avait expressément recommandé qu'on l'avertît, lorsqu'il serait sur le point d'expirer, on lui envoya dire que, s'il voulait encore le voir, il vînt en toute hâte, parce qu'il était à toute extrémité. Celui qui portait le message à *Saint-Jérôme* étant arrivé, trouva le saint qui célébrait la messe : il ne put donc lui parler; et le jeune homme ayant expiré dans l'intervalle, son père lui ferma les yeux.

« Déjà le curé de la paroisse, qui lui avait donné l'extrême-onction et fait la recommandation de l'âme, avait quitté la chambre mortuaire; déjà les gens de la maison avaient préparé l'eau pour laver son corps, et les vêtements pour l'habiller, lorsque, une demi-heure après, arriva le saint prêtre, à qui Fabrizio alla au devant jusqu'au pied de l'escalier et lui dit en pleurant : Paul est mort ! — Philippe répondit : Pourquoi donc ne m'avez-vous pas envoyé chercher ; à quoi Fabrizio répliqua : Nous l'avons bien fait, mais votre Révérence célébrait le saint sacrifice, et je n'ai pas osé la troubler en ce moment.

« Philippe entra donc dans la chambre où gisait l'enfant inanimé, et s'agenouilla devant le lit, faisant un demi-quart d'heure environ de prière, avec ses palpitations de cœur et son tremblement de tout le corps accoutumés. Ensuite il prit de l'eau bénite, la jeta sur le visage de l'enfant et lui en versa quelques gouttes dans la bouche ; puis, lui soufflant sur le visage et lui appliquant la main sur le front, il l'appella deux fois, d'une voix haute et sonore : Paul ! Paul ! — A ce son, l'enfant, comme s'il se fût réveillé d'un sommeil ordinaire, ouvrit les yeux et dit : Mon père ; puis il ajouta : j'avais oublié un péché et je voudrais m'en confesser.

« Alors le saint prêtre fit écarter un peu ceux qui entouraient le lit et lui mettant un crucifix entre les mains, il le réconcilia. Ensuite, tous étant rentrés dans la chambre, il se mit à causer avec lui, pendant une demi-heure environ, de sa sœur et de sa mère qui étaient mortes l'une et l'autre, l'enfant répondant toujours, d'une voix nette et franche, comme s'il eût été dans le meilleur état de santé ; bien plus, les couleurs lui revinrent au visage, tellement qu'il semblait à tous ceux qui le regardaient qu'il n'eût jamais éprouvé le moindre mal.

« Enfin, Philippe lui ayant demandé s'il mourrait volontiers, Paul répondit pareillement que ce serait avec le plus grand plaisir, surtout pour aller voir sa mère et sa sœur en paradis. Alors le saint prêtre, lui ayant donné sa bénédiction, lui dit : va ; sois béni et prie Dieu pour moi ; et tout-à-coup, avec un visage paisible et sans le moindre mouvement, l'enfant mourut de nouveau dans les bras de Philippe, en présence de Fabrizio, son père, de deux filles de celui-ci, aujourd'hui religieuses à Sainte-Marthe, de Violante Santa-Croce, sa seconde femme, d'une servante, nommée Françoise, et de beaucoup d'autres personnes encore (1). »

La chambre où s'opéra ce miracle est devenue dès lors une chapelle, qui s'ouvre au public, deux fois chaque année, le 16 mars, jour anniversaire de l'événement narré ci-dessus, et le 26 mai, fête du saint Thaumaturge lui-même.

Tous ces détails, et quelques autres semblables, qui les ont précédés, feront sans aucun doute hausser les épaules aux superbes *free-thinkers* des temps actuels, et j'entends d'ici certains d'entre eux demander comment, dans un siècle tel que le nôtre, on ose encore faire imprimer de pareilles inepties, renouvelées des plus grossières superstitions du moyen-âge. Le *Théologien* de Chéronée a déjà résolu la question des miracles ; quant à celle des reliques, laissons répondre ici deux écrivains qui ont la

(1) *Vita di S. Filippo Neri.* Raccolta dai processi fatti per la sua canonizatione da Pietro Jacomo Bacci, Aretino, prete della madesima congregatione. In Bologna, MDCLIX.

double autorité du caractère et du talent pour trancher de semblables difficultés :

« Que tous ces objets, ou seulement quelques-uns, aient appartenu à Cicéron, à César, à n'importe quel païen d'un certain renom, il n'est pas un touriste qui ne voulût les voir, qui ne fût très-heureux et très-fier de les avoir vus. Soit : pourquoi trouveriez-vous donc étrange, ridicule peut-être, l'enthousiasme et la sainte joie du chrétien, à la vue des restes vénérables de nos grands hommes ? nos *saints* valent bien vos *héros* (1) ! »

C'est tout justement à propos des reliques de la *Chiesa Nuova* que l'illustre écrivain fait cette observation si judicieuse, si concluante, à laquelle je puis ajouter ces autres paroles d'un aimable *pèlerin* moderne, à l'adresse de certaines gens :

« Ils devraient moins se railler de nos pèlerinages et de notre culte pour les restes de nos saints et de nos martyrs, en se rappelant leurs promenades sentimentales au tombeau du citoyen de Genève, leur dévotion à couper un petit morceau des rideaux de Voltaire, à Ferney, leur fanatisme à payer à prix d'or un faux bouton de l'uniforme du grand Frédéric, ou un brin de la prétendue plume qui a signé l'abdication de Napoléon. La monomanie de semblables *reliques* est surtout curieuse à observer chez les peuples qui se prétendent affranchis des superstitions romaines : l'allemand va pieusement enlever une écharde du lit de Luther au Wartbourg ; l'anglais donne je ne sais

(1) Mgr. Gaume. — *Les trois Rome*, II, p. 196.

combien de guinées pour une médaille de Henri VIII, ou une dent de Nelson. On connaît le fétichisme des collectionneurs d'autographes et d'antiquités. Faut-il rappeler les turpitudes de la canonisation de Voltaire et de Marat et ces traits moins graves, mais non moins honteux, de l'idolâtrie contemporaine, pour les reliques des célébrités les plus douteuses, pour la pantoufle d'une danseuse, le bouquet d'une cantatrice, les noyaux de cerises d'un pianiste, etc. (1)? »

Che vergogna! comme diraient les bons romains, s'ils entendaient narrer de pareils actes de démence et s'ils savaient qu'ils ont pour auteurs des gens qui se moquent pourtant de leur *crédulité*, de leur *superstition*, de leur *fanatisme*, etc., comme certains *penseurs* de nos jours sont convenus de qualifier toute espèce de pieuses pratiques ayant pour objet la gloire de Dieu ou l'honneur de ses saints!...

Deux bonnes aubaines m'attendaient encore, dans le courant de eette journée, déjà commencée sous les plus heureux auspices. En passant devant la délicieuse petite

(1) E. Lafond. — *Lettres d'un pèlerin*, II, p. 255. L'auteur ajoute en note ce qui suit :

« On raconte qu'en 1841, dans une ville que je ne nommerai pas, des femmes enthousiastes se sont jetées sur l'assiette dans laquelle Litz avait mangé des cerises, pour s'en disputer les noyaux qu'elles firent monter sans doute sur leurs bagues ou sur leurs bracelets! »

Mes compatriotes n'ont pas oublié, je pense, quelques *ovations*, d'un autre genre, décernées en 1845 au même grand homme par quelques enthousiastes des deux sexes, qui ne sont pas revenus peut-être encore de leurs illusions à son sujet.

église de Sainte-Marie *della Pace*, l'un de mes sanctuaires de prédilection, à Rome, je remarquais au-dessus de la porte extérieure une décoration insolite qui, tout en attirant mon attention, semblait annoncer quelque fête extraordinaire, et j'entrais pour m'assurer quel pouvait en être l'objet. Mais j'allais trouver un spectacle bien différent de celui auquel je m'attendais, et je rougis d'avouer qu'il me fit quelque peu perdre la pensée de l'autre. Le rideau qui voile obstinément, en temps ordinaire, la partie du mur, supérieure à l'arc de la première chapelle à droite, en entrant, se trouve aujourd'hui replié dans toute sa longueur et, à la place de l'ignoble morceau de toile grise, qui a si souvent offensé ma vue, je vois s'étaler dans toute la fraîcheur et la magnificence d'une seconde jeunesse, les célèbres *Sybilles*, peintes à fresque par Raphaël, avec l'aide de son élève et compatriote, Timoteo della Vite.

Au premier abord, l'idée me vient à l'esprit que cette exhibition *gratuite* est motivée par la solennité du jour (les Quarante-Heures), et que la charmante église de Sixte IV a voulu déployer toutes ses richesses, même artistiques, pour célébrer avec plus de splendeur les gloires de la sainte Eucharistie. Mais j'avais trop bien présumé du *signor custode* de Sainte-Marie *della Pace !*

. . . L'avare Achéron ne lâche point sa proie.

Et si les anneaux du rideau viennent de courir rapidement, de gauche à droite, sur toute la longueur de la tringle, c'est grâce (tout simplement) à une demi-douzaine de touristes anglo-américains, que j'aperçois bientôt, disséminés sur plusieurs points de la petite nef, d'où leurs rayons visuels convergent sur le célèbre *affresco*. Quoi qu'il en soit, profitons de l'occasion qui se présente ; aussi bien n'est-ce pas chose commune que de jouir, à Rome surtout, d'un spectacle gratis.

Ici encore, je vais mécontenter, sans aucun doute, certains lecteurs, qui m'ont déjà reproché une trop grande sobriété de détails et de descriptions, dans plusieurs occasions précédentes, du même genre, comme si je leur avais annoncé autre chose que des *Impressions* et des *Souvenirs !* Comme je ne saurais, pourtant, consacrer un chapitre entier aux Sybilles de Sainte-Marie *della Pace*, je me bornerai à emprunter quelques lignes sur ce sujet à un auteur de nos jours qui, de même que beaucoup d'autres, apprécie, raisonne et juge, d'une manière admirable, toutes les fois qu'il ne cède pas à la tentation de hasarder une excursion plus ou moins malencontreuse sur les terres du dogme catholique ou de l'histoire du peuple chrétien.

« Il faut désespérer de rencontrer jamais, dans le domaine entier de la peinture, des figures de femmes et des figures d'anges aussi bien groupées, plus gracieusement vêtues, plus belles de forme et de mouvement, plus élevées de style, et cependant plus vivantes. Ici encore, le grand peintre a caractérisé avec une rare souplesse les différences de race et de génie qui devaient distinguer les sybilles. Celle de Tibur (la première à droite) vue de profil, à l'un des angles de la composition, conserve, en dépit de sa vieillesse, un air de majestueuse dignité ; les trois autres sont toutes brillantes de jeunesse et de santé : ce sont la Samienne, la Delphique et la sybille de Cumes.

« Les deux premières, mollement appuyées sur le cintre de la chapelle, sont d'inimitables modèles de grâce et d'abandon, de *morbidesse* et de beauté..... Des messagers célestes s'appuyant sur des tablettes, ou des parchemins déroulés, sur lesquels sont gravées des inscriptions grecques, semblent enseigner aux sybilles les mystères de la volonté de Dieu et leur apporter les oracles qu'elles doivent traduire aux humains..... De même que les poètes, les peintres se sont toujours figuré les sybilles comme des femmes agitées par les convulsions qui possédaient les antiques prêtresses, *furore divinationis convulsæ*, selon le mot de Cicéron. Mais le peintre d'Urbin a donné à ses sybilles un air calme, des attitudes pleines de sérénité et tout-à-fait conformes à la nature de leurs oracles, puisque elles avaient mission de prophétiser la venue du Rédempteur de l'humanité.....

« C'est une chose surprenante que, dans un espace aussi restreint et aussi peu régulier, Raphaël ait su placer onze figures, dont quatre de grandeur colossale, tellement bien ordonnées et séparées par des vides si bien ménagés, que l'œil s'y repose facilement, et embrassant du premier coup tout l'ensemble, s'y attache avec un indicible plaisir (1). »

(1) Armengaud. — *Les Galeries de Rome*, p. 392. — La page 393 donne une copie fort exacte et fort belle de la fresque dont il s'agit.

« Raphaël (ajoute un autre critique) n'a guère présenté dans aucun de ses ouvrages, de conceptions plus nobles, plus gracieuses, plus religieuses à la fois que celle de ses sybilles : la grâce, la beauté, la variété des ajustements y sont au niveau de l'élévation du caractère et des hautes pensées dont elles deviennent pour les yeux l'expression sensible (1). »

Ajoutons que des retouches récentes, faites avec toute l'intelligence et la discrétion possibles, ont rendu à cette œuvre admirable une fraîcheur, une vivacité de coloris, qui peut donner une idée de l'effet qu'elle dut produire lors de sa première apparition.

Avant de quitter ces régions, allons examiner, en passant, l'intérieur d'un sanctuaire, dont un heureux hasard me fait trouver aujourd'hui la porte ouverte, et qui intéresse d'une manière spéciale tout pèlerin français. Je veux parler de la petite église de Saint-Nicolas *des Lorrains* (ou des *Lorénois*, comme dit Robello), située presque en face de Sainte-Marie *dell'anima* (la chapelle nationale de l'Autriche) et devant laquelle j'ai passé maintes fois jadis, sans y prendre le moindre intérêt, non plus qu'à tant d'autres sanctuaires, que je recherche aujourd'hui, dans tous les coins et recoins de Rome, avec une insatiable avidité.

Un simple coup-d'œil suffit pour me faire apprécier le mérite intérieur de cette petite chapelle, à laquelle ses jaspes de Sicile ainsi que les dorures de ses pilastres

(1) Quatremère de Quincy. — *Histoire de Raphaël.*

donnent un aspect splendide et joyeux tout à la fois. Ici mes propres yeux me suffisent, et le témoignage d'autrui ne saurait guère ajouter à ma conviction, sous ce rapport; mais j'ai grandement besoin du prochain pour les documents qui concernent l'historique de ce sanctuaire et je suis heureux de les emprunter à un auteur qui m'a donné lui-même le bon exemple, sous ce rapport, en plus d'une occasion :

« L'église de Saint-Nicolas (dit M. E. Lafond) construite en 1622 par Carlo Fontana, sur les ruines du cirque Alexandrin, fut concédée par Grégoire XVI à la *nation* des Lorrains, qui avait donné à Rome un pape, Etienne IX, et qui réédifia l'église, en 1626, en inscrivant sur sa façade :

IN HONOREM SANCTI NICOLAI NATIO LOTHARINGORUM.

Saint-Nicolas *des Lorrains*, administré comme *Saint-Louis* par l'œuvre pie des Français à Rome, est aujourd'hui confiée au R. P. Drouelle, supérieur des maisons fondées à Rome par la congrégation de Sainte-Croix-lès-le-Mans (1). »

Un service en vaut un autre, et je trouverai bientôt l'occasion de prêter moi-même quelques renseignements de ce genre, pour une prochaine édition de son excellent ouvrage, au pieux et aimable auteur des *Lettres d'un pèlerin*.

Placita erat Domino !!! — Ces trois simples mots, que je retrouve dans mes notes de voyage, à la date du 24 mai,

(1) E. Lafond. — *Lettres d'un pèlerin*, II, p. 95.

me rappellent toute une douloureuse histoire, dont j'apprenais, ce jour-là même, les détails, et à laquelle j'éprouve l'irrésistible besoin de consacrer quelques lignes, dans le cours de ces récits.

Au moment où je quittais la France, il y a deux mois, un ami, bien cher, à plusieurs titres, allait unir sa destinée à celle d'une jeune personne, ornée de toutes les qualités, de toutes les vertus qu'il pouvait désirer dans la compagne de son existence, et le plus riant, le plus heureux avenir semblait promis à ce couple fortuné.

Vanité, inanité des plus pures joies, des plus légitimes espérances! — Quelques semaines venaient de s'écouler à peine, et déjà l'impitoyable mort avait détruit pour jamais tout ce bonheur, par l'un de ses coups les plus terribles et les plus imprévus!...

Pauvre ami! qui pourtant fut jamais plus digne que vous des félicités de ce monde, si elles pouvaient s'obtenir d'une manière certaine, par toutes les vertus qui font l'honnête homme et le vrai chrétien?... Mais votre foi n'en sera point ébranlée, car vous savez « que l'espérance du fidèle n'eut jamais pour objet les biens de cette vie périssable, que nul ici-bas n'a le droit de se promettre une félicité temporelle, parce qu'il a l'honneur d'appartenir à Jésus-Christ (1); » et vous avez dit, dans les sentiments d'une confiance inébranlable aux divines promesses : « C'est Dieu qui ôte et donne la vie quand il lui plaît (2);

(1) Bourdaloue. — *Sermon pour le jeudi de la première semaine de Carême.*

(2) I *Regum*, II, 6, 7.

lors même qu'il me tuerait, je ne cesserais pas de croire et d'espérer en lui (1). J'ai mis mon espoir en vous, Seigneur ; ne permettez pas que je sois confondu dans le temps, ni dans l'éternité (2) !... »

(1) *Job*, XIII, 15.
(2) *Ps.* XXX, 2.

XLIII.

Une messe à la prison Mamertine. — Saint-Joseph dei Falegnami. — *Sainte-Prisque et Saint-Sabas, sur l'Aventin.*

Parmi les innombrables sanctuaires de Rome, il en est un surtout, dont le souvenir et le nom seul parlent de la manière la plus pathétique, la plus puissante, à l'imagination comme au cœur du voyageur chrétien, vers lequel il se sent attiré, dès le premier jour, d'une manière irrésistible et qu'il ne se lassera jamais de visiter et de visiter encore. C'est la prison Mamertine, au pied du Capitole, autrement le cachot dans lequel les deux grands apôtres demeurèrent enfermés, neuf mois entiers, l'an 69 de Jésus-Christ et d'où ils ne devaient sortir que pour consommer leur sanglant sacrifice, l'un sur le sommet du Janicule et l'autre sur la voie d'Ostie. Après les lieux témoins des souffrances et de la mort de l'incomparable Victime, je ne conçois rien de plus auguste, de plus vénérable au monde, que ceux qui eurent le spectacle des sanglantes épreuves de ses premiers disciples, et parmi ceux-ci des deux illustres apôtres choisis spécialement, l'un pour diriger l'Eglise naissante, l'autre pour porter devant les nations le nom glorieux et immortel de Jésus-Christ.

Bien des fois, pendant ce deuxième pèlerinage, comme déjà dans le cours du premier, j'ai visité le sombre cachot des saints apôtres, je me suis agenouillé sur le sol foulé par leurs pieds, j'ai vénéré les monuments irrécusables de leur passage en ces lieux et trempé mes lèvres dans la source miraculeusement jaillie de terre, à leur voix, pour le baptême de leurs geôliers et des 47 catéchumènes qui reçurent avec eux la palme du martyre. L'une de mes premières visites, cette fois, a été pour l'auguste sanctuaire, et aujourd'hui encore, au moment de commencer une série d'excursions qui aura le *Forum* pour point de départ, je veux aller chercher dans la crypte sacrée l'accroissement de foi et de charité qui m'est nécessaire pour tirer le plus grand fruit possible du pieux voyage que j'entreprends.

Hélas! je ne soupçonnais guère quelle rude épreuve m'attendait, au début de cette journée, de laquelle je m'étais promis de si précieux souvenirs, de si agréables émotions. Voici encore un de ces traits de *mœurs locales*, un de ces fâcheux contrastes, plus communs encore et plus pénibles aussi que partout ailleurs à Rome, où les extrêmes en tout genre se trouvent, à chaque instant, à chaque pas, dans un proche voisinage, si ce n'est même en contact immédiat. Celui-ci, malheureusement, est de l'espèce la plus vulgaire, la plus triviale, et pour comble de disgrâce, il n'aura pas même la ressource du *pittoresque*, pour en atténuer jusqu'à un certain point le caractère pénible et déplaisant.

Au sortir du cachot des saints apôtres, j'étais entré dans la chapelle supérieure et j'assistais, déjà depuis quelques instants, à une messe qui venait de commencer à peine, lorsqu'une femme de moyenne condition, à en juger du moins par son costume, vient s'agenouiller à côté de moi, sur le même banc, et, après avoir fait très-dévotement le signe de la croix, commence à murmurer quelques prières, entrecoupées de fréquents et profonds soupirs, qui semblent arrachés du plus intime de son âme, de regards fervents lancés vers le ciel, de coups bruyamment frappés dans sa poitrine, de tous les indices extérieurs, en un mot, de la piété la plus vive, de la plus réelle, de la plus indubitable componction.

Seigneur, m'écriais-je intérieurement, en repliant ma pensée sur moi-même, avec un sentiment de confusion, d'humiliation profonde, quelle vivacité de foi, quelle ardeur de charité, chez cette pauvre bonne femme, si rude et si grossière, en apparence ! combien, hélas ! je me sens éloigné d'une perfection pareille et combien je reconnais chaque jour, de plus en plus, que vous aimez à vous entretenir de préférence avec les humbles, avec les simples, et que le Père céleste se plaît à révéler aux petits et aux faibles les mystères qu'il rend impénétrables aux sages et aux prudents suivant la chair !

Hélas ! quel réveil allait bientôt suivre ces magnifiques illusions. Au moment où, la tête entre les deux mains.

j'étais le plus absorbé dans les sentiments, dans les pensées que je viens de décrire, je reçois à l'improviste un grand coup de coude dans les côtes, et comme je me détournais instinctivement pour chercher d'où pouvait venir cet étrange appel, je vois une main longue, sèche et crasseuse, emmanchée d'un bras long, jaune et décharné, s'étendre horizontalement devant ma figure, tandis qu'une voix aigre et lamentable me fait entendre cette formule trop bien connue : *Signor; qualche piccola cosa per questa poverina* (1) !

Quelle chute, Seigneur ! le séraphin de tout-à-l'heure n'est plus qu'une vulgaire mendiante, parfaitement exercée à la rhétorique, à la mimique de son *état*, et je viens d'être dupe, une fois de plus, des innombrables stratagèmes de cette confrérie, dont la littérature et la peinture espagnole ont immortalisé, de concert, les innombrables exploits !

Oh ! que je fus tenté d'une étrange manière
De faire sur ce muffle une application !

Comme dit certain personnage de Molière; aussi, dans la crainte de succomber, je me hâte de sortir, à l'instant même, pour remettre mes sens émus et recouvrer un peu

(1) *Monsieur, quelque petite chose pour cette pauvrette. — Poverina, poveretta, poverella*, et autres diminutifs non moins élégants, non moins caressants, non moins gracieux, telles sont les formules par lesquelles se recommandent elles-mêmes à la commisération publique les plus vieilles, les plus sordides mendiantes des rues et des carrefours de la sainte cité.

du calme physique et moral dont j'ai besoin pour continuer mes paisibles excursions.

Mais, avant de quitter ces régions, allons faire une visite à un autre sanctuaire, dont le nom, comme la destination, contraste singulièrement avec les sombres et sanglants souvenirs des prisons Tullienne et Mamertine. C'est l'église de Saint-Joseph *dei Falegnami*, ou des charpentiers, ainsi nommée parce qu'elle appartient à la confrérie de ces *artistes* (comme les qualifie très-révérencieusement le docte Nibby) et construite directement au-dessus de la chapelle où j'étais tout-à-l'heure, de telle façon que, par une ouverture circulaire, pratiquée au centre du pavé de la nef et recouverte d'une grille en fer ouvragé, on aperçoit très-distinctement, au-dessous, le prêtre à l'autel et les fidèles agenouillés derrière lui.

Cette église, dont je n'ai vu nulle part indiquer l'origine, se recommande plutôt, il faut le dire, par sa pieuse destination, que par les œuvres d'art qu'elle possède, ou par les grands souvenirs qui s'y rattachent. Je trouve pourtant à citer, dans chacun de ces deux genres, un spécimen qui n'est nullement dépourvu d'intérêt : l'un est le tableau de *la Nativité de Jésus-Christ*, le premier ouvrage, dit-on, de Carle Maratte, ce peintre prématuré qui, dans sa première enfance, extrayait le suc des plantes, pour barbouiller des figures, déjà correctes, sur les murs de la maison paternelle; l'autre est une inscription qui rappelle que l'empereur d'Autriche, Joseph II, par dévotion pour son patron, sans doute, se fit recevoir membre honoraire de la pieuse confrérie des *Falegnami*.

Voilà de ces contrastes, de ces rapprochements, qu'on ne saurait trouver qu'à Rome, et à peine est-il un de ses innombrables sanctuaires auquel ne se rattache quelque semblable souvenir !

Après avoir jeté un coup-d'œil sur les travaux de déblaiement, qui s'exécutent depuis quelque temps dans le voisinage de la colonne de Phocas, pour retrouver le niveau et la direction de l'ancienne *Voie triomphale*, inférieure de **10** mètres à peu près au sol actuel, je dirige de nouveau mes pas vers le sommet de l'Aventin, non point pour rechercher les vestiges des édifices qui vinrent l'embellir successivement, sous les rois, la république et l'empire, tels que les temples de Diane, de Junon-Reine, de Minerve et de la Bonne-Déesse : tels que l'*armilustrum*, l'*atrium* de la Liberté, les palais de Sura et de Trajan, les thermes de Varius et de Décius; moins encore pour m'assurer si le nom d'Aventin vient de *adventus*, en mémoire de l'arrivée des peuples latins au temple de Diane bâti par Servius Tullius ; ou *ab avibus*, à cause des oiseaux qui s'y portaient en foule, du fleuve voisin, ou bien du nom du fleuve *Avente*, qui coule dans le pays des Sabins, auxquels Romulus assigna cette montagne pour résidence; ou bien encore, d'après l'opinion la mieux fondée, suivant toute apparence, du nom d'Aventinus, roi d'Albe, qui fut inhumé dans ces régions, etc., etc., etc. J'abandonne aux maîtres de l'archéologie toutes ces doctes hypothèses, dont je ne conteste ni l'intérêt, ni l'importance relative, et je borne aujourd'hui mes investigations à la recherche de deux sanctuaires, dont les noms s'associent aux souvenirs les plus précieux du christianisme naissant.

Le premier est l'église de *Sainte-Prisque*, bâtie, suivant la tradition, sur l'emplacement même de la maison d'Aquila et Priscille, ces deux parmi les premiers disciples de l'Evangile, que saint Paul appelle ses aides en Jésus-Christ et les préservateurs de sa vie tant de fois menacée (1). Saint Pierre, fréquemment accueilli dans cette maison, y baptisa un grand nombre d'infidèles, parmi lesquels sainte Prisque (*Prisca*) jeune vierge, âgée de 13 ans seulement, qui fut flagellée, exposée aux lions et décapitée, sur la voie d'Ostie, l'an 45 de Jésus-Christ. Consacrée, en 280, par le pape Eutychien, et restaurée, au 8e siècle, par Adrien Ier, au 15e par Calixte III, abandonnée, en 1798, puis réparée, en 1814, par les soins de Pie VII, l'église de *Sainte-Prisque*, à laquelle se trouve actuellement annexé un prieuré de l'ordre des Augustins, forme par ses antiques souvenirs et sa position singulièrement choisie l'un des monuments de Rome les plus hautement intéressants pour les amis de l'histoire chrétienne et de l'archéologie sacrée.

Je pourrais ajouter : l'un des plus difficiles à découvrir, avec *Sainte-Bibiane*, avec *Saint-Sabas*, dont je vais bientôt parler, et quelques autres, que je chercherai plus tard, avec plus ou moins de succès. Grâce aux savantes indications des *Guides* et autres ouvrages du même genre, on ne sait souvent de quel côté diriger ses pas, dans la recherche d'un sanctuaire *extra muros* et, pour ma part,

(1) *Rom.*, XVI, 4.

je ne serais jamais arrivé, je crois, aux deux églises du Pseudo-Aventin, sans l'assistance d'un *birrichino* (1), que je trouve, devant l'église de *Saint-Alexis*, occupé à tourner la roue de quelqu'un des *funari* (cordiers) qui travaillent dans ces régions, et qui me le prêtent volontiers, pour quelques minutes, moyennant la promesse d'un *paolo* (50 centimes) comme salaire de ses bons et loyaux services. Le *birrichino !* voilà le guide par excellence et que je ne crains pas de recommander, à Rome, *intra et extra muros*, aux pèlerins et touristes dans l'embarras !

Grâce à l'un des religieux de cette résidence, les portes de l'antique église de *Sainte-Prisque* s'ouvrent devant moi, sans difficulté aucune, et mes yeux peuvent juger de l'effet produit par les 14 colonnes antiques, qui divisent ses trois nefs, par les fresques de Fontebuoni et le tableau du maître-autel, dans lequel Passignani a représenté la sainte patronne du pieux sanctuaire. Mais ces objets ont moins de prix pour le voyageur chrétien que les souvenirs qui se rattachent à des lieux rendus à jamais vénérables par le séjour du premier des vicaires de Jésus-Christ, par celui du grand apôtre des nations et des généreux confesseurs, qui furent ses hôtes et les compagnons de ses travaux et de ses périls. On voit dans une crypte, sous le maître-autel, le tombeau qui renferme le corps de la sainte patronne, et l'on conserve dans un lieu voisin le vase qui servit à Pierre pour administrer le baptême aux

(1) Ce qu'on appelle en France un *gamin*, tout simplement.

catéchumènes instruits, et préparés par ses soins, à ce peuple d'acquisition qu'il avait appelé du sein des ténèbres à l'admirable lumière de Jésus-Christ (1).

A la vue de pareils monuments, il m'importe peu, je l'avoue, de connaître l'emplacement exact du fameux temple de Diane, élevé, dit-on, dans ces régions par Servius Tullius, pour servir de centre à la confédération latine, non plus que celui de Minerve *Aventinienne*, qui se trouvait dans le voisinage, non plus que celui de la *Fontaine des Faunes*, de l'antre de Cacus, du théâtre des mystères infâmes de la *Bonne-Déesse* et de l'aqueduc de l'eau *Claudia*, construit par Trajan, pour conduire une partie de cette eau sur le mont Aventin. « Seule, au milieu de toutes ces ruines, dit un docte et pieux auteur, la petite église de *Sainte-Prisque* ne connaît point d'âge; renouvelée, restaurée par la piété toujours fervente, plus elle a compté d'années, et plus les arts se sont étudié à la rajeunir (2). »

Continuons cependant ma route à travers ces régions, où m'attendent encore de touchantes impressions et de bien précieux souvenirs. En descendant le mont Aventin, au-delà de *Sainte-Prisque*, je me trouve bientôt dans une petite vallée, où je rencontre un étroit chemin, qui va me conduire, à travers les champs verdoyants et les haies en fleur, au sanctuaire qui est le terme extrême de mes pérégrinations de cette journée. Ici, je congédie le

(1) Ire Epître de saint Pierre, II, 9.

(2) E. de la Gournerie. — *Rome chrétienne*, I, p. 57.

birrichino qui m'a piloté dans ces parages solitaires; et je commence à monter lentement l'allée sinueuse au sommet de laquelle je vais trouver un antique sanctuaire dont le nom se rattache aux jours les plus glorieux du christianisme naissant.

C'est l'église de *Saint-Sabas,* construite sur l'emplacement occupé primitivement par un temple d'Apollon et postérieurement par le monastère de Celle-Neuve, où s'était retirée sainte Sylvie, mère de saint Grégoire-le-Grand, lorsque cet immortel pontife eut transformé en un couvent la maison paternelle, située, non loin de là, sur le mont Cœlius. A quelle époque le pieux *Matroneum* fit-il place à l'église qui lui a succédé, et à quelle circonstance celle-ci dut-elle son vocable actuel? C'est ce que toutes mes recherches n'ont pu m'apprendre jusqu'à ce jour. Si j'en dois croire l'auteur des *Curiosités de Rome*, sainte Sylvie (ou *Silvia,* comme il dit) aurait offert sa maison à saint Sabas, *un* abbé de Cappadoce, venu à Rome, à la tête d'une famille de basiliens, et cette maison serait devenue ensuite une église, consacrée aux *pieuses qualités* de ce saint abbé (1). Cette version n'offre qu'un inconvénient, c'est que saint Sabas, mort l'an 531, ne vint jamais à Rome, où d'ailleurs sainte Sylvie, morte elle-même en 604, n'aurait guère pu probablement, à l'âge de dix ou quinze ans au plus, qu'elle avait lors de ce voyage, lui donner une maison quelconque, alors même que le pieux

(1) *Les curiosités de Rome*, page 229. — Quel étrange baragouinage on trouve parfois dans ce livre utile et même estimable à certains égards!

patriarche eût visité réellement les murs de la sainte cité.

Quoi qu'il en soit, l'église de Saint-Sabas existait bien certainement au huitième siècle, puisqu'on voit un abbé de ce monastère assister, comme légat du pape Adrien Ier, au deuxième concile de Nicée, en 787, et nous trouvons dans les chroniques de ce même siècle un déplorable événement dont cette basilique devint le théâtre. Laissons parler ici l'auteur à qui je dois déjà tant d'utiles et précieux renseignements :

« La mort de Paul Ier (en 757) fut le signal d'un schisme. A peine le bruit s'en fut-il répandu qu'un duc lombard, nommé Taton, accourut à Rome avec ses frères et une troupe désordonnée de gens qu'il avait ameutés sur son passage. Il pénétra dans la ville par la porte Saint-Pancrace et ayant assemblé la foule tumultueuse qui le suivait, il fit proclamer évêque de Rome son frère Constantin, qui n'avait reçu encore aucun des ordres ecclésiastiques. On s'empara ensuite de Georges, évêque de Préneste (Palestrina) et on lui ordonna de conférer les ordres à Constantin. Georges refusa, mais on le menaça, et le malheureux finit par céder.

» Cette intrusion de Constantin se prolongea pendant un an. Au bout de ce terme, une révolte éclata contre lui, et Etienne, prêtre de *Sainte-Cécile,* fut canoniquement élu pontife. Le peuple, toujours extrême, se rua alors sur les partisans de Constantin ; quelques-uns d'entre eux eurent les yeux et la langue arrachés, et Constantin lui-même fut conduit au monastère de Celle-Neuve, aujourd'hui Saint-Sabas, monté sur une selle de femme. On le tira ensuite de sa retraite, on lui creva les yeux et il demeura gisant sur le pavé (1). »

L'église de *Saint-Sabas* rappelle aussi, fort heureusement, des souvenirs d'un genre plus pacifique et plus consolant, à la fois. Y a-t-il rien de plus touchant, par exemple, que cette inscription que je trouve sous le vestibule, sur le côté droit de la porte de l'Eglise, et dont je suis heureux de pouvoir rapporter le sens textuellement:

Ici était l'habitation de sainte Sylvie, mère de saint Grégoire-le-Grand, d'où elle envoyait chaque jour à son fils, au monastère de Saint-André (2), *une petite écuelle de lentilles, pour sa nourriture.*

Tous commentaires deviennent superflus pour un texte pareil et les yeux s'humectent des plus douces larmes, au souvenir de tant de génie, de tant de grandeur devant les hommes, de tant de mérites devant Dieu lui-même, associés aux plus modestes, aux plus humbles vertus !

Voici, enfin, des souvenirs plus modernes et même contemporains. L'église de *Saint-Sabas* est unie maintenant au *Collége germanique,* institué dans le but de former des ouvriers évangéliques pour l'Allemagne et la Hongrie; elle appartient donc aux jésuites, et cette circonstance m'explique certaines fresques, un peu surannées et sans grande valeur, je crois, dans lesquelles je vois figurer la robe noire d'Ignace, au milieu des soutanes rouges qui forment

(1) E. de la Gournerie. — *Rome chrétienne*, I, p. 205.

(2) Sur le mont Cœlius, à l'endroit même où existe présentement le couvent des Camaldules.

le costume habituel des *convittori* de *San-Macuto* (1). Du reste, l'antique sanctuaire de Saint-Sabas est habituellement fermé au public, à l'exception du jour de la fête patronale, de la station quadragésimale, de quelques solennités particulières à la Compagnie de Jésus, et je ne puis en obtenir l'accès que grâce à la protection d'un jardinier qui, après m'avoir laissé frapper longtemps à la porte extérieure, finit par me faire pénétrer dans l'église par je ne sais quels passages obscurs et étroits, qui n'annoncent guère le voisinage d'un aussi vénérable édifice.

Voilà encore un journée féconde en émotions bien vives, bien pures et en souvenirs bien précieux pour ceux qui comprennent la ville sainte, pour ces *happy-few* (2) qui seuls possèdent la clef des véritables beautés de Rome, ainsi que l'intelligence de ses merveilles, et n'ont rien de commun, grâce à Dieu, avec cette classe de mortels, privilégiés *d'une autre manière*, auxquels certain épicurien de ce siècle a dédié ses écrits. Je ne saurais trop le redire, et je le dirai *opportunè, importunè :* Rome est un livre admirable, sublime, inépuisable, mais un livre entièrement fermé pour quiconque n'a pas les yeux et le sens de la foi, une énigme sans mot pour celui qui n'en cherche point la clef dans les dogmes et dans la tradition de l'Eglise catholique, dans la vie et les enseignements des saints, dans ces naïfs et touchants souvenirs qui entretiennent la piété du peuple chrétien.

Quiconque ne comprend point cette Rome-là trouve

(1) Voir au chapitre XLVI.
(2) Ou *pauci beati.*

promptement fastidieux le séjour d'une ville où rien ne satisfait les exigences de l'égoïsme, du sensualisme, de tous les instincts vicieux, de toutes les passions mauvaises, de tous les honteux mouvements du cœur. Quiconque l'a comprise, l'a goûtée une fois, n'éprouvera jamais à Rome qu'un ennui, qu'un regret, celui de quitter nécessairement quelque jour une résidence à laquelle il s'est attaché de toutes les forces de son âme, de toutes les aspirations de son intelligence, et de laquelle il dirait volontiers, avec l'un des poètes qui ont illustré et chanté ces heureux parages :

Hic vivere amem, *hic* obeam libenter (1). »

(1) Horace. Ode III, 9.

XLIV.

Un baptême à Saint-Jean-de-Latran. — Le trésor de Sainte-Croix *de Jérusalem.* — Il Padre Benedetto. — *Les pieuses curiosités de Rome et quelques-uns de leurs visiteurs.*

Voici, dans ce même genre, de bien douces impressions et d'impérissables souvenirs! — Aujourd'hui, veille de la Pentecôte, je suis informé que deux néophytes juifs doivent recevoir, dans la matinée, le baptême, l'eucharistie, la confirmation, et que c'est à Saint-Jean-de-Latran qu'aura lieu la triple cérémonie. Je me dirige, en toute hâte, vers l'auguste sanctuaire et j'arrive au moment précis où le cortège, sortant de la basilique, par la porte latérale qui se trouve au sommet de la nef droite, commence à se diriger vers ce bâtiment de forme octogone, appelé par l'archéologie sacrée, comme par l'archéologie profane, elle-même, le baptistère de Constantin.

J'ai parlé ailleurs (1) de l'antique et illustre édifice,

(1) Rome. — *Impressions et souvenirs*, I, p. 110.

moins précieux encore par sa structure que par son origine, puisque le premier César chrétien l'aurait fait construire exprès, dit-on, pour y recevoir le baptême de la main du pape saint Sylvestre, et j'ai cité, à cette occasion, quelques paroles de l'un des écrivains qui ont le mieux senti et le mieux décrit les beautés sans rivales de la grande métropole du catholicisme. Entraîné par mon sujet et limité par l'espace, j'ai dû passer rapidement, là comme ailleurs, sur une foule de détails auxquels j'aurais consacré avec bonheur des pages entières, et c'est à peine si j'ai pu indiquer sommairement les principales beautés de l'un des plus augustes édifices de la Rome des chrétiens.

C'est pourtant un monument déjà bien précieux, au simple point de vue de l'art, que le baptistère de Latran, ou l'église de Saint-Jean *in fonte*, comme on l'appelle également dans la langue liturgique romaine, et il y aurait matière à des récits non moins prolixes qu'intéressants dans la description des réparations et des embellissements successifs qu'il reçut sous les papes Grégoire XIII et Urbain VIII, à la suite des spoliations et des dégâts qu'il avait subis, dans des temps de funeste mémoire. Toutes ces choses, que j'ai remarquées sommairement jadis, fixent aujourd'hui mon attention, d'une manière toute spéciale, à cause de l'imposante *funzione* qui se prépare ; aussi, en attendant le commencement des rites sacrés, je promène à loisir un coup-d'œil attentif et sérieux sur les diverses parties de l'illustre édifice.

Moins orné que le *battisterio* de Sainte-Marie *del fiore*, à Florence, moins nu que celui de *San-Raniero*, à Pise, le baptistère de Latran l'emporte sur l'une et l'autre de ces constructions par son antiquité lointaine, par les grands souvenirs qu'il rappelle, par son style plus sévère et son ensemble beaucoup plus monumental. Au centre de l'édifice octogone s'élève une coupole, soutenue par deux rangs de colonnes superposées, dont les huit inférieures sont de porphyre, tandis que la rangée supérieure est en marbre blanc. Le dôme recouvre un espace circulaire, pavé de marbre, également, et au centre duquel s'élève une urne antique, en basalte, ornée de bronze doré, et décorée en outre aujourd'hui de draperies et de fleurs, vers laquelle on descend par trois larges gradins, car elle est inférieure d'un ou deux mètres au niveau général du pavé de l'édifice. C'est là que va s'accomplir l'auguste cérémonie, qui doit donner, dans quelques instants, à l'Eglise universelle, deux enfants de plus.

Ceux-ci arrivent bientôt, accompagnés du clergé de la basilique, formant un nombreux cortége, qui se termine par Mgr. le Vice-Gérant, ce vénérable prélat que j'ai déjà remarqué à la procession de saint Marc et plus récemment à celles qui solennisent les trois jours des Rogations. Tous les regards se portent naturellement sur les deux néophytes, vêtus de longues robes blanches, et sur la physionomie desquels chacun cherche à lire les impressions qu'ils reçoivent, les sentiments dont ils sont animés, dans un moment aussi solennel.

L'un deux, âgé de 50 ans, environ, me semble profondément pénétré de la majesté de nos saints mystères et de la gravité de l'acte qui va s'accomplir : quant à l'autre, dont la figure accuse 25 ans, à peine, j'ai le regret de trouver sur ses traits une expression insouciante et même un peu narquoise, qui traduit très-inexactement, j'aime à le croire, ses pensées réelles, ses émotions intimes, mais qui me blesse et m'afflige vivement dans un lieu semblable, dans une circonstance du genre de celle-ci.

Cependant, les rites sacrés commencent, et bientôt les deux néophytes, appelés des ténèbres du judaïsme à la lumière de l'Evangile, sont conduits processionnellement dans une chapelle voisine, pour recevoir successivement le sacrement qui fera d'eux des chrétiens parfaits et celui qui va transformer leur chair corruptible et périssable en la chair incorruptible et immortelle de Jésus-Christ. Bien éloigné, même à cette époque et dans ce moment surtout, de penser que j'aurais jamais l'occasion de raconter les divers incidents d'un double pèlerinage à la cité sainte, je n'ai conservé aucun souvenir bien précis des différentes cérémonies de ce jour et j'en reproduis ici les principales circonstances, telles que je les retrouve, à trois ans d'intervalle, dans ma mémoire, fidèle quant à la généralité des faits, si ce n'est en ce qui concerne leurs détails particuliers.

Je puis dire, toutefois, que l'ensemble des cérémonies ne s'écarte en rien d'essentiel de ce qui se pratique partout ailleurs, dans les occasions de ce genre, et que, sous ce rapport du moins, il n'existe pas de lacunes réellement regrettables dans mes souvenirs. Mais je dois ajouter que l'aspect des lieux, les noms illustres et glorieux qu'il rappelle, la présence du clergé de la première église du monde et celle du prélat qui représente, en cette occasion, le Père commun des fidèles (1), la vue même d'un public tout à la fois empressé et recueilli, composé de personnes sur chacune desquelles ce spectacle semble produire une impression vive et profonde, toutes ces circonstances réunies communiquent à la cérémonie de ce jour un caractère spécial de solennité mystérieuse et grandiose à la fois, dont l'analogue ne saurait exister nulle part et qui doit laisser, par conséquent, une trace à jamais ineffaçable dans les souvenirs de ceux qui en furent les témoins privilégiés.

Mais ce n'est là que le début des émotions de cette journée, l'une des plus mémorables qu'il m'aura été donné de connaître, dans un double pèlerinage à la sainte cité. En sortant du baptistère, à la fin de la cérémonie, je me dirigeais du côté de la basilique *Sessorienne*, pour jouir une fois encore, avant mon prochain départ, de l'admirable point de vue que présentent ces régions presque inhabitées.

Par une heureuse occurrence, je trouvais la grille du vestibule entièrement ouverte et je pouvais pénétrer, pour la première fois, dans le vaste portique, où m'attendaient plusieurs œuvres d'art, tout-à-fait nouvelles pour mes yeux, jusqu'à ce jour : la statue colossale (2) de Constantin, retrouvée jadis dans les Thermes qui portaient son nom, sur le Quirinal, et la seule en ce genre, je crois, que

(1) Le Pape, en tant qu'évêque de Rome, a pour cathédrale la basilique de Saint-Jean-de-Latran.

(2) Mais non point *équestre*, comme l'affirme Robello.

l'on connaisse du premier César chrétien; la célèbre porte de bronze, qui orna successivement la basilique *Emilia* (1), puis l'église de *Saint-Adrien* au Forum et que le pape Alexandre VII fit transporter ici; les bas-reliefs qui surmontent les quatre autres portes : le *Saint Jean-Baptiste*, de Maini; le *Saint Zacharie*, de Ludovisi; la *Décollation* du saint Précurseur, par Filippo Valle et le quatrième représentant le saint patron de la basilique (2), au moment où il reproche à Hérode son infâme passion pour Hérodiade, sa belle-sœur.

Toutes ces beautés néanmoins, il faut en convenir, sont bien négligées par le visiteur, même chrétien, pour des beautés d'un autre genre, dont il a le spectacle sous les yeux, dans ce même vestibule de la mère et de la maîtresse de toutes les églises. Je veux parler de l'incomparable point de vue que présente, en cet endroit, la réunion des objets les plus variés, les plus disparates et les plus ingénieusement combinés, à la fois, pour produire sur l'œil, comme sur l'âme elle-même, l'effet le plus poétique et le plus saisissant. Sur la gauche, la majestueuse mosaïque du *Triclinium* de saint Léon; sur la droite, la vieille enceinte des murs de Rome, avec la porte *Asinaria*, désormais impénétrable, mais qui livra jadis passage aux Vandales de Totila et aux Normands de Robert Guiscard; en face, une pelouse inclinée, qui s'étend, comme

(1) Voir au chap. XXXVIII, page 182.

(2) C'est saint Jean-Baptiste, en effet, et non point saint Jean l'Evangéliste qui est le patron de la basilique Latérane, laquelle porta primitivement le titre de *Basilique du Sauveur*.

un immense tapis de verdure et de fleurs, jusqu'à la basilique de *Sainte-Croix*, et au-delà les profondes solitudes de la campagne romaine, au-delà encore les montagnes bleues du Latium, constellées de villages et de blanches maisons qui étincellent au loin, sous les feux d'un splendide soleil, puis un calme, une paix, un silence qui, en portant l'âme à une douce et religieuse rêverie, centuplent au moins le charme inexprimable que l'on savoure dans ces lieux enchantés.

C'est un spectacle réellement unique au monde, capable d'impressionner les spectateurs les plus apathiques, et dont la vue, fréquemment répétée, lors d'un premier voyage, avait laissé dans mon imagination les traces les plus vives et les plus profondes. Combien de fois, depuis cette époque, en récapitulant mes divers souvenirs et en rêvant à la possibilité de les raviver par un retour dans ces mêmes lieux, combien de fois m'étais-je écrié mentalement, dans les transports d'une admiration tempérée par d'amers regrets : « Oh ! qui me donnera jamais de revoir, ne fût-ce qu'un seul instant, la merveilleuse perspective de *Sainte-Croix* de Jérusalem ! oh ! comme alors je dévorerai ce spectacle, que j'ai trop peu regardé, trop peu apprécié jadis ! oh ! comme j'exprimerai avidement jusqu'à la dernière goutte d'une aussi pure, d'une aussi incomparable jouissance ! »

Eh bien, ces vœux sont exaucés aujourd'hui, dans toute leur étendue. A neuf années d'intervalle, me voici de nouveau dans les mêmes lieux, en face des mêmes objets, avec toutes les circonstances défavorables qui peuvent résulter d'un âge plus avancé, d'une imagination refroidie peut-être, de quelques illusions nécessairement perdues, sans compter l'attrait de l'inconnu, qui a cessé d'exister, et pourtant je retrouve en moi, dans toute leur vivacité, dans toute leur vigueur primitive, et doublées même, je crois, d'intensité, les émotions que je ressentais, lorsque ces objets apparurent, pour la première fois, à mes regards émerveillés. Il faut bien croire qu'il y a un charme réel inhérent à ces parages et que l'imagination, malgré ses ressources infinies, ne pourrait à elle seule ni créer ni même concevoir la réunion de semblables beautés.

Cependant, il faut m'arracher à ces délicieuses rêveries et traverser l'espace qui me sépare de la basilique Sessorienne, où je vais trouver, deux fois en ce jour, une ample revanche à mes tribulations d'une autre époque. J'ai lu, ces jours derniers, dans l'excellent ouvrage de M. l'abbé de Montault (1), une note qui m'apprend que l'on peut se procurer dans le monastère de *Sainte-Croix*, des clous en fer fabriqués sur le modèle de ceux de la Passion, ainsi que des *fac-simile* du titre de la croix elle-même, et je ne veux pas quitter Rome, sans emporter avec moi ces précieux souvenirs du plus auguste sanctuaire qui existe dans le monde entier. Je vais donc sonner à la porte du monastère des Cisterciens, contigu à la vénérable basilique, et demander, d'après les indications

(1) L'*Année liturgique à Rome*, in-18. Paris, 1857.— Ce petit livre, je ne saurais trop le dire, est le vade mecum *indispensable* du voyageur chrétien.

de mon *Guide*, le R. P. Prieur, dépositaire des pieux objets qui sont le motif de ma visite à ces lieux.

Mais, quelle agréable surprise m'attendait ici, pour le début! En l'absence du supérieur, c'est à la cellule du sous-maître des novices que l'on me conduit, et qu'on juge de mes transports d'allégresse, en trouvant dans le *Padre Benedetto*, comme on l'appelle parmi ses frères, un compatriote, d'abord, puis, dans ce genre fort étendu, l'espèce que je devais assurément le moins m'attendre à rencontrer en ces lieux, un militaire, et même un officier! Le *Padre Benedetto*, jadis lieutenant dans un régiment de la garde royale, sous Louis XVIII, a échangé, depuis longues années déjà, l'élégant uniforme des chasseurs à cheval, pour la robe blanche des disciples de saint Bernard, et néanmoins la franchise, la rondeur de ses manières, avec ce je ne sais quoi dans les inflexions vocales, qui indique une ancienne pratique du commandement militaire, dénotent suffisamment que la discipline monastique, non plus que l'âge et l'austérité de la règle n'ont pas amorti dans ses veines la généreuse ardeur qui l'animait autrefois.

La discrétion m'empêche de lui demander d'autres détails que ceux qu'il veut bien me communiquer spontanément sur les principaux événements de sa vie, particulièrement sur ceux qui ont déterminé sa vocation religieuse et je me vois privé, bien à regret, de renseignements qui donneraient sans doute un vif intérêt à mes récits. Quoi qu'il en soit, nous causons longuement de notre commune patrie, des vicissitudes qu'elle a subies, dans ces derniers temps, de ses joies, de ses douleurs, de ses craintes, de ses espérances, et tout en jouissant des pieux entretiens du vénérable Père, je ne puis m'empêcher de jeter, de temps en temps, quelques regards de convoitise à travers sa fenêtre, qui s'ouvre sur les plus magnifiques perspectives qu'il soit possible d'imaginer.

Il y a là vraiment de quoi donner des distractions au solitaire le plus absorbé dans la contemplation des perfections divines ! Immédiatement au-dessous de cette fenêtre, le petit jardin, irrégulièrement tracé, du couvent, auquel servent de clôture naturelle les anciennes murailles qui formaient la ceinture de Rome, au 5e siècle ; puis, au-delà, les poétiques déserts de la campagne romaine, avec ses lignes d'aqueducs brisés et les hauteurs lointaines de Frascati, pailletées de blanches maisons, qui miroitent au soleil ; puis, sur la droite, la plaine immense dont les dernières lignes se confondent avec les flots naissants de la Méditerranée. — Quel sublime spectacle, et quel inépuisable sujet de méditations, pour un solitaire, sur les magnificences de la création, sur les merveilles du génie de l'homme et de la toute-puissance de Dieu !

Cependant, il faut quitter ces lieux enchanteurs, et je m'arrache, non sans peine, à l'aimable société du *Padre Benedetto,* ne soupçonnant guère que je dois le revoir, dans des circonstances bien plus mémorables encore, avant que la présente journée soit parvenue à sa fin. En effet, à peine rentré dans mon logis solitaire, avec le précieux butin de cette matinée, je reçois de l'abbé M..., mon compagnon de voyage, l'avis que ses démarches persévérantes ont obtenu enfin de l'*Eminentissimo cardinal vicario* la permission de vénérer, à *Sainte-Croix-de-Jérusalem,* les reliques de la Passion, en compagnie d'un certain nombre de personnes, dont le choix est laissé à son libre arbitre. Tout naturellement, je suis du nombre, et il demeure convenu que, le soir même, à quatre heures, nous partirons ensemble pour la sainte basilique, où nous devons retrouver quelques compagnons, destinés à compléter le chiffre strictement limité par les indults.

Quelle fortune inespérée et quelle compensation surabondante à tant de mécomptes et de déceptions que j'ai déjà éprouvés, dans l'un comme dans l'autre de mes voyages à la terre classique des grands souvenirs de la foi! Voir de mes yeux, toucher presque de mes mains les objets les plus augustes, les monuments les plus authentiques, les plus vénérables de ma croyance, tout ce qu'il y a de plus saint, de plus sacré (s'il est permis de le dire) après Dieu lui-même; jouir, en un mot, moi pécheur et misérable, d'un bonheur que *bien des rois et des prophètes,* suivant la parole du divin Sauveur, que des millions d'âmes pieuses et saintes ont appelé de toute l'ardeur de leurs désirs, qu'elles ne connaissent point pourtant et ne connaîtront jamais; voilà ce qui m'est promis, dans quelques heures, ce que j'achèterais volontiers, au prix de quelques-unes des années que je dois vivre encore! Quel souvenir, pour le reste de mon existence, et quelle date impérissable à inscrire dans les annales de mes pérégrinations à travers les monuments de la sainte cité!

A l'heure convenue, nous arrivons, le digne abbé M... et moi, devant le vestibule de *Santa-Croce*, au mépris d'une pluie d'orage, qui nous eût fait rebrousser chemin, dans toute autre circonstance, et bientôt nous sommes rejoints successivement par le reste de nos compagnons. Ceux-ci nous viennent en deux bandes, l'une composée de deux religieuses françaises, de la Congrégation de la Providence, de Portieux, au diocèse de Saint-Dié, récemment établie à Rome, et l'autre d'un couple qui semble appartenir, par ses vêtements, du moins, à la classe moyenne, mais auquel il serait difficile d'assigner une classification précise, d'après ses allures extérieures et la tournure apparente de ses idées. Le *Padre Benedetto*, que nous avons prié de vouloir bien se faire déléguer par son supérieur, pour servir d'introducteur à des compatriotes, ne tarde pas à venir nous rejoindre et tous ensemble nous nous dirigeons, à travers une série de corridors et d'escaliers, placés hors de la clôture monastique, vers la chapelle intérieure, où sont conservés les inestimables trésors qui vont être offerts successivement à nos yeux.

Cette chapelle est placée immédiatement derrière la tribune (1) du haut de laquelle se fait, trois fois chaque année, l'ostension solennelle des reliques dites de la Passion, c'est-à-dire : le quatrième dimanche de Carême, le vendredi-saint et le 3 mai, fête de l'*Invention de la sainte Croix*. C'est une petite pièce très-étroite, dont la plus grande partie est occupée par un autel, devant lequel

(1) Au fond de la nef droite.

peuvent se tenir agenouillées dix ou douze personnes au plus. Derrière l'autel est une armoire, pratiquée dans l'épaisseur du mur, et fermée par deux portes de fer, que protégent de solides barreaux, qui peuvent défier toute violence. C'est là que sont conservées les reliques incomparables qui vont être présentées bientôt à notre vénération.

Après avoir allumé les cierges, le Père Benoît nous invite à nous mettre tous à genoux; il ouvre les portes de l'armoire, en tire successivement plusieurs objets qu'il vient déposer sur l'autel, puis il s'agenouille lui-même, pour réciter quelques prières préparatoires, et, se relevant ensuite, il nous fait signe d'approcher pour examiner de plus près les augustes objets qu'il va nous présenter successivement.

Le premier est un morceau de la vraie croix, composé de trois fragments divers, lesquels réunis ensemble occupent une longueur d'un mètre environ : c'est la portion la plus considérable, dit-on, qui existe de l'arbre auguste du salut.

Le deuxième est la planche même sur laquelle est gravé le titre de la croix de notre divin Sauveur. C'est, dit un pieux voyageur, dont je vais emprunter les paroles (1), une planchette de bois, d'environ deux centimètres d'épaisseur, sur quinze ou seize de largeur et vingt à vingt-cinq de longueur. Sa couleur noirâtre (ou

(1) M. l'abbé Dumax. — *Rome durant le carême, la semaine sainte et les fêtes de Pâques.* — Paris, 1859, in-12, p. 88 et suiv.

plutôt brun-marron, très-foncé) porte les indices d'une extrême vétusté, qui se reconnaît d'ailleurs aux innombrables petits trous dont elle est criblée, probablement par les insectes qui en ont rongé la substance. L'inscription : JÉSUS ROI DES JUIFS, est répétée trois fois, d'abord en hébreu au sommet, puis en grec, enfin en latin, selon qu'il est dit dans l'Evangile de saint Jean : « *Hebraicè, Græcè et Latinè.* » Les caractères, gravés à la hâte dans le bois, sont teintés de rouge, et suivant le génie de la langue hébraïque, parlée plus généralement par les Juifs de cette époque, ils sont écrits de droite à gauche.

La ligne hébraïque n'offre plus aujourd'hui que les extrémités inférieures des lettres. Toutefois un savant rabbin converti a cru y retrouver les débris de ces mots : « *Nazaréen roi des* » écrits en langue syriaque vulgaire. Les caractères latins sont encore presque tous très-lisibles ; malheureusement, les deux extrémités manquent : « NAZARENUS RE » écrits comme il suit : « ER SUNERAZAN » dans les trois langues précitées, sont les seuls mots que porte encore l'inscription. Il y a, dans la ligne grecque, fait observer Mgr. Gerbet, une incorrection graphique assez notable ; une des lettres (1), outre qu'elle n'est pas bien alignée avec les autres lettres du même mot, est tracée en sens inverse de celui qu'elle devait avoir dans l'écriture de droite à gauche. En général, ajoute le pieux et savant auteur, le titre de la croix offre les traces d'une écriture qui a été improvisée, au moyen d'un poinçon, ou

(1) Que l'illustre auteur n'indique pas. C'est le *z* du mot *Nazarenos.*

d'un couteau, sans qu'on ait pris le temps de soigner la forme des lettres. Un écriteau qui devait être placé au-dessus de la tête d'un condamné à mort ne demandait pas grands soins, et dans l'agitation tumultueuse avec laquelle on pressa l'exécution de la sentence, les apprêts du supplice ont dû être accélérés (1).

Ajoutons que les Pères Cisterciens de *Sainte-Croix de Jérusalem* ont fait graver un *fac-simile*, parfaitement exact, de ce monument inappréciable, avec ce titre : « *Imago triumphalis Tituli vivificæ Crucis D. N. Jesu-Christi, qualis hodie apud Cistercienses, intra Basilicam S. Crucis in Ierusalem, seu intra capellam Sacrarum Reliquiarum conspicitur.* » J'ai rapporté ce souvenir, avec beaucoup d'autres, de mon dernier pèlerinage, et leur réunion forme aujourd'hui les éléments d'un petit musée sacré, dont la vue me rappelle sans cesse les plus heureux instants qu'il me sera, bien certainement, donné jamais de passer ici-bas.

Ce n'est là, toutefois, que le commencement de nos pieuses jouissances, et bientôt se succèderont divers objets dont le nom seul indique tout le prix : 1° deux épines de la sainte Couronne ; elles ont chacune cinq ou six centimètres de longueur, et on a constaté qu'elles appartiennent à un genre d'arbrisseau très-commun dans les environs de Jérusalem ; 2° des fragments de la sainte Crèche et de la colonne de la Flagellation ; 3° un doigt de l'apôtre saint Thomas, celui-là même que le disciple défiant et

(1) *Esquisse de Rome chrétienne*, II, p. 271.

méticuleux voulut absolument introduire dans l'ouverture des clous, pour s'assurer de la résurrection réelle de son divin maître. Quel touchant épisóde ! Quels sentiments et quelles réflexions ne suggère pas un semblable rapprochement ! 4° Enfin, l'un des clous même qui percèrent les mains et les pieds de l'adorable victime de notre salut.

Ici encore quelques détails sont nécessaires, et la légitime curiosité du lecteur les exige impérieusement de celui qui peut dire, avec l'Apôtre : « *Quod vidimus testamur* (1) ! » Ce clou a près de treize centimètres de longueur; la tête en est arrondie, large, profonde et la pointe manque, sur une longueur de cinq ou six centimètres, probablement. Les auteurs s'accordent à dire que cette pointe fut placée par les soins de sainte Hélène sur le casque de Constantin, et qu'elle fait actuellement partie du cercle de la fameuse couronne de fer, des rois Lombards, gardée dans le trésor de Monza (2).

Ajoutons (de mon chef) que ce clou, auquel les siècles ont imprimé une nuance terreuse, assez semblable à la rouille (bien qu'il soit totalement exempt de celle-ci), est renfermé dans une custode, en argent, de forme gothique, et disposé de telle sorte que la tête, placée en bas, entièrement à découvert, peut être vue par tous et touchée même très-facilement par ceux qui sont revêtus du caractère sacerdotal.

(1) *Joan.* IV, 11.

(2) M. L'abbé Dumax, page 87. — Voir aussi *Les trois Rome*, III p. 372.

Empruntons encore au pieux auteur, déjà plusieurs fois cité dans ce chapitre, quelques lignes qui exprimeront mille fois mieux que je ne saurais le faire les sentiments qu'excite dans une âme chrétienne la visite du sanctuaire des reliques à *Sainte-Croix-de-Jérusalem.*

« Je ne saurais dire ce que l'on éprouve, lorsque après avoir franchi un petit escalier bien sombre, à la suite du vénérable conducteur qui vous précède, on l'entend mettre la clef dans la serrure de l'auguste sanctuaire, où sont conservées les saintes reliques. Je ne saurais exprimer encore moins ce que l'on éprouve quand s'entrouvre la porte de la bienheureuse armoire, qui les protége sous ses triples verroux..... Je ne saurais surtout dire ce que l'on éprouve quand on voit déposer ces précieux trésors sur l'autel, qu'on peut les contempler de ses yeux, que de sa main on peut mesurer l'épaisseur de ce clou meurtrier, la longueur de ces cruelles épines et apprécier, s'il est possible, la blessure douloureuse et profonde qu'ils ont dû faire : alors que l'on aperçoit sur les fragments de la croix des taches de sang et que du bois de l'écriteau semble s'échapper vers vous le cri des déicides : « *Crucifiez-le, Crucifiez-le ! Crucifige illum !...* » On se jette à genoux, et à travers ses larmes et ses soupirs on couvre de ses baisers les précieuses reliques (1)..... »

Le dernier objet que le Père Benoît fait passer sous nos yeux est la traverse de la croix du bon larron, de ce

(1) M. l'abbé Dumax. — *Rome durant le Carême*, etc., pag. 93 et suivantes.

Dixmas (1), crucifié pour ses crimes, purifié par son repentir, justifié par sa foi en l'adorable victime des péchés des hommes, et qui mérita de s'entendre adresser de sa bouche, ces consolantes paroles : « Je vous le dis, en vérité : aujourd'hui même, vous serez avec moi dans le paradis (2). » Cette planche, étroite et longue, conservée dans son entier, est encadrée sur le devant du premier gradin de l'autel, au-dessous de la croix et des cierges ; elle est donc visible, en permanence, et il suffit de s'approcher pour juger par soi-même de ses dimensions.

Quelques pieux objets, de diverse nature, sont suspendus aux murs de la petite chapelle. Nous remarquons dans ce nombre : 1° un *fac-simile* du titre de la croix, dans son état primitif, c'est-à-dire avec la triple inscription, dans toute son intégrité ; on a figuré par une teinte particulière le fragment subsistant seul aujourd'hui, lequel occupait le centre de la planche elle-même, et formait le tiers, environ, de la totalité. 5° Une pierre, entourée d'une couronne, et sur laquelle sont écrits, en caractères anciens, ces deux simples mots : *Titulus Crucis.*

Cette pierre, qui rappelle toute une merveilleuse histoire, est celle-là même qui fermait l'ouverture de la petite niche, située au sommet de l'abside de la basilique de *Sainte-Croix-de-Jérusalem*, et dans laquelle avait été déposée, vers le milieu du 5e siècle, pour la soustraire aux profanations des Barbares, une cassette en plomb, renfer-

(1) Tel est le nom réel de ce saint personnage, dont la liturgie romaine célèbre la fête le 25 mars.

(2) Luc, XXIII, 3.

mant le vrai titre de la croix. Cet inestimable dépôt, totalement oublié, depuis cette époque, fut retrouvé inopinément, en 1492, lors des réparations que le cardinal Mendoza, archevêque de Tolède, fit faire dans la basilique Sessorienne, dont il était le titulaire à cette époque (1).

Quelques observations, maintenant, sur le personnel présent à la merveilleuse exhibition, dont je viens de narrer sommairement les détails.

Au moment où nous étions tous agenouillés circulairement, devant l'autel de l'oratoire, dans l'attente anxieuse des inappréciables objets que le Père Benoît se disposait à faire passer successivement sous nos yeux, un sentiment instinctif de curiosité (très-légitime, je pense), appela mes regards sur les diverses personnes qui allaient, dans quelques instants, partager ma félicité. Le pieux abbé M... semblait anéanti dans la plus haute contemplation; les deux Sœurs de la Providence, le visage enflammé des ardeurs de la charité, comprimaient péniblement de gros soupirs, qui bientôt s'échappèrent irrésistiblement, sous la forme de sanglots, à travers un vrai déluge de larmes, lorsque les saintes Reliques vinrent rendre sensibles à leurs yeux les souffrances et la mort de Celui qui est la source première de toute charité.

Le *bourgeois*, armé d'une impassible physionomie, conservait la placide contenance d'un bon mari, qui a suivi

(1) Voir dans l'*Esquisse de Rome chrétienne*, II, p. 267 et suiv. les détails les plus intéressants et les plus complets sur ce merveilleux événement.

sa femme quelque part, pour lui faire plaisir (pour ne pas la contrarier, du moins), mais qui ne prend personnellement qu'un très-médiocre intérêt à ce qui est l'objet de la curiosité de celle-ci.

Quant à l'épouse de ce digne personnage, laquelle mérite une étude à part, je n'oublierai de ma vie l'étrange expression de sa physionomie, au moment où le Père Benoît faisait tourner la clef de cette armoire, d'où allaient sortir des objets merveilleux et inconnus ; ce pétillement de *plaisir* qui étincelait naïvement dans ses yeux ; cette inquiète et fiévreuse ardeur qui se trahissait dans ses mouvements, dans le gonflement de sa poitrine, à la pensée, sans doute, de contempler bientôt une chose curieuse, rare (*rare* surtout!) une chose *difficile à voir*, en outre, et de laquelle il me semblait lui entendre dire, quelques semaines plus tard, à quelques-unes de ses bonnes amies : « Ah ! ah ! j'ai vu telle chose, tel jour, en tel endroit ; ô mon Dieu, que c'était donc beau! » (sous-entendu : « Et vous n'y étiez pas !) »

« *Et vous n'y étiez pas!* » Toute la femme se retrouve dans ces six mots, qui résument la fille d'Eve avec tous ses instincts et toutes ses aspirations !

Mais voilà que je me laisse entraîner bien loin de mon sujet par le désir de consigner ici une observation quelque peu critique et malicieuse. — N'oublions pas le *devotus femineus sexus*, que l'Eglise recommande à nos prières, et revenons à des pensées plus sérieuses, plus conformes surtout aux lieux où je me trouve, aux objets qui viennent de fixer mon attention.

Quoi qu'il en soit, cet épisode, au moment où je le retrouve dans mes souvenirs, me rappelle et me fait apprécier doublement les remarquables paroles d'un grave et pieux auteur, auquel revient forcément, à chaque page, quiconque veut écrire avec certitude sur les sanctuaires et les monuments sacrés de la grande métropole des chrétiens :

« Quelques visiteurs de Rome se plaignent que cette chapelle ne soit pas d'un accès facile..... C'est qu'il y a des choses qui ne peuvent être bien vues qu'à la condition de n'être pas *vulgairement* visibles. Elles ne paraissent sous leur vrai jour que lorsqu'elles semblent sortir d'un nimbe mystérieux. Les personnes qui ne veulent les voir *que pour les voir,* n'ont pas droit de trouver mauvais qu'on ne les livre pas à une publicité peu respectueuse. Si les règles établies imposent quelquefois des privations à la piété elle-même, ce n'est pas elle qui en murmure ; elle sait préférer à sa propre satisfaction les convenances des choses saintes.

» Il ne faut pas que Rome chrétienne soit une galerie, dont on puisse visiter, en courant, tous les recoins. Elle doit avoir ses portes réservées, qui ne tournent pas leurs gonds devant chaque fantaisie d'une curiosité profane. Elle doit soigner le privilége qu'elle a de garder dans son sein la plus grande partie des instruments de la Passion.

» Cette prérogative est un des traits caractéristiques de la métropole du christianisme. Il convenait que, dans l'économie monumentale de la religion, la piété mît son centre dans le centre de la foi. Rome satisfait ainsi, plus que ne peut le faire aucune autre ville chrétienne, cet instinct naturel de l'âme qui, dans tous les ordres de choses, aime à voir de près les origines vénérées. Transporté dans la sphère de la piété, cet instinct recueille avec amour les émotions vives que produit, après dix-huit siècles, l'apparition des monuments primitifs de la Rédemption. Le voile du temps s'ouvre, le Golgotha se rapproche, et quelque chose du cœur de saint Jean, au pied de la croix, passe dans le vôtre (1). »

Tout voyageur chrétien qui a vu Rome, dans ces dernières années surtout, et les étranges visiteurs que la déplorable facilité des communications lui amène chaque jour, conviendra que les réflexions qui précèdent, ont aujourd'hui, plus que jamais, le mérite de l'application la plus exacte et de la plus complète opportunité.

(1) Mgr. Gerbet. — *Esquisse de Rome chrétienne*, II, p. 276.

XLV.

Le Monte Mario. —*Sainte-Marie* della Scala *et l'*Acqua mirabile. — *Le voyage de Pie IX et les journaux italiens.*

Le terme de mon voyage approche rapidement, hélas! et il ne s'agit plus pour moi, pendant les quelques jours que j'ai encore à passer à Rome, que de rechercher, de côté et d'autre, divers objets, de la nature ou de l'art, antiques ou modernes, sacrés ou profanes, qui ont échappé jusqu'ici à mes investigations, soit dans l'intérieur, soit hors des murs de la grande cité. Au nombre de ces derniers figure certaine montagne (ou colline) située derrière le Vatican, dont elle atténue singulièrement les proportions par son voisinage, une montagne, la moins célèbre, sans aucun doute, parmi celles qui entourent la ville des Césars, car une foule de voyageurs arrivent à Rome, sans la connaître, quittent Rome, sans l'avoir visitée, ignorant même jusqu'au nom qu'elle porte, et ne soupçonnant ni son existence, ni les merveilleux points de vue qu'elle présente, ni les souvenirs divers qui se rattachent à son illustre passé.

Cette montagne est le *Monte Mario*, qui n'est point de formation moderne, à beaucoup près, comme le *Monte Nuovo* de Naples, par exemple, et dont le nom primitif est pourtant demeuré totalement inconnu jusqu'à ce jour, quoiqu'il se rattache à ces lieux le souvenir d'un fait bien propre à le préserver de l'oubli. C'est sur le sommet de cette montagne, en effet, suivant les traditions les plus autorisées, que eut lieu l'apparition de la croix à Constantin, au moment où le fils d'Hélène allait livrer à Maxence la bataille dont le succès devait assurer le triomphe du christianisme dans l'empire romain.

Quant à son nom actuel, les uns y voient une corruption du *Monte Malo*, dont parle Dante, et d'autres, avec Nibby, l'attribuent à Mario Mellini, gentilhomme romain, qui fit bâtir au sommet une gracieuse *villa*, devenue aujourd'hui la propriété de l'illustre famille *Falconieri*, à quoi l'illustre archéologue ajoute que le *Monte Mario* est de formation marine, et il en donne pour preuve qu'on y trouve une infinité de crustacés, disposés par couches et parfaitement conservés jusqu'à ce jour.

Une première fois déjà je me suis dirigé vers ces parages, mais après avoir fait quelques pas hors de la *porte Angelica* et jeté un coup-d'œil sur la campagne environnante, j'ai dû rentrer en ville, pour suivre mon itinéraire du jour sur des points tout-à-fait opposés. Une autre fois, dans l'après-midi, j'ai tenté de nouveau l'entreprise ; mais j'avais mal calculé les distances et je n'avais pas tenu compte de la température extérieure ; aussi bientôt la chaleur et la fatigue m'ont forcé de rebrousser chemin. Aujourd'hui, tous ces inconvénients n'existent plus ; le moment est propice, car la matinée commence à peine, et le *legno*, que j'ai pris à l'heure sur la place de la *Minerve*, va me rendre frais et dispos sur le théâtre de mes observations.

Voici, dès le début, un renseignement bien précieux à recueillir, s'il est vrai que la route où j'entre tout d'abord est l'ancienne *via Triumphalis*, que suivaient les généraux victorieux, auxquels le sénat accordait les insignes honneurs du triomphe. Quoi qu'il en soit de cette opinion très-controversée, la voie dont il s'agit me préoccupe beaucoup moins que certain édifice, dont j'ai admiré plus d'une fois le dôme lointain, de la terrasse du *Pincio*, lorsque le soleil, qui dorait de ses derniers rayons les vitraux de la sublime coupole de Michel-Ange, allait bientôt disparaître derrière les arbres touffus dont se couronne la cîme de *Monte Mario*. Plus d'une fois je m'étais demandé quelle pouvait être cette imposante construction, perdue dans des régions lointaines, sauvages en apparence, et je m'indignais que aucun *Guide* ne donnât la moindre indication au sujet d'un monument qui me semblait, par son style et ses dimensions, appartenir nécessairement aux plus belles époques de l'art. A mesure que j'approche, l'effet semble augmenter, au lieu de s'amoindrir, et la vue de ce massif carré, surmonté d'un dôme, qui surplombe les arbres sous lesquels je passe, en suivant les sinuosités de la route, me rappelle, à s'y méprendre, la perspective que présente le couvent du Carmel, tel du moins que je l'ai vu représenté, dans les gravures et illustrations de maints récits de voyages en Orient.

Cependant, j'arrive au sommet de la montagne, et je vois enfin à découvert, sur le côté gauche de la route, cette masse qui m'a préoccupé si fort, dans le lointain, par ses linéaments et ses contours indécis. L'ensemble a perdu quelque chose de sa grandeur, il est vrai, mais la double rampe en travertin, qui conduit à l'édifice, et la terrasse qui s'étend sur toute la longueur de sa façade, lui conservent un aspect monumental, encore bien remarquable, dans un pareil lieu surtout. Je dis au conducteur de mon *legno* de m'attendre quelques instants, et je grimpe rapidement vers la porte, qu'il me semble voir entr'ouverte, afin de jeter, en passant, un coup-d'œil sur l'intérieur de cet édifice, dont le nom m'est encore inconnu.

Malheureusement, je viens d'être une fois encore la dupe de certaine illusion d'optique, beaucoup trop fréquente à Rome, en prenant pour l'entrée réelle de l'édifice, cette petite porte verte, fermant avec un simple loquet, que l'on rencontre si souvent, dans ses pieuses flâneries, que l'on ouvre avec une trépidation fébrile, dans l'attente anxieuse de quelque merveille inconnue, et derrière laquelle on trouve...... la porte *véritable*, solidement verrouillée, cadenassée, inexorablement et impénétrablement fermée. Ici, fort heureusement, le *portinajo* n'est pas bien loin et au premier coup de clochette, sonné dans une maison voisine, je vois apparaître *il signor custode* qui, peu habitué, je pense, à de pareilles aubaines, à pareille heure surtout, met toute la bonne grâce possible à m'introduire dans l'édifice confié à ses soins.

Celui-ci n'est autre que l'église de *Santa Maria del Rosario*, appartenant aux dominicains de Rome, construite primitivement, dans le courant du seizième siècle, aux frais du poète Vittorio de Rossi, et restaurée entièrement, en 1838, aux frais de Grégoire XVI. Ici, comme plus d'une fois précédemment, c'est à un auteur très-*indifférent* (1) que je serai redevable de renseignements, que j'eusse préféré de beaucoup puiser à une autre source, et qui manquent tout-à-fait dans les auteurs même les plus compétents en pareille matière. Si cette omission a pour motif le peu d'importance intérieure de cette église, je deviendrai plus indulgent, car il est de fait que sa froide nudité me rappelle ce que j'ai vu de plus désert et de plus glacial, en ce genre, par exemple la chapelle de la *Sapienza*, *Sainte-Martine*, au Forum, *Saint-Alexis* et autres sanctuaires, où le balai des barbouilleurs a simulé, tant bien que mal, les marbres absents.

Toutefois, Sainte-Marie *del Rosario* mérite, à d'autres titres, une mention explicite et spéciale, dans tous les *Guides* et *Hand-books* imaginables, je veux dire pour l'admirable vue (*deliziosa pittoresca veduta*, dit Nibby), dont on jouit de sa terrasse, d'où l'on découvre en perspective, à des distances infinies, Rome et la campagne environnante. Il faut s'extasier encore devant ce nouveau point de vue, après tant de merveilles du même genre,

(1) Robello. — *Les curiosités de Rome et de ses environs*, p. 115.

que l'on a contemplées à Rome, ou ailleurs, et rien ne prouve mieux, en vérité, que le domaine du beau est réellement sans limites, dans les œuvres de la nature comme dans les productions de l'art.

Après avoir contemplé l'immense panorama qui se déploie sous mes yeux émerveillés, et rémunéré le *signor portinajo* de ses bons et loyaux services, je remonte en voiture et me dirige, à quelque distance de là, vers un sanctuaire, de plus modeste apparence, qu'il vient de me signaler très-obligeamment. C'est l'église de *Saint-François d'Assise*, appartenant aux hiéronymites de *Santo Onofrio*, qui entretiennent là deux ou trois religieux de leur ordre, pour les besoins spirituels du voisinage.

Ici, quoique la maison soit pauvre, j'en obtiens plus difficilement l'accès, et c'est sans la moindre obséquiosité suspecte de quelque arrière-pensée d'intérêt matériel que l'un des bons pères, sur ma demande, me fait visiter l'église ainsi que le monastère adjacent. Plus petite et mieux remplie que *Sainte-Marie du Rosaire*, l'église de *San-Francesco* n'aurait laissé aucune trace, pourtant, dans mes souvenirs, si je n'avais remarqué, dans quelques parties de l'architecture intérieure, certains détails tourmentés et bizarres, de parti pris, qui me semblent trahir les tendances favorites de Borromini, ou de quelqu'un de son école, si toutefois un pareil sectaire a pu créer et propager des traditions.

Quelques instants plus tard, je redescendais les sinuosités du *Monte Mario*, ayant en face de moi le magnifique spectacle que j'admirais naguère de la terrasse de

Sainte-Marie, et découvrant en outre, sous un aspect entièrement nouveau, le palais du Vatican, dont les jardins, fermés de ce côté par les antiques murs de la cité Léonine, lui donnent une physionomie qui contraste singulièrement avec celle de la partie qui se développe sur la *piazza Rusticucci*. C'est là une des merveilles les plus émouvantes, parmi les innombrables merveilles de Rome, que cette variété de physionomie des mêmes monuments, des mêmes édifices, qui, sous un ciel différent et envisagés d'un point de vue non habituel, prennent à chaque instant, aux yeux du voyageur stupéfait, les aspects les plus divers et les plus imprévus.

Une circonstance assez frivole, comme on va le voir, me procurait, dans la même journée, le plaisir de visiter une église, ainsi qu'un établissement voisin, desquels j'ignorais complètement jusqu'à ce jour, si ce n'est le nom, du moins l'importance. Plus d'une fois déjà, dans mes courses à travers le *Trastevere*, en allant du pont Sixte à la grande basilique de ces régions, et *vice versâ*, j'avais rencontré sur ma route, à droite ou à gauche, suivant le cas, une église dont l'extérieur, quoique nullement méprisable pourtant, m'avait si peu préoccupé, que je n'avais songé ni à m'informer de son nom, ni même à la visiter, en passant, ce qui était beaucoup plus simple encore. Or, je commettais en cela une très-regrettable bévue, comme on va le voir, et c'est dans un lieu bien singulier, c'est dans une circonstance quelque peu ridicule, même, que je devais être avisé de mon erreur à ce sujet.

Deux fois par semaine, depuis mon arrivée à Rome, je

vaïs me faire barbifier chez un *parruchiere*, voisin de la *Minerve*, personnage assez peu communicatif, contrairement aux us de sa profession, mais en revanche crasseux (dans la double acception du mot) comme un Romain de la vieille roche, à tel point que je me vois obligé de lui faire observer, certain jour, que moyennant le *paolo* (cinquante centimes) dont je le gratifie deux fois par semaine, j'aurais bien droit chaque fois, ce semble, à une serviette propre et à quelques *gocciole* de vinaigre ou d'eau de senteur, dans l'eau qui sert à me purifier la face, après l'opération.

Le digne *frisatore* se rend sans résistance à mes observations, je dois en convenir, et me promet de réformer le service, dès la séance prochaine, en me fournissant tout à la fois du linge propre et un flacon d'*Acqua della Scala*, pour mon usage exclusif. Sur quoi, questions de ma part, à propos de cette eau cosmétique, du nom singulier qu'elle porte, de ses propriétés spéciales, de son origine, du lieu où elle se fabrique, et de là des renseignements qui m'amènent une fois encore, du côté de la grande basilique du *Trastevere*.

L'église, dont je parlais plus haut, n'est autre, en effet, que Sainte-Marie *della Scala*, sanctuaire curieux, à plus d'un titre, par son origine, par ses beautés intérieures, en divers genres, et sur lequel, pourtant, j'ai le regret de trouver complètement muet un livre qui m'a fourni plus d'une fois des documents très-utiles sur l'origine de monuments d'une bien moindre importance : je veux dire la *Rome chrétienne* de M. E. de la Gournerie. Il y avait là, cependant, quelque chose de propre à fixer l'attention du pieux auteur, s'il est vrai, comme je lis dans deux ouvrages non suspects de mysticisme, que Sainte-Marie *della Scala* devrait l'existence au cardinal di Como, qui l'aurait fait bâtir, en 1592, sous le pontificat de Clément VIII, par Francesco da Volterra et Ottavio Mascherino, sur l'emplacement même d'un escalier (*scala*) dont l'un des murs portait encore, à cette époque, une image de la sainte Vierge, objet de la vénération de beaucoup de fidèles, et célèbre par un grand nombre de miracles, opérés à son occasion.

Il y aurait, dans cette seule circonstance, de quoi stimuler puissament déjà l'intérêt des pieux visiteurs; mais ici, comme dans plus d'un autre sanctuaire de la grande métropole, les amis de l'art peuvent trouver pâture à leurs goûts, non moins que les pèlerins eux-mêmes, car Sainte-Marie *della Scala*, l'une des églises de Rome les moins généralement connues, sans aucun doute, peut encore offrir un assez vif attrait à leur curiosité, après tant de beautés diverses qu'ils ont déjà remarquées et admirées, en d'autres lieux.

Voici tout d'abord, par exemple, dans la première chapelle, à droite, un magnifique tableau (*un stupendo dipinto*, comme dit Nibby), la *Décollation de saint Jean-Bap-* par *Gherardo delle Notti* (1), alors encore à ses débuts, et qui n'avait pas adopté cette prédilection pour les magiques effets de lumière, auxquels il allait devoir bientôt

(1) Gérard Honthorst, d'Utrecht, né en 1592, mort en 1662.

son pittoresque surnom, comme sa plus grande célébrité et ses plus incontestables succès. Voici, ensuite, dans la dernière chapelle, de ce même côté, des marbres précieux, et, au milieu de quatre colonnes de vert-antique, striées en spirale, la *sainte Thérèse* de Mancini, entre deux médaillons de marbre, dont l'un est l'ouvrage de notre compatriote Michel-Ange Slodtz, l'auteur du célèbre *saint Bruno*, que l'on admire dans la grande basilique du Vatican.

Je remarque, sur l'autel majeur, un magnifique tabernacle, en marbre, décoré de seize colonnettes de jaspe oriental; sur les portes du chœur, les statues de *saint Joseph* et de *sainte Thérèse*, de l'école de Bernini, et, dans le chœur lui-même, un grand tableau de la sainte Vierge, par le chevalier d'Arpino. Puis, dans la première chapelle, à droite, en redescendant, le tombeau de la famille *Santa Croce*, et, au-dessus de l'autel (mais invisible, derrière un rideau de soie brodé, suivant l'invariable usage) l'image miraculeuse à laquelle l'église elle-même doit son vocable, avec son existence. Enfin, dans les deux chapelles suivantes : le *saint Jean de la Croix*, entouré d'anges, par le Sicilien Papaleo, et la mort (ou, comme les Italiens disent, plus pieusement et plus exactement à la fois : le passage, *il transito*) de la sainte Vierge, ouvrage remarquable de Carlo Sarraceni, peintre vénitien du dix-septième siècle.

N'oublions pas le jeu d'orgues, qui surmonte la porte principale, et dont le buffet, curieusement travaillé, ainsi que la tribune élégamment construite, rappellent, quoique dans un ordre inférieur peut-être, les beaux ouvrages du même genre, que j'ai admirés déjà dans les églises de *Sainte-Madeleine* et de Sainte-Marie *de la Victoire,* sur la *piazza dei Termini.*

Voilà pourtant ce que l'on trouve dans cette petite église de Sainte-Marie *della Scala,* sur laquelle des auteurs judicieux et exacts, pour l'ordinaire, gardent cette fois, je ne sais trop pour quels motifs, un dédaigneux silence. Heureusement que les *Guides* sont là, pour réparer quelquefois leurs omissions; mais voyez donc à quels singuliers auxiliaires il faut aller emprunter des indications et des renseignements sur un pareil sujet!

Maintenant, c'est le tour du couvent et de l'officine où se fabrique l'eau merveilleuse dont le *signor parruchiere* m'a fait un si pompeux éloge. Le monastère des Carmes déchaussés est adjacent à l'église, avec laquelle il forme un angle droit, sur l'un des côtés de la place. Il est aussi facile de pénétrer dans ce pieux établissement, que de le découvrir, et bientôt, sur les pas de l'un des hôtes de la maison, je monte, au premier étage, dans la *spezieria,* où se débite le cosmétique si réputé, dont je suis venu me procurer quelques échantillons. Ici, je ne trouve plus, à beaucoup près, les vastes proportions et les splendides ornements de *Santa-Maria novella,* de Florence (1), mai du moins une lumière admirable, une exquise propreté, une cordialité parfaite, chez les *padroni di casa,* tout ce qu'il faut, en un mot, pour achalander un établissement

(1) Voir tome I, p. 47.

de ce genre, sans parler de la confiance qu'inspire tout naturellement la sincérité de ses produits.

Quant à ceux-ci, le *frisatore*, voisin de *la Minerve*, est resté bien au-dessous du vrai, dans ses éloges, car l'*Acqua della Scala* est non-seulement un cosmétique, un article de parfumerie, comme il me l'a fait entendre, mais encore un spécifique anti-pestilentiel et un préservatif, ou curatif, très-efficace, pour une infinité de ces misères corporelles, qui affligent l'espèce humaine, et dont l'énumération très-détaillée se trouve dans une *instruction*, annexée à chacun des *fiaschetti*. De plus, il y en a deux espèces distinctes : l'*acqua di melisse*, entièrement incolore, et le *specifico anti-pestilenziale*, qui a la teinte foncée du rouge grenat, l'un et l'autre d'un parfum des plus agréables et dont le simple arome, comme celui du célèbre élixir de la Grande-Chartreuse, atteste à la fois la pureté des substances premières et les soins consciencieux donnés à la manipulation.

Je ne pense pas que, à la distance où je me trouve actuellement des lieux dont je parle, on me soupçonne de faire une réclame en faveur des Carmes déchaussés *della Scala*; aussi, je me sens tout-à-fait à mon aise, pour recommander aux futurs pèlerins de Rome la visite de leur belle église, celle de leur pharmacie et même l'acquisition de quelques *fiaschetti* des deux spécifiques, dont ils reconnaîtront, ainsi que moi, je l'espère, en plus d'une occasion, l'*ammirabile virtù*.

Mais, pendant que je mets à profit, de mon mieux, les derniers instants de mon séjour à Rome, oubliant dans mes pérégrinations de chaque jour jusqu'au souvenir (jusqu'au nom même, je crois), du pays qui m'a vu naître, de graves événements s'accomplissent au sein de la monarchie pontificale. Pie IX poursuit, depuis un mois déjà, son voyage, ou plutôt sa marche triomphale, à travers les Etats de l'Eglise, accueilli en tous lieux par les témoignages les moins équivoques du respect et de l'affection de tous. Chaque jour les feuilles publiques et les correspondances particulières révèlent à l'Europe quelque nouvelle manifestation de l'enthousiasme universel, quelque nouveau fait de nature à prouver aux plus incrédules les sentiments *véritables* des populations, pour leur pasteur et leur père, en attendant que la voix solennelle de Pie IX lui-même vienne proclamer anthentiquement ces faits à la face de l'univers entier (1).

Tout cela, on le comprend aisément, ne saurait faire le compte des coryphées de la démagogie, qui avaient compté sur quelques démonstrations séditieuses, de ces sourds agitateurs, toujours à l'affût de quelques fâcheuses nouvelles à propager, de quelques bruits sinistres à exploiter, dans l'intérêt de leurs haines ou de leurs espérances, et comme les événements les servent fort mal, sous ce rapport, ils corrigent la fortune, en supposant l'existence des faits qui manquent à leurs combinaisons. C'est ainsi, par exemple, que l'on entend raconter au

(1) Voir l'allocution de Pie IX aux cardinaux dans le consistoire du 25 septembre 1857. — Hélas! pourquoi faut-il rapprocher de ce document le texte de l'allocution du Saint-Père dans le consistoire secret du 20 juin 1859?

Caffè Nuovo, au restaurant *Lepri*, ou ailleurs, que Pie IX a été accueilli, dans tel endroit, par un silence respectueux, mais glacial; que, dans tel et tel autre, des paroles sévères se sont glissées à travers les félicitations officielles, ou bien que des clameurs équivoques dans leur signification se sont mêlées aux démonstrations de l'enthousiasme populaire.

Ces nouvelles seront démenties le lendemain, sans faute, et démenties même par les faits les plus positifs; mais le coup sera porté, il aura laissé dans les esprits une empreinte plus ou moins profonde: l'inquiétude, l'anxiété, l'agitation seront entretenues pendant quelques jours de plus et c'est tout ce qu'il faut, en attendant mieux, à ces hommes qui ne vivent que dans l'espoir de quelque perturbation politique ou sociale, dont ils comptent bien faire leur profit.

Toutes ces manœuvres sont secondées avec un ensemble merveilleux par la presse révolutionnaire, italienne et étrangère qui, depuis longtemps déjà, obéissant à un mot d'ordre uniforme, travaille à préparer les esprits dans le sens d'un bouleversement prochain, propageant et accréditant avec une audace inouïe, les rumeurs les plus malveillantes et les bruits les plus mensongers. Ceci me rappelle que, l'un des jours d'avril dernier, me trouvant, un soir, dans l'un des salons du Cercle militaire de la place Colonne, occupé à lire les journaux, en compagnie de quelques officiers de la garnison française, je vois entrer soudainement le général de Goyon, accompagné de sa suite ordinaire, et qui, s'adressant à l'un des lecteurs, lui demande si l'on reçoit au cercle le *Corriere mercantile*, de Gênes. Puis, sur une réponse négative : « Tant pis, continue le général, j'aurais désiré voir certain numéro, dans lequel on prétend que je tiens les cardinaux en charte privée, le pape en tutelle et que je ne suis à Rome que le geôlier mal déguisé de Pie IX. Tâchez donc de me procurer ce curieux document, qui m'intéresse beaucoup. »

Voilà un spécimen, entre mille autres, de la situation des affaires publiques, à cette époque, et il est facile de conjecturer ce qui peut résulter, dans un avenir plus ou moins prochain, d'une pareille disposition des cœurs et des esprits. Hélas ! hélas ! nous ne sommes pas encore arrivés, à beaucoup près, au terme de nos épreuves et de nos infortunes!

XLVI.

La Trinité-des-Monts. — *Saint-Charles* aux Quatre-Fontaines. — San-Macuto. — San-Ignazio. — *Les* Circenses *des romains modernes.*

Aujourd'hui, fête de la Sainte-Trinité et veille de mon départ de Rome, je n'aurai que l'embarras du choix, pour occuper les instants de ma journée, sans compter les incidents imprévus qui peuvent enrichir inopinément le programme de mes dernières opérations. Profitons des courts instants qui me restent, pour visiter divers lieux qui m'intéressent, à plus d'un titre, et tâchons d'emporter d'ici le moins qu'il se pourra de repentirs et de regrets.

Ma première visite de ce jour a naturellement pour objet notre église nationale de la *Trinité*-des-Monts, qui célèbre sa fête patronale, et dans laquelle je suis certain de rencontrer quelques figures de compatriotes, inconnues pour moi, sans aucun doute, mais qu'il me sera toujours agréable et précieux de trouver au pied des saints autels.

Je me dirige donc, par le chemin des écoliers, vers la *piazza di Spagna,* sans oublier de faire, en passant, une station de circonstance à la *Trinità dei condotti,* qui a revêtu elle-même, en ce jour, ses habits de fête ; mais une pénible impression m'attendait pour le début de cette journée. Au moment où, sortant de l'église des Trinitaires espagnols, je continuais ma course vers la *scalinata* de la place voisine, j'entends, à quelque distance, le son fréquemment répété d'une clochette, qui vient entrecouper le chant de pieux cantiques et presque aussitôt je vois déboucher de l'une des ruelles qui aboutissent perpendiculairement à la *via dei condotti* un pieux et nombreux cortége, précédant le saint viatique, avec le cérémonial que je décrivais dans l'un des chapitres du volume précédent (1).

C'est la troisième fois que cet admirable spectacle m'est offert à Rome et je m'estime heureux de pouvoir lui donner place encore parmi les dernières impressions que m'aura laissées le séjour de la sainte cité. Mais pourquoi faut-il qu'un incident vraiment déplorable vienne faire le contraste le plus pénible à ce consolant tableau ? Dans le moment où la pieuse procession approchait de la place d'Espagne, une douzaine environ de soldats français, marchant en plusieurs bandes, arrivent en sens inverse et côtoient, dans toute leur longueur, les deux files de la procession, sans donner le moindre signe de respect le plus vulgaire, sans porter même la main à la visière de

(1) Voyez tome I, p. 289.

leur coiffure, simple devoir auquel je n'ai pourtant pas souvenir d'avoir vu aucun militaire manquer jamais, en France, en pareil cas.

Quel affligeant spectacle, Seigneur, et cela dans la ville pieuse et sainte, par excellence! et cela sous les yeux d'une population qui observe attentivement les moindres démarches de l'armée libératrice du Saint-Siége, sous les yeux d'un peuple déjà sourdement travaillé par la propagande irréligieuse, et auquel de bons exemples, franchement, généreusement donnés par une nation dont il doit reconnaitre la supériorité dans plus d'un genre, pourraient fournir un si solide et si salutaire enseignement! Je ne saurais dire quelle douloureuse impression produit sur moi ce pénible spectacle, et combien, dans un pareil moment, j'aurais désiré être quelque grand, quelque puissant personnage de ce monde, pour humilier mon front dans la poussière, devant le Dieu des armées, et compenser par mes fervents hommages la grossière et scandaleuse irrévérence dont je viens d'être témoin.

J'ai parlé ailleurs (1) de la *Trinité*-des-Monts, raconté sommairement son origine, ses embellissements successifs, et inventorié ses principales richesses artistiques, depuis le *saint Pierre*, de M. Ingres, jusqu'à la célèbre *Descente de croix*, qui passa longtemps pour l'un des quatre plus beaux tableaux de Rome, et dont la France dispute, en ce moment, la possession à l'Italie. Il m'a échappé toutefois alors un détail très-intéressant, auquel

(1) Voir Rome. — *Impressions et souvenirs*, I, p. 244.

je suis heureux de rendre ici sa place : c'est que la *Trinité*-des-Monts possède la dépouille mortelle du plus grand de nos paysagistes, du plus grand peut-être de nos peintres de tous les genres, de tous les temps et de toutes les écoles, du peintre sur la tombe duquel on eût pu graver aussi les vers inspirés à Bembo, par le divin jeune homme d'Urbin :

. . . . Timuit, quo sospite, vinci
Rerum magna parens et moriente mori,

de Claude Gelée, dit le Lorrain, le véritable Raphaël français. Le cénotaphe que j'ai vu à *Saint-Louis*, exécuté par Lemoyne, sous le ministère de M. Thiers (je crois), n'est qu'un simple monument commémoratif ; mais le corps du grand artiste repose réellement à la *Trinité*-des-Monts, où je trouve, devant l'avant-dernière chapelle, à gauche, une inscription tumulaire qui constate ce fait.

N'oublions pas aussi, que l'ancien domicile du Lorrain se trouve dans ces régions, qui eurent le privilége de fournir un asile à trois des plus illustres artistes du 17e siècle. Claude Gelée demeurait, dit-on, dans la *via Gregoriana*, là même où se trouve présentement un corps-de-garde ; la maison presque en face, qui forme l'angle au dessus de la *scalinata* et de laquelle on jouit d'une vue si magnifique, fut longtemps l'habitation de Nicolas Poussin et le Napolitain Salvator Rosa, le peintre par excellence des brigands, des sites sauvages, des campagnes dévastées, avait pareillement planté sa tente dans ces parages, qui ne devaient guère pourtant lui rappeler ses objets de prédilection.

J'ai dit ailleurs que le monastère adjacent à l'église de la *Trinité*-des-Monts avait été construit par Charles VIII, d'après le désir de son père, en faveur des Minimes, institués par saint François de Paule, qui était venu, du fond de la Calabre, sur l'ordre exprès du pape Sixte IV, et sur la demande instante de Louis XI, préparer ce sombre et redoutable monarque au terrible passage du temps à l'éternité. Les Minimes ont quitté cette résidence, depuis un certain nombre d'années déjà, pour la céder aux religieuses françaises du Sacré-Cœur, qui ont su l'approprier si bien, même extérieurement, aux exigences particulières de leur institut, que l'on ne soupçonnerait vraiment pas qu'il ait jamais eu la destination d'un monastère d'hommes; aussi est-ce avec la plus vive surprise que je retrouve, à l'intérieur, le cloître, le préau et tous les accessoires essentiellement caractéristiques de ce genre d'institutions.

Au nombre des objets que j'ai remarqués plus particulièrement, à l'intérieur, je dois signaler la chapelle particulière du pensionnat, bien que ce lieu me rappelle, il faut le dire, une déception quelque peu pénible pour mon amour-propre. J'y retrouve, en effet, l'original de certain tableau, que j'avais admiré quelques semaines plus tôt, dans la petite chapelle des Basiliennes, près de Sainte-Marie-Majeure, et que j'avais noté dans mes souvenirs, sous le nom pittoresque de *Vierge à la quenouille*, comme quelque création du génie polonais, ou plutôt quelque réminiscence de l'art byzantin : or la sœur portière du Sacré-Cœur m'apprend que cette peinture est l'œuvre toute récente de l'une des religieuses de la maison ! J'avoue que cette méprise m'est particulièrement désagréable et je ne puis guère m'en consoler quelque peu qu'en cherchant à me persuader que pareille mésaventure fût arrivée peut-être à des connaisseurs plus habiles et mieux exercés que moi.

Je viens de visiter consécutivement deux églises, dont le vocable rappelle directement la fête du jour; mais il en est une troisième, voisine de ces parages, et qui se rattache à la même solennité, quoique rien, dans son titre, ne semble indiquer une pareille corrélation. Je veux parler de l'église des Trinitaires déchaussés, située à l'angle gauche de la rue qui conduit de la place des *Quatre-Fontaines* au Quirinal, et qui a reçu, pour ce motif, le nom vulgaire de San-Carlo *alle quattro fontane.*

Cette petite église, généralement peu remarquée, je crois, des visiteurs de Rome, fut construite, en 1640, par le célèbre Borromini, qui eut la singulière fantaisie de renfermer, tant l'église elle-même que le couvent adjacent, dans un espace qui n'excède point, dit-on, les dimensions (206 pieds) de l'un des quatre gros piliers qui supportent la coupole de Saint-Pierre. Ce calcul, facile à vérifier par les hommes compétents, en dit plus que toutes les dissertations possibles sur les proportions surhumaines de l'incomparable basilique du Vatican.

C'est peut-être ici le lieu d'entrer dans quelques détails sur un architecte dont j'ai cité plusieurs fois le nom, dans cette seconde partie, comme déjà dans la première, à propos des singularités et même des bizarreries de son incontestable talent.

François Borromini, né à Bissone, au diocèse de Come, en 1599, fut l'élève de Charles Maderno, son compatriote, né quarante-trois ans avant lui, et qui le précéda de trente-huit ans dans la tombe. « Il y avait en lui (dit l'auteur de *Rome chrétienne* (1) une certaine fécondité d'idées et une disposition prédominante à la jalousie. Tant que la réputation de Bernini ne lui ôta pas tout espoir de devenir le premier architecte de Rome, il suivit la ligne tracée et se distingua par des conceptions heureuses ; mais la gloire de Bernini croissant toujours, le génie fantasque de Borromini s'efforça de vaincre, par l'originalité de ses créations, celui dont il n'avait pu triompher, en marchant sur ses traces.

« Malheureusement, Borromini était loin d'avoir cette force de pensée dont les inventions sont fécondes. Pour réussir, il aurait fallu qu'il formulât, comme nos grands maîtres du moyen-âge, un ensemble d'idées architectoniques, concordantes entre elles et reposant sur de nouveaux principes, au lieu de chercher à modifier les proportions et la disposition des ordres grecs, dont le système est complet. Borromini se servit de toutes les parties de l'architecture connue, mais en en changeant l'emploi, c'est-à-dire qu'il fit des contre-sens, de propos délibéré : plans mixtilignes, gaînes renversées, corniches en enrou-

(1) Tome II, p. 307-8 et 318.

lements, angles ressautés, consoles retournées, ailerons à l'envers : tels furent les ornements habituels de ses édifices.

« Savant dans l'art de la construction, il aimait à causer des surprises par quelque difficulté vaincue; par exemple, il ne donnait qu'une mince colonne pour soutien à une pesante voûte, sauf ensuite à faire supporter une légère corniche par quelque massif pilier. C'est surtout à Saint-André *delle Fratte*, à *la Sapience*, à Saint-Charles *aux Quatre-Fontaines*, le chef-d'œuvre du nouveau genre, que l'on peut étudier la manière extravagante de cet étrange artiste. »

« Borromini mourut à Rome, au commencement du règne de Clément IX ; notre grand Poussin l'avait précédé de quelques années; mais autant la fin de ce dernier fut douce et calme, autant la mort du premier fut affreuse. La jalousie de Borromini contre le Bernin était devenue de la frénésie; il quitta Rome, voyagea au loin, puis entraîné par je ne sais quel désir de lutter encore, il revient tout-à-coup, demande son compas, son équerre, ses crayons. A la vue de sa physionomie altérée et de ses yeux hagards, on lui refuse tout, car on craint qu'il n'attente à ses jours ; mais alors sa colère s'exalte, et saisissant son épée, qu'on a oubliée près de lui, il se précipite dessus et expire.»

Lamentable histoire, qui n'est malheureusement pas exceptionnelle dans la vie des artistes de tous les temps, chez lesquels la solidité des principes religieux et moraux n'est pas toujours assez grande pour calmer les orages du cœur et maîtriser les écarts de l'imagination !

Profitons du dimanche, pour visiter encore quelques églises de ce quartier, dont l'une surtout m'intéresse à double titre : c'est celle de *Saint-Denis*, située dans cette branche du *quadrivium* des Quatre-fontaines qui se dirige vers Sainte-Marie-Majeure. Construite, en 1619, par quelques religieux trinitaires français, puis restaurée totalement en 1815, elle appartient, depuis quelques années, ainsi que le monastère adjacent, à des religieuses françaises, vouées par leur institut à l'éducation des jeunes filles (1). Il y a dans leur église, simplement mais élégamment construite, quelques bons tableaux, entre autres : une *Conception*, de Carlo Cesi ; un *Ecce homo*, par Luca Giordano, plus un *saint Denis* et un *saint Louis*, par Charles Lebrun, peintre français, mort en 1690.

Mais toutes ces œuvres d'art ne font point oublier au pèlerin deux peintures, moins précieuses sans doute par leur valeur positive que par les souvenirs qui s'y rattachent : l'une est la *Madonna del buon rimedio*, image miraculeuse qui appartint, dit-on, à saint Grégoire-le-Grand ; l'autre est le tableau qui représente la bienheu-

(1) Nibby les appelle *Apostoline di san Basilio*; M. E. Lafond : *Religieuses de saint Basile*, et M. l'abbé Barbier de Montault : *Religieuses de Notre-Dame*. Il y a identité certaine; mais pourquoi tous ces noms différents? L'auteur de *Rome chrétienne* parle d'un monastère fondé à Rome, au VIIIe siècle, par le pape Etienne II, sous l'invocation de saint Denis, pour y établir des reliques de ce saint qu'il avait apportées de France et où il établit des moines Grecs, en souvenir de la première patrie de Denis l'Aréopagite, apôtre des Gaules.

reuse Germaine Cousin, cette pieuse bergère des environs de Toulouse, morte au commencement du 17e siècle, et qui vient d'être admise récemment aux honneurs des autels. Dans quelques jours (le 15 juin), les religieuses de *Saint-Denis* célébreront solennellement sa fête ; mais je ne serai plus là, malheureusement, pour en prendre ma part, et comme catholique et comme français.

Allons visiter, quelques pas plus loin, une autre petite église, devant laquelle j'ai passé cent fois peut être, sans la trouver jamais ouverte, mais dont j'aperçois aujourd'hui la porte surmontée d'un ornement qui m'annonce qu'elle est momentanément le théâtre de quelque pieuse solennité. Voyons si l'intérieur répond à l'originalité de cette façade, au-dessus de laquelle se dresse, en relief, un palmier entre deux lions. Je dois être un peu défiant à cet égard, depuis le jour où, sur la foi d'un extérieur assez remarquable, j'ai pris pour deux sanctuaires hautement intéressants ce qui s'est trouvé n'être, en définitive, que les chapelles très-respectables, sans doute, mais très-nues, des confrères du Saint-Sacrement de *San-Spirito*, près la basilique de Saint-Pierre et de Sainte-Marie *in via*, dans le voisinage du *Corso*. — Entrons et voyons, cependant.

Cette fois, du moins, mon attente n'aura pas été complètement vaine et la petite église de *Saint-Paul*, premier ermite, mérite assurément quelques instants d'examen de la part du pèlerin qui parcourt les régions où elle est située. Il y a là un tableau de *saint Etienne de Hongrie*, par Concioli ; un *Ange gardien*, du Bourguignon (Guillaume Courtois), mon compatriote, et sur l'autel-majeur un groupe curieux, d'André Bergondi, représentant le saint ermite, au milieu de la caverne qui fut tout à la fois sa demeure et son tombeau.

Voilà donc encore trois bons ouvrages d'art à enregistrer dans mes souvenirs, et je dois bénir la chance favorable qui m'a conduit dans ces lieux, pour les visiter *in extremis*. C'est une chance, en effet, dans toute la force du terme, car cent fois, au moins, je le répète, j'ai passé devant cette église, en allant à Sainte-Marie-Majeure, ou au retour, et cent fois j'ai vu la porte impitoyablement fermée devant moi, comme dans cent autres églises ou chapelles que je pourrais nommer, et pour la visite desquelles j'ai tenté, dans chacun de mes deux voyages, cent démarches demeurées sans aucun résultat.

C'est là, il faut en convenir, l'une des plus rudes épreuves du pèlerin, dans la ville sainte (et j'y ai fait allusion maintes fois déjà) que cette clôture obstinée d'une foule de sanctuaires, intéressants à divers titres (1), et qu'il doit absolument renoncer à connaître jamais, à moins de passer à Rome une année entière, peut-être même davantage. Aussi

(1) Ce que je vais dire paraîtra vraiment incroyable, mais il est à Rome *cent quinze églises* dans lesquelles je n'ai pu pénétrer, malgré mes démarches *réitérées*, et qui toutes m'auraient offert de l'intérêt à un titre quelconque. La chose s'explique sans peine quand on sait qu'il existe dans la ville sainte près de trois cent cinquante églises disséminées sur tous les points de son enceinte, hors des murs eux-mêmes, et dont le plus grand nombre ne s'ouvre guère que deux ou trois fois par an, pour la fête patronale, pour la station quadragésimale ou les *Quarante-Heures*. Il en est même qui ne s'ouvrent jamais, je crois.

plus d'une fois me suis-je demandé, non sans un certain serrement de cœur, si les besoins spéciaux d'une classe nombreuse, qui vient chercher dans la sainte cité des sujets d'édification, des moyens de sanctification, ne réclameraient pas quelques adoucissements aux mesures en vigueur, et si, d'un autre côté, les égards, même purement humains, dus à une masse considérable d'étrangers, qui apporte périodiquement avec elle, chaque année, l'aisance et l'abondance même au sein de la capitale des Etats pontificaux, n'indiqueraient pas quelque réforme à introduire dans certains usages adoptés. C'est là un double sujet que j'abandonne à l'appréciation de l'autorité compétente.

En attendant, je vais rendre à l'auteur des *Lettres d'un pèlerin*, le petit service que je lui ai promis, en échange des nombreux et importants documents qu'il m'a fournis dans l'occasion. M. Lafond dit, au chapitre LXVII de son excellent ouvrage : « Je n'ai pas trouvé, à Rome, d'église dédiée à saint Macuto ; peut-être Brizeux l'a-t-il confondue avec Saint-Yves-des-Bretons (1). »

Nullement ; Brizeux n'a rien confondu, et il est parfaitement dans le vrai lorsqu'il dit :

Comment, bon saint Malo, pauvre évêque breton,
Une église de Rome a-t-elle pris ton nom ?

L'église de Saint-Malo (ou de *San-Macuto* (2), comme on

(1) Tom. II, p. 97.

(2) C'est ainsi que les italiens désignent notre Saint-*Malo*, dont le nom français aurait, dans leur langue, une signification blasphématoire.

l'appelle dans la liturgie romaine) se trouve à l'un des angles, côté droit, de la petite place parallèle au portail de l'église de *San-Ignazio* (ou du Collége romain) et forme la chapelle particulière du *Collége germanique* (1) auquel elle est annexée. Aujourd'hui même, je vais y entendre les vêpres, et je puis m'assurer, *de auditu,* que le chant grégorien y est exécuté, ainsi qu'on me l'a dit, par les élèves, avec un ensemble, une précision et surtout une dignité, malheureusement peu communes dans la plupart des églises de la capitale même du monde chrétien.

Je n'ai pas attendu jusqu'à ce jour, sans doute, de visiter l'illustre église de *Saint-Ignace*, et si son nom se rencontre aujourd'hui, pour la première fois, sous ma plume, c'est que, en parlant des monuments de Rome chrétienne, on ne sait vraiment auquel entendre, même en se limitant à l'indispensable, et que, dans l'impossibilité de tout dire, on est conduit nécessairement à faire, parmi ses souvenirs, un choix qui donnera lieu plus tard à des omissions et à des regrets. Un volume suffirait à peine à ce que je supprime, de propos délibéré, dans cette deuxième partie de mes récits, et le double ne suffirait certainement pas aux matériaux qu'un troisième voyage

(1) Fondé par saint Ignace de Loyola, dans le but spécial de former des ouvriers apostoliques pour les divers pays de langue allemande où le culte catholique n'est pas celui de la majorité des habitants. Le *Collége germanique* a sauvé l'Allemagne. Parmi les élèves qu'il produisit (dit M. de la Gournerie), on comptait, à la fin du dernier siècle, 1 pape (Grégoire XV), 24 cardinaux, 242 évêques, 46 abbés (ou chefs d'ordre), 13 martyrs pour la foi; 11 martyrs de la charité, etc. (*Rome chrétienne*, II, p. 167, note).

pourrait me fournir, même en me limitant aux seules choses qui seraient alors encore nouvelles pour moi.

Mais revenons à l'église de *San-Ignazio*, l'une des plus vastes, des plus somptueuses de Rome, et dans laquelle je trouverai amplement à m'émerveiller encore, après toutes les magnificences du même genre que j'ai déjà pu admirer en d'autres lieux ! Bâtie, en 1626, aux frais du cardinal Ludovisi, neveu de Grégoire XV, qui consacra 200,000 écus romains (plus d'un million de francs) à ce splendide édifice, l'église de *San-Ignazio* est à peu près exclusivement l'œuvre de deux jésuites : le Père Grassi, qui en dessina le plan, dans lequel il sut combiner, dit-on, les deux projets présentés par le Dominiquin, et le Père Pozzi, à qui l'on doit les fresques de la voûte, celles de la *tribune*, ainsi que le dessin des autels de la *nave di crocera* (1).

C'est quelque chose de vraiment prodigieux que cette fresque de la grande nef, et, en même temps, le plus curieux effet de perspective que l'on connaisse, dit-on. Je le croirais sans peine. En se plaçant devant la porte centrale, à l'intérieur, on n'aperçoit tout d'abord qu'une masse confuse, dans laquelle domine un pêle-mêle de colonnes, qui paraissent en train de se renverser, de gauche et de droite, les unes sur les autres ; mais, à mesure qu'on avance lentement vers le milieu de la nef, le chaos se débrouille et la lumière se fait ; les colonnes semblent se

(1) C'est le même Père Pozzi qui a dessiné la splendide chapelle de saint Ignace, ou *Gesù*.

redresser successivement sur leurs bases, le plan général se dessine nettement, et, une fois arrivé au point central, on saisit dans son ensemble, comme dans ses moindres détails, ce merveilleux sujet, qui représente, avec une rare vigueur de dessin et de coloris, la glorification de saint Ignace, transporté par les anges dans le royaume des cieux. Je ne connais guère à lui comparer, pour l'effet, que les fresques de la chapelle Sixtine et celle du plafond de la grande nef, par Pierre de Cortone, à Sainte-Marie *in Valicella* (1).

Il y a divers objets curieux, dans plusieurs chapelles des nefs latérales; mais toutes ces beautés de détail disparaissent complètement dans le voisinage de la *nave di crocera*, de ses deux magnifiques autels, des marbres, des bronzes dont ils sont revêtus, et des colonnes torses, de *vert-antique*, qui les décorent. L'autel de droite, consacré à saint Louis de Gonzague, et qui occupe l'emplacement même de la chambre où il mourut, est surmonté d'un bas-relief, de Pierre Legros, lequel a pour sujet le saint titulaire; mais l'œuvre assurément très-remarquable de notre compatriote perd beaucoup de sa valeur, à côté d'un objet qui détourne, à son profit, l'attention du pieux visiteur. Je veux parler de cette urne magnifique, en *lapis-lazuli*, placée sous l'autel même, et dans laquelle est renfermé le corps de l'angélique jeune homme, entouré d'attributs qui symbolisent ses vertus héroïques, sa pureté

(1) Celle-ci représente saint Philippe de Neri arrêtant par un signe de croix la chute d'un mur qui est sur le point de s'écrouler.

principalement, et cette ferveur de pénitence vraiment incroyable, dans une pure et chaste créature qui mourut avec l'innocence du baptême. Louis de Gonzague paraît être, à Rome, l'objet d'une dévotion toute spéciale, pour les jeunes gens surtout, et je vois aujourd'hui son autel entouré d'une foule nombreuse, des deux sexes, qui m'édifie au plus haut degré par son attitude profondément pieuse et recueillie.

N'oublions pas de mentionner ici une autre œuvre de Pierre Legros : le magnifique tombeau de Grégoire XV, près de l'une des portes latérales, et le bas-relief de Filippo Valle, représentant l'*Annonciation de la sainte Vierge*, au-dessus de l'autel placé dans la même nef, à l'autre extrémité.

L'église de *San-Ignazio* est annexée au célèbre *Collége romain*, fondé par saint Ignace lui-même, grâce aux pieuses libéralités du duc de Gandie, François de Borja (1), qui devait être son disciple et son deuxième successeur. Dans ce magnifique établissement, qui a servi de modèle à tous les colléges créés depuis cette époque, les jésuites enseignent le latin, le grec, l'hébreu, les belles-lettres, la philosophie, la théologie et toutes les branches des sciences naturelles. Il y a là une riche bibliothèque, un observatoire astronomique, une collection complète de toutes les monnaies antiques, formée par ce même cardinal espagnol Zelada, qui légua ses précieuses acquisitions de livres à la

(1) Telle est la véritable manière d'écrire ce nom, qui est d'origine espagnole.

bibliothèque Vaticane; une autre collection d'objets d'histoire naturelle, enfin le célèbre musée Kircher, contenant une infinité d'objets antiques, en bronze, en marbre, en terre cuite et autres matériaux.

Quelques mots en diront plus sur le Collége romain que toutes les dissertations, tous les détails imaginables. Parmi les élèves qu'il a produits, on remarque huit papes : Urbain VIII, Innocent X, Clément IX, Clément X, Innocent XIII, Clément XI, Innocent XIII et Clément XII; en outre saint Camille de Lellis, le fondateur de la Congrégation des Pères ministres des infirmes (1), le bienheureux Léonard de Port-Maurice, etc. *A fructibus cognoscetis!*— De pareils résultats répondent à toutes les critiques, de même qu'ils dispensent de tout éloge d'une semblable institution.

Mais, pendant que je poursuis intrépidement mes ardentes investigations à travers les monuments sacrés et profanes de la reine des cités, les jours, les semaines se sont rapidement écoulés, et déjà l'été, qui va bientôt succéder au printemps, commence à faire sentir ses ardeurs, auxquelles mon organisation n'est guère accoutumée. Cette circonstance donne, depuis quelque temps, aux rues et aux places de Rome un aspect, une physionomie *sui generis*, que je ne leur connaissais pas encore et que je n'avais pas eu l'occasion de constater dans mon premier voyage. Chaque dimanche, par exemple, pendant l'après-midi, le *Corso* est envahi, depuis le palais de Venise jusqu'à la

(1) Voir page 217.

place du Peuple, sur la longueur d'un à deux kilomètres, par une double file de voitures, dont chaque moitié marche en sens inverse de l'autre, se déroulant incessamment comme les anneaux d'une chaîne sans fin, de manière que toute circulation devient impossible pour les piétons, dans cet immense quartier, si ce n'est par le moyen des rues et ruelles parallèles ou perpendiculaires à la grande artère du cœur des Etats romains.

C'est là, en vérité, un curieux spectacle, et en même temps le sujet d'une piquante étude des mœurs romaines, dans les classes moyenne et inférieure, principalement. Il ne serait, sans doute, ni prudent, ni surtout loyal de prononcer, après quelques semaines seulement de séjour à Rome, sur les institutions, sur les mœurs privées ou publiques des habitants de la grande cité; ce sont là des hardiesses à l'usage spécial de certains critiques, pour lesquels semblent n'exister aucune des lois de décence et d'honneur qui obligent le reste de l'humanité. Mais il est certains faits d'observation constante, quotidienne ou périodique, qui frappent dès l'abord les yeux de tous, et sur lesquels on peut baser un jugement, sans craindre la note fâcheuse de précipitation ou de légèreté. De ce nombre est la passion des Romains de toute condition pour les voitures, et le bonheur vraiment enfantin avec lequel ces descendants des graves *Quirites* se hissent dans un véhicule quelconque, pour se rendre quelque part, ou bien même pour n'aller nulle part, comme dans le cas présent.

C'est quelque chose de grotesque, d'affligeant même, sous certain rapport, que la vue de ces innombrables cabriolets, à deux et à quatre places, remplis de *minenti* (1) de l'un et de l'autre sexe, tous endimanchés de leur mieux et qui, pour se procurer le puéril plaisir de rouler, pendant trois ou quatre heures consécutives, dans une seule rue de Rome, doivent évidemment prélever un fort impôt sur le dîner et le souper du jour. Mais il faut si peu de chose au Romain pour sa nourriture, les *carcioffi* (artichauts) sont si abondants et à si bas prix qu'il est toujours assuré de sa pitance quotidienne, et l'on ne se sent vraiment pas le courage d'être trop sévère pour un pareil défaut d'administration domestique, à la vue de la naïve et cordiale félicité qui rayonne et resplendit sur toutes ces bonnes physionomies.

Quelques heures plus tard, le théâtre change et les acteurs changent aussi. — Tandis que les *minenti* regagnent leurs taudis du *Trastevere*, les brillants équipages de l'aristocratie de naissance ou de fortune, demeurés seuls maîtres du terrain, se dirigent, par les pentes qui aboutissent à la *place du Peuple*, vers les allées de *Monte Pincio*, qu'ils parcourent incessamment, suivant un ordre rigoureusement tracé, dans la vue de prévenir les accidents et dont l'exécution fidèle est surveillée très-activement, du reste, par les dragons pontificaux. Pendant ce temps, les promeneurs pédestres se coudoient dans les allées qui leur sont affectées, en attendant le moment de venir faire cercle autour d'un orchestre militaire, qui

(1) Les femmes qui ne portent point de chapeaux et qui vont la tête nue ont reçu ce surnom populaire, qu'elles partagent avec leurs maris.

remplit l'air de ses brillantes harmonies. Pendant ce temps, aussi, quelques promeneurs solitaires, dont j'augmente le nombre, vont s'accouder sur les balustres de la terrasse, pour rêver, les yeux ouverts, aux magnificences de la grande cité qui se développe à leurs pieds, pour voir le soleil disparaître lentement derrière le sommet lointain de *Monte Mario*, en dorant les vitraux de la coupole Vaticane, et les dernières lueurs du crépuscule inonder d'une teinte indéfinissable les *campanili*, les dômes et les obélisques de la grande cité.

C'est là un moment réellement solennel, sublime, indescriptible dans aucune langue, et dont le seul souvenir me donne, en ce moment, une sorte de *mal du pays*. Malheureusement il faut le payer bien cher, en ce temps-ci, sous certains rapports, et les journées commencent à dèvenir intolérables pour quiconque n'est pas habitué, de vieille date, aux ardeurs dévorantes de ces climats.

Adieu, donc, Rome, adieu, puisqu'il le faut, et à demain définitivement le départ !

XLVII.

Un coin des mœurs romaines. — Quelques variétés d'un genre très-connu. — Spelunca latronum.

Je vais quitter, pour la seconde fois, la métropole du monde catholique, et, après un double séjour, qui comprend un espace de plusieurs mois, je ne puis guère me dispenser de dire ici quelque chose des observations que j'ai recueillies, chemin faisant, sur les mœurs et les habitudes particulières du peuple au milieu duquel j'ai vécu, pendant ce temps.

Periculosæ plenum opus aleæ ! — Voici, tout d'abord, un sujet non moins scabreux qu'inévitable, et sur lequel je dois nécessairement éprouver quelque embarras à m'expliquer d'une manière catégorique : la mendicité.

A Dieu ne plaise que, m'érigeant en censeur impitoyable d'institutions que je n'ai ni approfondies, ni étudiées suffisamment, j'aille, comme tant de réformateurs de cafés et de politiques de cabinets de lecture, faire un crime au gouvernement pontifical de ses paternelles faiblesses, des difficultés qu'il éprouve parfois à concilier la miséricorde avec la justice, et attribuer à un vice radical d'organisation des abus auxquels il est beaucoup plus facile de prodiguer le sarcasme et l'injure que d'apporter efficacement remède. Mais je ne veux point non plus partager l'admiration systématique de certains enthousiastes de sang-froid, pour lesquels toute chose qui s'accomplit dans les rues de Rome est admirable par le fait même, et qui croiraient faire de périlleuses concessions à l'esprit du siècle, en reconnaissant qu'il peut se passer quelque chose d'irrégulier dans un pays administré par celui qui tient les clefs du royaume des cieux.

Fort de mes bonnes intentions, je dirai sincèrement ce que je pense, ici comme ailleurs, je raconterai fidèlement ce que j'ai vu, sans exagération, ni réticence, sans prétendre accuser ni les institutions ni leurs auteurs, laissant à d'autres le soin de tirer les conséquences des faits que je signale et de remédier aux maux que je me borne à constater.

Quelle que soit la valeur des explications plus ou moins satisfaisantes, des théories *a priori*, plus ou moins ingénieuses, de ces optimistes dont je parlais plus haut, il faut bien en convenir sans détour : la mendicité existe à Rome dans des proportions réellement exorbitantes, et s'y étale avec une cynique aisance, qui fait la honte du pays, en même temps que le tourment et le supplice continuel des étrangers. Ecoutons, à ce sujet, une autorité nullement suspecte de *gallicanisme* ou de désaffection pour le gouvernement pontifical :

« Malgré les fondations, en faveur du paupérisme, de tant d'hospices, de maisons d'industrie, de caisses d'épargne et de charité, plusieurs parties de l'Italie sont inondées d'une multitude de mendiants qui, par leurs gémissements et par leurs cris, excitent et inquiètent la commisération publique. On pourrait comparer cette hideuse plaie à celle de l'ancienne Egypte, quand des multitudes innombrables d'animaux amphibies et coassants sortirent du Nil, couvrirent toute la surface de ce royaume, pénétrant partout, souillant tout, même la table et le lit du roi (1). »

Voilà qui est clair, ce semble, et après un pareil aveu, venu de si haut, on ne risque rien, je pense, d'affirmer que la mendicité existe en Italie, dans les Etats pontificaux eux-mêmes, à Rome, comme à Naples, qu'elle y existe à l'état normal, constitutionnel, professionnel, sous toutes les formes imaginables, et presque dans toutes les classes de la société.

J'espère le prouver avant peu; mais parlons d'abord du mendiant de la rue, le type classique du genre, en tous lieux, et constatons, dès le début, une différence essentielle, qui sépare le *gueux* italien du *pauvre* de nos pays. Celui-ci vous aborde, le plus souvent, d'un air piteux, suppliant, larmoyant, traînant la savate, tirant du fond de sa poitrine les sons les plus lamentables, débitant des formules pitoyables, récitant de dévotes prières, paraissant, en un mot, prendre tout-à-fait au sérieux sa

(1) Le cardinal B. Pacca. — *Œuvres diverses*, Ire partie (introd.).

triste condition. Quant à l'autre, il a presque toujours l'air de s'amuser, dans l'exercice de sa *profession*, et c'est le plus souvent par des drôleries, par des singeries plus ou moins bouffonnes, qu'il cherche à fixer sur lui l'attention et à éveiller en sa faveur la commisération des passants.

Il y a, par exemple, à quelques pas de mon domicile (*via dei cestari, 42*) et presque sous mes fenêtres même, un mendiant que je ne craindrai pas de signaler comme l'un des plus parfaits modèles du genre, qui m'occupe en ce moment. Celui-ci est toujours assis sur le pavé, à la façon des culs-de-jatte, ou des tailleurs, quoiqu'il soit âgé de 40 ans au plus et qu'il marche aussi ferme et aussi droit que le premier venu. Mais on ne saurait imaginer les poses de tête, gracieuses et caressantes qu'il sait prendre, les contorsions d'échine et les calineries félines auxquelles il se livre, les agaçantes inflexions de voix qu'il module, du fond de sa poitrine, du plus loin qu'il voit venir à lui quelque pratique surtout parmi les *signori forestieri!* Ce ne serait pas trop, en vérité, de la verve de Cervantes, de Quevedo, de Mateo Aleman, du pinceau de Murillo, de Zurbaran, ou de tout autre maître par excellence du genre *picaresque*, pour rendre le sujet tel que je le conçois, tel que je l'ai observé cent fois, d'après nature, et encore, dois-je le dire, la fantaisie du peintre n'atteindrait-elle pas ici, à beaucoup près, la hauteur de la réalité.

Encore un ou deux mots sur ce sujet, que je ne puis guère qu'effleurer en passant, comme toutes les choses dont j'ai parlé jusqu'ici. Une autre nuance caractéristique de la gueusaille romaine (la moins insupportable, sans contredit, de toute l'Italie) c'est le ton grognard et parfois même impératif, dans le son de voix, tout au moins. Ainsi, par exemple, un mendiant mâle ou femelle, embusqué dans un lieu de passage, avise un *forestiere* qui approche, à quelque distance ; aussitôt qu'il le voit à portée, il marche droit et ferme à sa rencontre et lui expose brièvement son affaire, sur un ton qui est plutôt celui du commandement que celui de la prière, et qui déplairait même chez un douanier, ou chez un homme de la police, demandant à visiter votre passe-port ou vos effets.

Il y a néanmoins des nuances tout-à-fait opposées, et je me fais un devoir de signaler, dans ce genre, une classe de mendiants qui trône dans certains quartiers lointains de Rome, sur l'Aventin principalement, et dans le voisinage du Colisée : c'est le mendiant facétieux et même goaîlleur, qui vous demande l'aumône en souriant, comme s'il faisait *une bonne farce*, et qui a l'air de se moquer de vous, quel que soit le résultat, positif ou négatif, de sa requête.

Maintenant, que dirai-je de cette multitude innombrable disséminée sur tous les points de la ville, de ces *armes spéciales* de la gueuserie, occupant chacune un poste déterminé et conservé traditionnellement, de temps immémorial, surtout à l'époque de la passe annuelle des *forestieri ?*

Il y a le coin des lépreux, le coin des aveugles, celui des cancéreux, ceux des boiteux, des manchots, des culs-de-jatte, des amputés, etc., etc., etc. Il y a les *portiers* des restaurants et cafés; il y a les mendiantes *bourgeoises*, c'est-à-dire de bonnes vieilles, proprement recouvertes de longs tartans gris, coiffées de chapeaux de paille noire, et assez semblables à quelques douairières endimanchées de la pointe Saint-Eustache, qui vont, le soir principalement, faire leurs tournées de recette autour des tables du *Caffè nuovo*, du *Caffè greco* et autres lieux semblables. Il y a le mendiant *pittoresque*, se drapant artistement dans ses guenilles de *pifferaro*, ou de paysan de la Sabine, et qui vient poser par groupes sur les degrés de la *scalinata* de la place d'Espagne, ou bien par spécimens isolés dans la *via dei condotti*, où l'on voit en outre sa photographie coloriée, exposée aux vitrines des marchands d'estampes du quartier. Il y a aussi, dans cette catégorie, de charmantes petites *contadine*, avec leurs jupons rouges, leurs corsages bariolés, leurs coiffures carrées, leurs poinçons d'argent fichés transversalement dans le chignon, qui viennent, le dimanche principalement, faire toute sorte de gracieuses minauderies, autour des tables, dans les restaurants et cafés hantés spécialement par les *forestieri*, etc., etc., etc.

Parlons maintenant des spéculateurs de tout genre, acharnés à la ruine de l'étranger qui visite la capitale des Etats romains.

Voici d'abord le *cameriere* de l'hôtel, qui vous apporte solennellement sur un plateau des permissions *particulières* pour visiter des lieux et des monuments accessibles à tous, à chaque heure du jour. Voici le *doganiere* (quelquefois d'un grade supérieur) qui, moyennant un double *paolo*, vous promet à l'oreille de ne point inspecter votre bagage, ou bien de vous expédier des tout premiers. (Je me souviens d'avoir dû refuser cette contribution à un vénérable personnage, à lunettes d'or et à cheveux blancs!) Voici le *cicerone*, qui vous guette au passage, sauf à se disputer parfois la propriété de votre personne avec quelque rival également affriandé par la *buona mano*. Voici le *custode*, qui vous attend nonchalamment, au fond de quelque sanctuaire, prêt à faire jouer le rideau qui laissera paraître à vos yeux le tableau, la fresque du grand maître, l'image miraculeuse, ou toute autre *curiosité*, d'un produit non moins assuré pour sa docte et pieuse confrérie, etc., etc.

Mais tout cela n'est rien encore au prix de certains industriels, d'un genre tout-à-fait hors ligne et qui ne peuvent se trouver qu'à Rome, vu la nature complètement exceptionnelle de leurs talents et de leur emploi. Deux anecdotes feront mieux comprendre ce que je ne saurais préciser ici tout d'abord.

Le lundi, 27 mars 1848, par exemple, quatre jours après ma visite au Saint-Père, je sommeillais paisiblement dans mon galetas de l'hôtel d'Allemagne, *via dei condotti*, lorsqu'un *cameriere* de l'établissement pénètre à l'improviste dans mon domicile et m'informe que deux personnages se disant attachés à l'antichambre pontificale, viennent solliciter de ma munificence quelque largesse, en souvenir du bonheur que j'ai eu d'être admis à baiser les pieds de sa Sainteté. Il fallut trois ou quatre messages successifs du *cameriere*, pour me délivrer de ces drôles, qui ne lâchèrent pied que sur la menace que je leur fis transmettre de porter plainte directement à l'autorité compétente, contre une aussi odieuse exploitation du nom le plus auguste et le plus sacré qu'il y ait ici-bas.

Neuf ans plus tard, le 7 mai de la présente année, je rencontrais, dans l'un des compartiments du train qui me conduisait à Frascati, un jeune ecclésiastique français, élève de l'Académie romaine, avec lequel j'entrai promptement en relations, à propos d'un vénérable personnage de notre mutuelle connaissance, Mgr. Guillemin, mon compatriote, missionnaire en Chine, et évêque nouvellement sacré de Cybistra. Le jeune *studente* m'apprenait au sujet de ce sacre, certaines particularités que le digne prélat avait dissimulées charitablement à sa famille, ainsi qu'à ses amis, mais que je tiens à faire connaître ici, afin de prouver que je n'exagère nullement dans mes appréciations de la cupidité et de la voracité romaines. D'après le récit de mon interlocuteur, le pauvre évêque aurait été grugé, rançonné, pillé de la plus odieuse manière, par la valetaille qui grouille dans les chancelleries et (comme on vient de le voir plus haut) jusque dans les antichambres du palais pontifical. A propos de sa consécration, par les mains de Pie IX lui-même, cette nuée de vautours s'était abattue sur lui, qui sous un prétexte, qui sous un autre, et n'avait pas laissé un simple *bajocco* dans sa bourse impitoyablement saccagée.

Voilà un trait qui peint mieux le pays, selon moi, que toutes les histoires les plus authentiques et même toutes les exagérations imaginables. Dévaliser un *évêque missionnaire !* Passe encore, pour un cardinal nouvellement promu, ou tout autre personnage dont l'élévation implique ordinairement l'idée d'un accroissement de moyens pécuniaires. Mais un missionnaire chez les infidèles ! un apôtre qui devra nourrir, la plupart du temps, ceux qu'il aura gagnés à Jésus-Christ, il n'y a au monde, en vérité, que la gueusaille romaine qui puisse songer à piller, mort ou vif (1), un semblable *prélat !*

Nunc ad alia. Je retrouve, à neuf années de distance, les restaurants et les cafés de Rome matériellement et moralement semblables à ce qu'ils étaient, lors de mon premier séjour. La *lista* ne s'est pas accrue de la moindre invention culinaire, française ou indigène, et les *carcioffi,* les *finocchi,* les *lasagne,* les *macaroni, vermicelli* et autres herbacés ou farinacés, composent toujours le fond du menu quotidien de la *trattoria del Lepre,* qui est toujours aussi le rendez-vous de l'Europe entière. Le local est aussi étroit, le linge aussi sale, le service aussi négligé, les *camerieri* sont aussi insolents que jamais et la seule amélioration que je constate (encore est-elle relative), c'est l'introduction de la bière, conséquence, me

(1) C'était jadis, comme on sait, l'usage à Rome que le peuple se mît à piller la maison du cardinal nouvellement élu. On en faisait autant dans le palais patriarcal pendant les interrègnes, comme aussi partout à la mort des évêques, et le plus souvent, dans la chaleur de l'action, on ne s'arrêtait pas à la maison mortuaire, mais les hôtels, les monastères étaient rançonnés et le pillage s'étendait parfois comme un incendie, par toute la ville.

(E. de la Gournerie. — *Rome chrétienne,* , 237-238, II, 17.)

dit-on, de la présence des régiments suisses à Rome et qui fournit la boisson la plus agréable à ceux qui l'aiment, d'abord, puis aux nombreux estomacs qui ne peuvent s'accommoder du vin d'Orviète, ou autres crus, plus ou moins capiteux, des Etats pontificaux.

Quant au personnel des consommateurs, c'est l'élément français qui domine, plus que jamais, et l'occupation française, facilitant singulièrement les relations internationales, a peuplé la ville éternelle d'un genre d'habitants assez peu propres à lui conserver son antique physionimie. « Je pérégrine, disait Montaigne, non pour chercher des gascons en Sicile ; j'en ai assez laissé au logis (1). » Hélas ! que dirait l'auteur des *Essais*, à la vue de ces innombrables *gascons*, de mœurs et de langage, sinon d'origine, qui pullulent, en ce moment (comme en tout autre temps, du reste) dans les salles, salons et cabinets de la *trattoria Lepri?*

Je trouve là, tous les soirs, par exemple, une tablée de citoyens, sur lesquels je n'ai songé à me procurer aucun renseignement positif, mais qui méritent, sous plus d'un rapport, les honneurs d'un examen détaillé. Je ne sais *qui* sont et surtout *ce que* peuvent être ces personnages, dont la position, les antécédents et les relations m'intriguent singulièrement; mais je sais bien, en revanche, que je bénis Dieu chaque jour de ce que le plus grand nombre des habitués du restaurant ne comprennent pas un seul mot de notre langue, car ils auraient une assez

(1) *Essais*, liv. III, chap. 9.

mince opinion, sans aucun doute, de l'intelligence et surtout de l'éducation morale du peuple français. C'est inimaginable ce que j'entends débiter chaque soir d'inepties, de turpitudes même, par l'un ou l'autre des membres de cette confrérie et je ne puis résister à l'envie d'esquisser ici, en passant, la physionomie de quelques-uns d'entre eux.

Il y a, par exemple, un grand flandrin, qui passe à peu près la moitié du temps de son dîner, à embrasser tendrement un chien d'arrêt qu'il fait asseoir à table, à côté de lui, et qui, le 4 mai dernier, se trouvant, dit-il, sur la place Saint-Pierre, au moment du départ de Pie IX, a remarqué très-finement que le pape *n'avait pas l'air content de s'en aller* (sans doute qu'il voyageait *par force* et regrettait sa splendide *oisiveté* du Vatican) !

Il y a aussi une espèce de Chodruc-Duclos, en habit noir, et déjà voisin de la soixantaine, qui racontait *très-haut*, le même soir, qu'il était sur le point de traverser le Tibre, à *Ripetta*, dans la matinée du 4 mai, pour se rendre à Saint-Pierre, afin d'assister au départ du pape, lorsqu'ayant aperçu deux moines, dans la barque où il allait entrer, il avait rebroussé chemin, *de dégoût*, ce qui lui avait fait manquer la cérémonie.

J'entendais le même personnage disserter, à très-haute voix, quelques jours auparavant, pendant une heure, à peu près, sur le *bonheur* du paradis, tel qu'il le concevait, du moins. C'était quelque chose de fort édifiant, sans aucun doute, et d'autant plus opportun, surtout, qu'il y avait autour de lui quelques ecclésiastiques français, pour apprécier l'orthodoxie de ses définitions !

Etc., etc., etc. — J'entends d'ici le lecteur s'écrier : « Eh mais ! ce sont là des commis-voyageurs, de la pire espèce, ou quelques *bousingots*, venus de Paris, afin d'organiser la prochaine émeute. » Point du tout, lecteur ; ce sont des *aristos*, par ma foi, dans toute la force du terme, des *viveurs* élégants, qui habitent Rome, depuis longtemps déjà, qui fréquentent journellement le Cercle militaire, où je les vois en relations très-suivies avec des officiers supérieurs, de toutes armes, et qui s'expriment parfois sur la démocratie sociale, dans les termes les plus rassurants pour la propriété. Ce sont tout bonnement des gens de loisir, des gens de fortune, mais de véritables désœuvrés parisiens, sans foi religieuse, sans culture intellectuelle, dans aucun genre, sans jugement, ni cervelle, et c'est sur de pareils échantillons, malheureusement beaucoup plus communs que d'autres, je ne saurais trop le redire, que l'on se forme une idée, dans toute l'Europe, de l'intelligence et du savoir-vivre du peuple français !

Mais un pareil spectacle éveille des sentiments plus pénibles encore. L'un de ces derniers jours, par exemple, j'entendais un de ces personnages, annoncer au reste de la bande, le prochain départ d'un autre français, de leur connaissance, après un séjour, à Rome, de dix-huit mois entiers. Or, d'après le narrateur, ce dernier aurait passé son temps à peu près uniquement à dormir et à manger, ou bien à manger et à dormir, ce qui ne l'empêchait aucunement d'afficher, en toutes occasions, d'assez grandes prétentions, en matière d'art, d'histoire et d'archéologie, particulièrement. Voilà donc un *minus habens* qui, de retour à Paris, après une longue absence, se sera posé tout d'abord, d'une manière importante, dans un certain monde, en criant partout qu'il vient de passer à Rome *une année et demie!* Je l'entends d'ici tailler et trancher, dans l'occasion, sur toute espèce de questions relatives à la ville éternelle, et fermer même, probablement, plus d'une fois la bouche à son interlocuteur, en lui disant, d'un air solennel et écrasant : « J'ai passé à Rome dix-huit mois entiers; *donc* je dois connaître, savoir, etc., ces choses-là beaucoup mieux que vous. »

Tout cela ne l'empêchera d'être ni un sot, ni un désœuvré, ni même un ignorant; mais tout cela perce l'âme, lorsqu'on pense qu'il y a malheureusement plus d'un Français de ce genre à Rome, lorsqu'on pense que des êtres pareils y occupent la place de gens de cœur et d'intelligence, qui n'y viendront jamais, peut-être, parce qu'ils n'ont ni temps, ni argent disponible, et pour lesquels, néanmoins, un pareil voyage serait la vision de la terre promise, la révélation d'un monde entièrement inconnu !

« Indiscrète nation, dit encore ici Montaigne, nous ne nous contentons pas de faire sçavoir nos vices et folies au monde, par réputation ; nous allons aux nations estrangières, pour les leur faire veoir en présence (1) ! »

Fût-il jamais, à aucune époque de notre histoire, une plus fâcheuse et plus incontestable vérité ?

(1) *Essais*, liv. II, chap. 27.

XLVIII.

Le départ. — Divers conseils pratiques aux futurs visiteurs de la ville éternelle. — Quelques ciceroni *d'un genre nouveau. — Conclusion.*

Il faut partir ; le jour en est venu, et ce qui augmente pour moi l'amertume des regrets, c'est de quitter la ville sainte, au moment où les plus imposantes solennités vont se succéder, pendant plusieurs semaines, sans la moindre interruption. Combien le cœur me saigne, en tournant les feuillets de l'*Année liturgique* et du *Diario romano!* Tel jour de ce mois et des mois suivants s'ouvrira telle église que je n'ai pu voir encore, malgré mes désirs et mes démarches ; telle cérémonie aura lieu et je ne serai pas là, au nombre des spectateurs privilégiés ! Ce qui rend la blessure plus douloureuse encore, s'il est possible, c'est la vue d'un tas de désœuvrés, qui se trouveront ici pour jouir, s'il leur plaît, de toutes ces belles choses, et qui n'en profiteront bien certainement point, à commencer par les étranges *pèlerins* dont je racontais tout-à-l'heure les faits et gestes divers.

C'est ainsi que les choses vont le plus ordinairement ici-bas, et c'est ainsi que la providence veut sans doute nous faire toucher au doigt l'inanité, le néant de toutes les satisfactions, même les plus légitimes de la terre, en nous montrant à quels êtres il lui plaît parfois de les accorder. Jamais rien, pour mon compte, ne m'a plus efficacement dégoûté du monde, du génie lui-même, et surtout de la fortune, que le choix des sujets auxquels tous trois prodiguent le plus ordinairement leurs faveurs.

Quoi qu'il en soit, il faut partir. — Mais, au moment de quitter pour la seconde fois (puisse-t-elle n'être pas la dernière!) la cité des merveilles de l'art et de la foi, j'éprouve le besoin de consigner ici, dans l'intérêt de quelque futur visiteur de Rome, les observations que m'a fournies l'expérience d'un double séjour dans ses murs vénérés. De cette manière, mon livre ne sera peut-être point complètement dépourvu d'intérêt, et j'aurai peut-être aussi la satisfaction d'avoir procuré quelque utilité par mes conseils à ceux que je n'aurai pas grandement édifiés par mes réflexions, ou amusés par mes récits.

En premier lieu, je ne saurais trop insister auprès des futurs pèlerins de la ville éternelle sur la nécessité de préparer soigneusement et à loisir leur voyage, non-seulement pour l'itinéraire à suivre (le choix est vaste, sous ce rapport), mais encore et surtout pour se former d'avance une juste idée des objets qu'ils vont voir, des lieux qu'ils se proposent de parcourir. Comme j'écris surtout pour les amis, pour les admirateurs de Rome chrétienne, je dois leur indiquer ici quelques-unes des sources à consulter pour dresser leur programme, quelques auteurs qu'ils devront lire, pour avoir une idée plus exacte de la nature et de l'importance des lieux et des objets. Les voici classés d'après le degré d'utilité que chacun d'eux a pu m'apporter, dans l'occasion.

1° L'incomparable *Esquisse de Rome chrétienne* (1), par Mgr. Gerbet, évêque de Perpignan, trésor inépuisable d'érudition la plus profonde et la plus variée, dans lequel on ne sait trop ce qu'on doit admirer le plus de la sublimité des pensées, de la noblesse des sentiments, ou de l'abondance des grandes idées et de la majesté soutenue de la diction. C'est un arsenal inépuisable de matériaux les plus précieux pour quiconque veut se renseigner ou écrire sur la cité des Pontifes, des martyrs et des confesseurs de Jésus-Christ.

2° La *Rome chrétienne* (2), par M. E. De la Gournerie, tableau succinct et animé des œuvres de la Papauté, des travaux des saints et des merveilles de l'art chrétien, dans chacun des siècles qui ont suivi l'origine du christianisme jusqu'à nos jours.

3° *Les Trois Rome* (3), par Mgr. Gaume, journal de voyage, dans lequel une érudition profonde et variée s'allie

(1) 2 volumes in-8°; Paris, 1844. — L'auteur a promis un troisième volume, duquel on commence à désespérer.

(2) 2 volumes in-8° ou in-12; Paris, 1858.

(3) 4 volumes in-8° ou in-12, dont le 4e est spécialement relatif aux catacombes; Paris, 1847.

au charme d'une diction toujours pittoresque, à l'intérêt le plus soutenu, à l'abandon le plus aimable dans le récit des impressions de chaque jour.

4° *Rome. — Lettres d'un pèlerin* (1), écrites au jour le jour par un voyageur, homme de foi pratique avant tout, homme d'esprit, d'érudition, de goût, qui raconte sous le charme du moment, et vide son sac de souvenirs en tout genre, avec l'abandon le plus naturel et le plus cordial, à la fois. Jamais écrivain n'a parlé de Rome, à mon avis, avec autant d'enthousiasme du cœur, avec autant de joie naïve et enfantine, s'il m'est permis de m'exprimer ainsi. On sent à chaque page, à chaque ligne, un homme heureux d'avoir vu ce dont il parle, heureux encore, et surtout, de parler de ce qu'il a vu.

5° *Rome, durant le carême, la semaine sainte et les fêtes de Pâques* (2), par M. l'abbé V. Dumax, ancien secrétaire de Mgr. de Ségur, excellent guide pour la visite des basiliques et des sanctuaires, mais, ainsi que l'indique son titre, à une certaine époque de l'année seulement.

6° *L'Année liturgique à Rome* (3), par M. l'abbé X. Barbier de Montault, vade-mecum *indispensable* du pèlerin, pour la visite des nombreux sanctuaires dans l'un ou l'autre desquels s'accomplissent, chaque jour de l'année, quelques-unes de ces pieuses solennités, qui font la gloire

(1) Par M. Edmond Lafond. — 2 volumes in-8°. Paris, 1856.

(2) Un volume in-12. Paris, 1859.

(3) Un volume in-18. — Paris, 1857.

incomparable de la grande métropole des chrétiens. J'ai eu l'insigne bonheur de trouver, tout en arrivant à Rome, il y a deux mois, ce petit volume, qui venait seulement de paraître, depuis quelques semaines, et qui m'a offert une ressource vraiment providentielle pour remplir le programme que je m'étais tracé, sans trop calculer la possibilité de son exécution. Je ne saurais dire tout ce qu'on y trouve de précieux renseignements sur tous les sujets qui peuvent intéresser la foi et la piété des pèlerins.

Il est superflu, je pense, d'ajouter que je suis complètement inconnu de ces illustres ou honorables écrivains, dont pas un seul ne soupçonne même mon existence. C'est par conséquent avec la conviction la plus entière, la plus indépendante, la plus désintéressée surtout que j'appelle l'attention de mes lecteurs sur des ouvrages dont les auteurs ne pourront jamais, même à titre de simple échange de bons procédés, rendre un pareil service à mes propres écrits.

Quant à la partie *artistique* du voyage, quant aux antiquités profanes, aux galeries publiques et privées, les visiteurs de Rome seront complètement renseignés sur ce point par différents ouvrages spéciaux, qu'ils trouveront en tous lieux, tels que l'*Itinerario di Roma*, par Nibby, les *Curiosités de Rome et de ses environs*, par Robello; les *Galeries de Rome*, par Armengaud; les *Musées d'Italie*, par Louis Viardot, et divers autres, du même genre, dans lesquels je louerai volontiers le mérite du fonds, et les qualités pittoresques de la forme, tout en établissant de justes réserves au sujet de l'esprit qui anime en général ce genre de productions.

Je laisse de côté, et pour cause, divers ouvrages célèbres à diverses époques, et auxquels je ne songe nullement à contester un mérite relatif, mais qui ne sauraient convenir ni à l'instruction, ni surtout à l'édification de ceux pour lesquels j'écris. Extrême pour extrême, abus pour abus, je préfère encore de beaucoup les apologistes à tout prix et les enthousiastes *quand même*, à propos de tout ce qui se fait et se dit à Rome, à cet esprit malveillant, à ce dénigrement systématique, à cet indécent persifflage d'une foule d'auteurs, dont j'ai déjà signalé un certain nombre, et qui prononcent magistralement sur les mœurs et les institutions de Rome, après avoir étudié, pendant quelques jours, ces graves questions.... dans les cafés et les restaurants, où ils ne voient et ne fréquentent guère que des étrangers comme eux.

L'époque actuelle n'a malheureusement rien à envier à la précédente, sous ce triste rapport et cette *critique de commis-voyageur*, que Stendhal reproche très judicieusement au président Dupaty (1), bien qu'il n'ait pas toujours su s'en préserver lui-même, n'est pas encore passée de mode, à beaucoup près, parmi les écrivains du siècle présent.

Je recommanderai encore avec instance à mes futurs confrères en pèlerinage de se défier souverainement de toute espèce de recommandations, de protections, voire

(1) *Promenades dans Rome*, I, 101.

même des offres et des promesses, tant spontanées soient-elles, des gens les mieux placés pour leur être utiles, et de ne guère compter que sur eux-mêmes, sur leur industrie et particulièrement sur l'appui de la providence, pour arriver au but qu'ils se proposent. La *qualité* de franc-maçon, pourra quelquefois (cela s'est vu) ouvrir tout au large les portes des sanctuaires, ou même des catacombes, à certains curieux qui feront, plus tard, l'usage que Dieu sait des précieuses communications qu'ils auront reçues! Mais un pauvre hère de chrétien, qui n'a que de la foi, du cœur et un peu d'intelligence, avec le désir de s'instruire, de s'édifier pour instruire à son tour, et, s'il se peut, édifier les autres, vaut-il bien la peine qu'on se dérange pour lui faciliter l'exécution d'un aussi vulgaire projet?

C'est singulier, c'est étrange, c'est douloureux, c'est tout ce que l'on voudra, mais c'est ainsi, et il faut bien, de gré ou de force, savoir se résigner à en prendre son parti (1).

J'ai traité, ou plutôt sommairement indiqué, quelque part, la question d'un compagnon de voyage, sans pouvoir la résoudre d'une manière absolue, et après un deuxième essai, dans un sens tout-à-fait différent du premier, après un double succès dans deux genres tout-à-fait opposés, je n'oserais encore me prononcer définitivement sur un aussi

(1) « Rome n'est pas encourageante, dit quelque part un auteur non suspect. Je sais bien qu'il faut la servir comme les autres souverainetés, malgré elle; cependant l'humanité ne saurait être totalement effacée, et, dans certains moments, on se sent engourdi. »
(J. de Maistre. — *Lettres et opuscules inédits*, II, 15.)

grave sujet. Toutes réflexions faites, j'incline vers l'opinion que formule en ces termes l'un des plus anciens et des plus illustres visiteurs de la sainte cité :

« C'est une rare fortune, mais de soulagement inestimable, d'avoir un honneste homme, d'entendement ferme et de mœurs conformes aux vostres, qui aime à vous suyvre ; j'en ai eu faulte extrême en tous mes voiages. Mais une telle compaignie, il la fault avoir choisie et acquise dez le logis...... mais il vault mieux encores estre seul qu'en compaignie ennuyeuse et inepte (1). »

Voici maintenant une question de détail, et même très-subsidiaire, mais que je crois ne devoir point négliger, dans l'intérêt bien compris de ceux auxquels je m'adresse : c'est de ne dédaigner aucune source d'information tant infime, tant minime soit-elle, et de ne repousser aucune indication, quelque chétif, quelque misérable, quelque peu digne de foi même qu'en soit l'auteur.

J'ai confessé quelque part (2) l'insigne bévue que j'avais commise, dans un premier voyage, en me cuirassant d'un dédain systématique à l'égard des *ciceroni*, *custodi* et autres industriels du même genre, toujours prêts à vous montrer quelque chose, moyennant salaire compétent. C'est une grave erreur, en effet, et contre laquelle je ne saurais trop prémunir la classe de lecteurs auxquels je m'adresse, de prédilection. Il y a, sans doute, quelque chose de répugnant, d'agaçant, d'irritant même, dans

(1) Montaigne. — *Essais*, III, chap. IX.

(2) Voir au chapitre XIX.

l'obséquiosité de ces ardélions, qui vous harcèlent en tous lieux de leurs offres de service, nullement désintéressées; mais il faut ne point perdre de vue qu'il se trouve parfois des objets précieux dans les immondices, de l'or même dans le fumier, et par conséquent surmonter le premier mouvement fâcheux, aller même quelquefois spontanément au devant de semblables épreuves; j'ose promettre que l'on se trouvera bien d'avoir suivi mes indications à ce sujet.

Voici, en revanche, un inconvénient que je vais signaler, mais sans pouvoir, malheureusement, indiquer aucune espèce de remède, préservatif ou curatif. A côté des gens qui ne vous disent rien, il y a des gens qui vous disent beaucoup trop, en revanche, et à peu près exclusivement ce qu'il vous importe le moins de savoir, se méprenant complètement sur la nature de l'intérêt que peut vous inspirer tel ou tel genre de choses, et célébrant, par exemple, devant vous, avec enthousiasme, les peintures, les dorures, les bronzes, les marbres, les mosaïques, etc., d'une église où vous n'allez chercher, vous, que les monuments et les souvenirs de la foi.

Ceux-ci, toutefois, ont du moins l'intention de vous être utiles, et s'ils pèchent sous quelque rapport, c'est assurément par l'excès d'un bon vouloir inintelligent. Mais il se trouve à côté d'eux certaine classe de gens, assez nombreux à Rome, parmi les résidants étrangers, principalement, qui ont l'air tout-à-fait heureux de vous apprendre que vous avez *mal vu* tel ou tel objet, dont vous parlez devant eux avec enthousiasme ; que vous n'y avez pas remarqué *tout juste* ce qui était le plus remarquable et en outre, (surtout si vous êtes à la veille de quitter Rome) que *tout ce qui vous reste à voir* dans la ville éternelle est incomparablement supérieur à *tout ce que vous y avez vu* (1). Il y a, en un mot, des gens de force à vous renvoyer à Rome, uniquement pour étudier, au point de vue des antiquités, de la philologie, etc. la rue *del pozzo delle cornacchie* ou bien encore celle *della chiavica del buffalo !*

C'est encore là un des instincts malfaisants de l'espèce humaine de ne pouvoir, dans certains cas, accorder au prochain quelques instants de satisfaction réelle, en lui disant, par exemple : « vous avez vu comme moi telle et telle chose ; n'est-ce pas que c'est beau, n'est-ce pas que c'est grand ? etc., etc. » Mais non ; ce serait élever le prochain à son niveau personnel et il est si agréable de l'embarrasser, de le trouver en défaut, d'avoir toujours l'air supérieur, par un point quelconque, à son interlocuteur ! J'accorderai très-volontiers que ces *ciceroni*, d'un genre nouveau, n'y mettent aucune intention désobligeante ; aussi, j'accuse le fait comme le résultat d'un instinct mauvais de l'espèce humaine, comme l'une des fâcheuses conséquences de la dépravation originelle, et rien de plus.

(1) Voir, à ce sujet, une piquante anecdote dans *Les trois Rome*. I, 37.

Une année entière s'est écoulée, depuis la terminaison de ces deux volumes et certains événements, qui en ont fait différer jusqu'à ce jour la publication, m'imposent la loi de modifier un genre de conclusion que m'indiquait la nature même des choses et qui s'était présentée tout d'abord à mon esprit. — *Extrema gaudii luctus occupat* (1) ! dirai-je ici une fois encore ! Qui m'eût annoncé, au début de ces récits, commencés, poursuivis avec tant de bonheur et de joie, les tristes incidents qui allaient bientôt assombrir cette riante perspective, et me contraindre à terminer, dans les sentiments de la plus vive douleur, un sujet que j'avais abordé avec les dispositions d'esprit les plus opposées ?

Quelle année vient de finir, et quel douloureux spectacle pour l'œil, pour le cœur surtout d'un ami, d'un admirateur enthousiaste de la sainte cité ! — Dans un écrit, devenu promptement célèbre, et qui avait été lancé comme un ballon d'essai pour sonder l'opinion publique, déjà troublée, déjà pervertie à l'avance par de perfides écrits (2), les catholiques ont vu, avec une douloureuse

(1) *Prov.*, XIV, 13.

(2) Entre autres la trop célèbre *Question romaine*, dans laquelle l'auteur a condensé avec une malice infernale toutes les calomnies qui avaient fait jadis éliminer sa prose du *Moniteur*, d'après les réclamations du gouvernement pontifical. — C'est pourtant sur de pareilles pièces que s'instruit le procès de la papauté ! C'est sur de semblables documents que se forme l'opinion de la multitude ! Et tandis que le public des cercles et des cabinets de lecture dévore avidement ces productions empoisonnées, nul ne daigne accorder un regard aux consciencieux et courageux écrits qui ont entrepris la

surprise, l'antique et sacré patrimoine de saint Pierre présenté en quelque sorte comme le nœud des complications de la politique moderne et la souveraineté dix fois séculaire du Pontife romain remise audacieusement en question, sous les prétextes les plus frivoles et les plus déplorables à la fois.

Jamais les âges à venir ne voudront croire au débordement de scandales inouïs dont cette publication fut le point de départ et dont notre époque vient d'avoir le désolant spectacle. On a vu des politiques sans entrailles dicter hautainement des conseils, voisins de la menace, à celui-là même dont ils ne devraient jamais entendre les paroles qu'à genoux. — On a vu d'ignares écrivains, sans conviction religieuse, sans foi chrétienne, sans la plus vulgaire bonne foi, même (2), rappeler insolemment au Pape ses *devoirs*, tout en lui déniant ses *droits* les plus antiques, les plus sacrés, et renvoyer les évêques à leur troupeau, les pasteurs à leur bréviaire, sous prétexte qu'il s'agissait, dans une cause vitale pour le catholicisme lui-même, de questions étrangères à l'essence de l'épiscopat et du sacerdoce, comme à celle même du suprême pontificat !

tâche de les réfuter. (Voir entre autres la *Réponse à la question romaine*, par M. l'abbé Magnan; Paris, Ambroise Bray, in-8°.)

(1) Il ne faut point perdre de vue que ceux qui ont dans ces derniers temps crié le plus haut à la violation des *droits de la conscience*, à propos de l'affaire Mortara, dénient maintenant aux pères de famille chrétiens le droit de choisir pour leurs enfants le maître qui leur convient le mieux, et réclament pour l'Etat le privilége exclusif de diriger désormais l'enseignement de la jeunesse! — *Mentitas est iniquitas sibi!*

On a vu des publicistes, ennemis-nés de toute idée d'ordre, de tout principe d'autorité divine ou humaine, prendre hypocritement la défense d'un pouvoir qu'ils détestent, dans le fond de l'âme, contre ce qu'ils appellent les empiétements, les envahissements du clergé, bafouer, conspuer les défenseurs du saint Siége, et traiter de factieux, de séditieux, de promoteurs d'une *guerre impie*, les évêques fidèles à la voix de leur conscience, fidèles aux devoirs de leur ministère, fidèles à la cause sacrée du prince des pasteurs!

On a vu des conspirateurs émérites, blanchis dans les trahisons et les apostasies, signaler aux rigueurs du pouvoir comme des foyers de conspiration permanente des sociétés vouées exclusivement au service des pauvres, affecter de ne voir que *des manœuvres de parti* dans les démonstrations si touchantes de la catholicité tout entière en faveur de son chef, et qualifier de *passions religieuses*, de fanatisme, d'appel à la révolte, l'indignation généreuse, la sainte colère que fait monter au cœur de tout vrai catholique le spectacle de tant d'outrages à l'antique foi chrétienne, et à la cause auguste de la vérité; on a vu, en un mot, tout ce que peut enfanter de malice et de haine délirante le mépris du christianisme, de ses dogmes, de ses ministres, de sa morale et de ses institutions!

Inimicos ejus induam confusione (1)! — Solidement appuyé sur le roc inébranlable des promesses divines, le

(1) *Ps.* CXXXI, 18.

Siége apostolique n'a rien à redouter de semblables assauts. La perpétuité, qui est assurée à sa doctrine, paraît être également garantie à son autorité temporelle, et la divine providence, qui veille visiblement sur son œuvre, vient de prouver tout récemment encore, par un fait merveilleux au-delà de toute expression, que jamais son secours n'est aussi prochain, aussi efficace, que dans le moment même où la situation de son Eglise semble être la plus compromise et la plus désespérée. Les larmes répandues devant le Seigneur par le pasteur suprême, *ces larmes terribles à qui les fait couler*, comme disait naguère un éloquent prélat, ces larmes auront gagné pour jamais la cause de l'indépendance du Siége apostolique; le martyr de la papauté, à notre époque, aura consolidé par ses épreuves la puissance temporelle des papes futurs, et les efforts de ses ennemis, qui sont les ennemis de Dieu lui-même, viendront désormais se briser contre le bouclier de l'assistance divine, comme les portes de l'enfer seront à jamais impuissantes contre l'autorité, contre la perpétuité, contre l'infaillibilité de l'enseignement des pontifes romains.

FIN DU SECOND ET DERNIER VOLUME.

LA CHAPELLE SIXTINE,

A ROME.

(Extrait de la *Revue et Gazette musicale de Paris*, n^os des 21 novembre et 26 décembre 1858.)

Parmi les nombreux objets dont peut s'occuper un curieux, lorsqu'il visite l'ancienne capitale du monde, restée aujourd'hui capitale de la chrétienté, il en est peu, si ce curieux est musicien ou amateur de musique, qui attire son attention à un plus haut degré que le corps de la musique particulière du Pape, désigné habituellement sous le nom de *Chapelle Sixtine*. Ce nom lui vient, comme on sait, de l'admirable chapelle, construite sous le pontificat de Sixte IV, dont elle a pris nom, et dans laquelle le génie de Michel-Ange trouva, en exécutant l'immense fresque du *Jugement dernier*, un sujet digne de déployer toute sa force. C'est dans cette chapelle, qui fait partie du palais du Vatican, que le Pape, en beaucoup d'occasions, assiste aux offices, ou officie lui-même.

Il y a peu d'établissements célèbres sur lesquels on ait débité plus d'erreurs en tout genre, et quant aux faits eux-mêmes et quant à l'appréciation critique des pièces musicales qui s'y exécutent, et quant à la manière de les exécuter.

Sous le premier rapport, rien de plus commun, par exemple, dans les journaux et les relations de voyageurs que de voir le corps des chanteurs de Saint-Pierre du Vatican et celui des chapelains-chantres de la Chapelle Sixtine pris l'un pour l'autre, et considérés comme une seule et même réunion. Or, il est fort ordinaire de visiter Saint-Pierre à l'heure des offices, tandis qu'on n'assiste que rarement et difficilement à la Chapelle Sixtine; en conséquence beaucoup de gens reviennent de Rome, sans avoir jamais entendu les véritables chantres du Pape, ce qui ne les empêche pas de parler de sa chapelle avec un merveilleux aplomb. Le fait est que le corps de musique de Saint-Pierre, appelé aussi Chapelle *Julia*, du nom du pape Jules III, n'a rien de commun avec les chapelains-chantres de la Chapelle Sixtine, si ce n'est que l'une et l'autre de ces institutions élèvent chacune la prétention d'être le plus ancien établissement de musique sacrée, à dater de l'époque du pape Grégoire Ier, qui vivait à la fin du sixième siècle et mourut au commencement du septième.

. . . .

Les *chapelains-chantres* sont au nombre de trente-deux : huit *basses*, huit *ténors*, huit *contraltes*, huit *sopranes*.

Ils forment ce qu'on appelle le *Collége des chapelains-chantres de la chapelle pontificale;* on les nomme aussi *chantres du palais* et les constitutions qui les régissent et dont quelques-unes ne manquent pas de singularité, les soumettent à diverses obligations, dont plusieurs, au reste, sont tombées en désuétude.

Celle qui les oblige à être célibataires s'est rigoureusement maintenue, depuis l'époque où trois chantres, à la tête desquels se trouvait le célèbre Pierluigi de Palestrina, furent expulsés de la chapelle, par ordre du pape Paul IV, comme étant mariés, bien qu'un pape précédent les eût dispensés de l'obligation du célibat. Il n'y a pas encore longtemps qu'on avait même exigé qu'ils fussent dans les ordres sacrés et pour le moins sous-diacres. Mais cette mesure ayant rendu plus rares les présentations, lorsqu'il se trouvait des places vacantes, on se contenta bientôt d'un simple engagement d'entrer dans les ordres, après réception, et depuis on a fini par rapporter absolument le décret.

TABLE.

FIN DE LA TABLE DU SECOND ET DERNIER VOLUME.

Besançon.— Imprimerie d'Outhenin-Chalandre fils.

ERRATA.

Page 61, ligne 21, *dans*, lisez : *par*.
— 84, — dernière, *s'accomplissent*, lisez : *s'accompliront*.
— 92, note, *page* 53, lisez : *II*, *page* 53.
— 93, ligne 7, *que trop*, supprimez *que*.
— 98, — 11, *je n'eusse*, lisez : *je n'avais*.
— 99, — 22, *de mausolée*, lisez : *du*.
— 100, — 11, *le mort Gargan*, lisez : *le mont*.
— 125, — 17, *arrivés*, lisez : *arrivé*.
— 152, note 1, *massimi*, lisez : *Massimi*.
— 155, ligne 12, *sans soupçonner*, lisez : *sans en soupçonner*.
— 158, — 13, placez une virgule après le mot : *sacristie*.
— 164, — 11, *de*, lisez : *des*.
— 171, — 21, *jadis*, lisez : *primitivement*.
— 181, — 1, *la corporation*, lisez : *la confrérie*.
— 324, note, *ou Gesù*, lisez : *au Gesù*.
— 353, — I, 37, lisez : I, 173.
— 355, ligne 15, (2), lisez : (1).

www.ingramcontent.com/pod-product-compliance
Ingram Content Group UK Ltd.
Pitfield, Milton Keynes, MK11 3LW, UK
UKHW020303230726
13925UKWH00001B/189

9 782013 627474